ŒUVRES COMPLÈTES
DE
EUGÈNE SCRIBE

DE L'ACADÉMIE FRANÇAISE

COMÉDIES

VAUDEVILLES

LA LOI SALIQUE — GENEVIÈVE
LA PROTÉGÉE SANS LE SAVOIR
MAITRE JEAN — IRÈNE

PARIS

E. DENTU, LIBRAIRE-ÉDITEUR
PALAIS-ROYAL, 15-17-19, GALERIE D'ORLÉANS

1884

Paris. — Soc. d'Imp. PAUL DUPONT, 41, rue J.-J.-Rousseau. (Cl.) 364.4.8

ŒUVRES COMPLÈTES

DE

EUGÈNE SCRIBE

DE L'ACADÉMIE FRANÇAISE

RÉSERVE DE TOUS DROITS

DE PROPRIÉTÉ LITTÉRAIRE

En France et à l'Étranger

LA LOI SALIQUE

COMÉDIE-VAUDEVILLE EN DEUX ACTES

THÉATRE DU GYMNASE. — 30 Décembre 1845.

PERSONNAGES.	ACTEURS.
LE DUC D'OLDEMBOURG, président du sénat, MM.	LANDROL.
ÉRIC DE HOLSTEIN, capitaine des gardes	DESCHAMPS.
DANIEL, matelot.	GEOFFROY.
CHRISTIAN, roi mineur Mlles	ROSE CHÉRI.
LA DUCHESSE, femme du duc d'Oldembourg, tante du roi.	E. SAUVAGE.
MARGUERITE, jardinière.	DÉSIRÉE.

OFFICIERS, SEIGNEURS, GARDES et DAMES.

A Copenhague.

LA LOI SALIQUE

ACTE PREMIER

Un salon du palais à Copenhague. — Une croisée au fond. Deux portes latérales. Au premier plan à droite, porte de l'appartement du roi.

SCÈNE PREMIÈRE.

ÉRIC, MARGUERITE.

(Marguerite place des bouquets sur différents meubles du salon. Éric sort de la porte à gauche et se dirige lentement vers la porte à droite.)

MARGUERITE.

C'est monsieur le capitaine des gardes, comte de Holstein... attendant comme moi le réveil de Sa Majesté !

ÉRIC, levant les yeux.

Marguerite, la gentille bouquetière, que je rencontre ici tous les matins... est-ce pour moi ce joli bouquet ?

MARGUERITE.

Non, monseigneur... c'est pour notre jeune roi.

ÉRIC.

Dont tu es la protégée.

MARGUERITE.

Oui, monseigneur!

ÉRIC, galamment.

C'est juste! il aime tant les fleurs... Tu es donc la fille du jardinier en chef?

MARGUERITE.

Mais, non, monseigneur! pauvre orpheline et bouquetière de mon état, je pleurais un jour dans les rues de Copenhague... ayant des fleurs et pas de pain... lorsque notre jeune roi, qui m'avait aperçue, a fait arrêter sa voiture pour causer avec moi...

ÉRIC.

Et t'a trouvée fort aimable?

MARGUERITE.

Il paraît!...

AIR : Il n'est pas temps de nous quitter. (*Voltaire chez Ninon.*)

Car il m'a dit avec bonté :
Du château sois la jardinière !
Et depuis, hiver comme été,
C'est là mon office ordinaire !
(Montrant les bouquets qu'elle tient dans les mains.)
Ces bouquets aux mille couleurs,
C'est moi qui les porte!...

ÉRIC.

A merveille!
Chacun son goût!
(Montrant la chambre du roi.)
A lui les fleurs!...
(Regardant Marguerite qui tient les bouquets.)
Moi j'aimerais mieux la corbeille!

Mais pourquoi n'entres-tu pas? est-ce que Sa Majesté n'est pas levée... à neuf heures passées?

MARGUERITE.

Je crois bien que si... mais j'ai vu entrer tout à l'heure...

la jeune tante du roi, madame la duchesse d'Oldembourg.

ÉRIC, avec joie.

Toute seule?

MARGUERITE.

Non!... avec son mari le président du sénat!

ÉRIC.

Tant pis...

MARGUERITE.

Pourquoi donc?

ÉRIC.

Pourquoi!... ah! pour des raisons à moi connues... c'est justement parce que j'adore notre jeune maître que je voudrais le voir tout autre qu'il n'est.

MARGUERITE.

Bah! il est si gentil... si doux et si sage... c'est très bien pour un jeune homme!

ÉRIC, avec impatience.

Eh non! parce qu'à son âge ça lui fait du tort.

MARGUERITE.

Écoutez donc... c'est demain seulement qu'il est majeur : seize ans!

ÉRIC.

Eh bien!... à cet âge-là... il n'y a personne... fût-ce un simple particulier... un simple étudiant, qui ne soit vif... audacieux... mauvais sujet... à plus forte raison... un roi... un jeune roi qui doit le bon exemple... Mais j'ai beau le sermonner, tout le déconcerte... ou l'intimide... Les déjeuners de garçon l'ennuient... le champagne lui fait mal à la tête et la moindre partie de chasse le fatigue.

MARGUERITE, à demi voix.

Et l'autre jour, lorsque les officiers de votre régiment ont tout à coup tiré l'épée pour lui jurer serment de fidélité... il a pâli...

ÉRIC, à part.

Elle l'a vu!... (Haut.) Allons donc... quelle folie!...

MARGUERITE.

Dame!... c'est tout simple... des épées nues... moi aussi ça m'a effrayée.

ÉRIC.

Toi! c'est possible! mais lui! ce n'est pas une femme.

MARGUERITE.

Dame! je ne crois pas.

ÉRIC.

Il a commandé pour aujourd'hui une grande revue... à dix heures... sous les fenêtres du palais... et tout à l'heure en lui portant ce bouquet, tu le lui rappelleras.

MARGUERITE.

Oui, monseigneur.

ÉRIC.

Qu'il n'aille pas l'oublier... Et hier soir on m'a dit qu'il l'avait fait appeler...

MARGUERITE.

Oui, vraiment... je voulais même lui parler pour Daniel Swéborg, mon fiancé.

ÉRIC.

Tu as un fiancé... un amoureux?...

MARGUERITE.

Tiens! comme tout le monde! Voilà plus d'un an qu'il est absent de Copenhague! matelot dans la marine marchande, je voudrais le faire entrer dans la marine royale... mais je n'ai pas osé hier en parler au roi... parce qu'il était dans son cabinet.

ÉRIC.

A travailler?

MARGUERITE.

Justement! il faisait de la tapisserie.

ÉRIC, avec dépit.

Lui! (Essayant de rire.) Oui... c'est un goût qu'il a! des tapisseries de bataille...

MARGUERITE.

Non... des fleurs... aussi je lui en apportais, et j'allais me hasarder à parler, quand il lui est arrivé plusieurs lettres.

ÉRIC, d'un air d'ennui.

Ah! des papiers importants... des dépêches diplomatiques.

MARGUERITE.

Non... des petits papiers parfumés.

ÉRIC, avec joie.

Bravo! des billets doux!...

MARGUERITE.

Ça devait être ça... car il a dit en rougissant... « A moi des lettres pareilles... tiens, petite... mets cela sur ma toilette pour mes papillotes. »

ÉRIC, affectant de rire.

Ah! il met des papillotes... (A part.) Lui, un roi! (Haut.) Et tu n'as pas regardé ces lettres?

MARGUERITE.

Par exemple... pour qui me prenez-vous?... j'ai seulement vu, sans le vouloir... qu'il y avait des signatures de grandes dames...

ÉRIC.

En vérité! écoute, Marguerite... il faut remplir ici le devoir de sujets fidèles... parce que des rendez-vous, des audiences... auxquels on manque... c'est un tort pour un prince... un grand tort!...

AIR du vaudeville de *la Famille de l'Apothicaire*.

S'il venait de pareils billets,
Vite apporte-les moi, de grâce!
Pour mon roi je me dévoûrais.

MARGUERITE.

O ciel... vous iriez à sa place !
(Le regardant.)
C'est un seigneur bien obligeant !...
Et quand on l'saura !...

ÉRIC.

Non ! silence !
En pareil cas, le dévoûment
Porte avec lui sa récompense !

(Regardant.)

La porte s'ouvre...

MARGUERITE.

C'est le président du sénat... monseigneur le duc d'Oldembourg et sa femme !

ÉRIC.

Qui sortent de chez le roi, leur neveu.

MARGUERITE.

Je vais lui porter mes bouquets et lui parler de Daniel.

ÉRIC.

Oui, mais rappelle-lui la revue ! la revue à dix heures, tu entends ?

MARGUERITE.

Oui, monseigneur !

SCÈNE II.

Les mêmes ; LE DUC et LA DUCHESSE D'OLDEMBOURG, sortant de la porte à droite; Éric les salue et sort par la porte du fond, en faisant des signes d'intelligence à Marguerite qui s'est rapprochée de la table à droite.

LA DUCHESSE, montrant Marguerite à son mari.

C'est elle... la voilà !... car il paraît décidément que c'est elle...

LE DUC, à demi-voix.

La maîtresse du roi... vous en êtes sûre?

LA DUCHESSE.

Tout le monde le dit... et tout me le prouve !

MARGUERITE, à part, montrant la duchesse.

Comme elle me regarde avec dédain !

LA DUCHESSE, à son mari.

Vous venez de voir ici, tout à l'heure, monsieur le comte Éric de Holstein... le capitaine des gardes... qui faisait déjà sa cour à la nouvelle favorite... quelle bassesse !

MARGUERITE, à part, regardant le duc qui la salue.

A la bonne heure ! au moins celui-ci est plus honnête ! (Haut.) Votre servante, monseigneur.

(Elle fait une révérence et entre chez le roi.)

LA DUCHESSE, se retournant et voyant le duc qui salue profondément Marguerite.

Eh bien ! qu'est-ce que vous faites donc ?

SCÈNE III.

LE DUC et LA DUCHESSE.

LA DUCHESSE, à son mari.

Et vous aussi... monsieur, qui vous inclinez devant le soleil levant !

LE DUC.

Il n'y a rien d'officiel !... mais dans le doute, c'est un salut de prévoyance qui ne coûte rien... et peut rapporter beaucoup...

LA DUCHESSE, avec colère.

C'est un choix indigne... absurde.

LE DUC.

Certainement... il vaudrait mieux qu'en fait de caprices,

1.

le prince consultât, avant tout, le blason, et n'adressât ses vœux qu'à des marquises ou à des duchesses...

LA DUCHESSE, avec dignité.

Monsieur...

LE DUC.

C'est l'usage... mais notre jeune roi en a si peu !

LA DUCHESSE.

C'est pour cela que la première personne qui prendra sur lui de l'influence... jouira bientôt d'une autorité complète... absolue !... et vous souffrez cela ?

LE DUC.

Permettez, madame la duchesse...

LA DUCHESSE.

Jusqu'à présent il n'y avait pas de danger... il était mineur, mais le voilà arrivé à sa majorité.

LE DUC.

Est-ce ma faute ?... Nous lui présentons aujourd'hui nos comptes de tutelle, et le testament cacheté que son père a remis au sénat.

LA DUCHESSE.

Et demain il est proclamé roi... il règne...

LE DUC.

Est-ce que je peux l'en empêcher ?

LA DUCHESSE.

Peut-être.

LE DUC.

Comment ?...

LA DUCHESSE.

Soyez sûr que sous un prince pareil nous n'aurons aucune espèce de crédit ! tandis qu'en ramenant le comte de Gottorp, mon frère, actuellement en exil...

LE DUC, avec effroi.

O ciel !

LA DUCHESSE, tranquillement.

C'est, après le roi actuel, le plus proche héritier du trône, dans la ligne masculine... et il partagera avec nous le pouvoir qu'il nous devra !

LE DUC, avec colère.

Encore des changements et des révolutions!... Tenez, madame, s'il faut pour la première fois de ma vie, moi diplomate... vous parler franchement, je vous déclare...

LA DUCHESSE, avec hauteur.

Qu'est-ce ?

LE DUC, adoucissant le ton.

Je vous déclare que vous avez trop d'esprit, trop de talents, trop de génie et que, de nous deux...

LA DUCHESSE.

C'est moi qui suis l'homme d'État.

LE DUC.

J'allais le dire !... sous le feu roi, votre frère, vous avez intrigué pour renvoyer votre autre frère le comte de Gottorp... et maintenant sous le jeune roi, votre neveu, vous voulez ramener ce frère dangereux et turbulent ; vous adoriez d'abord notre jeune monarque, vous ne rêviez qu'à lui donner notre fille Mathilde en mariage ; à présent vous l'avez pris en haine et vous voulez le détrôner !... Je suis las de toutes ces querelles de famille... de ce va-et-vient de pouvoir... de ces changements continuels...

LA DUCHESSE.

Auxquels vous devez la place de président du sénat... la première charge du royaume.

LE DUC.

C'est justement parce que je l'ai... que je trouve que tout est bien... que tout va bien !... J'ai un traitement magnifique, un palais superbe, bon feu, bonne table... et rien à faire, aux frais du gouvernement!... rien! qu'à siéger dans un riche fauteuil de velours, où j'opine du bonnet... un bonnet d'hermine, avec un manteau idem!... et vous voulez des bouleversements? allons donc!

AIR Ce mouchoir, belle Raimonde.

Dans sa prudence profonde
Un vieil adage me plaît :
Ne dérangeons pas le monde,
Laissons chacun comme il est !
Défenseur de la couronne,
Ennemi du changement,
J'abrite contre le trône
Ma place et mon traitement.
Que Dieu conserve le trône,
Ma place et mon traitement !

LA DUCHESSE.

Et si on vous les enlevait, monsieur ?

LE DUC.

M'enlever mon traitement!... plutôt mourir! et si je le savais!...

LA DUCHESSE.

Moi, j'en suis sûre, et c'est pour cela que je me suis déjà entendue avec le comte de Gottorp !

LE DUC.

Sans m'en prévenir ?

LA DUCHESSE, vivement.

Tant que le vieux comte de Holstein, premier ministre nommé par le feu roi, a présidé le conseil de régence, il n'y avait rien à faire ; mais depuis un an il n'est plus, et maintenant la réussite est certaine avec un prince qui n'a d'autres occupations que les amusements les plus futiles ; d'autre conseil, que la vieille gouvernante qui l'a élevé et qui ne quitte point son appartement; d'autre soutien, que ce jeune Éric de Holstein, capitaine des gardes... qui sort à peine des pages; un roi enfin qui se laissera enlever sa couronne, comme on dit que dernièrement il s'est laissé enlever sa maîtresse, la comtesse de Woldemar!

LE DUC.

Mais alors... et au lieu de mettre en avant votre frère le comte de Gottorp, qui n'inspire aucune sympathie... pourquoi... pendant que vous y êtes... ne pas placer la couronne sur votre tête?

LA DUCHESSE.

A moi?

LE DUC.

A vous... sœur du dernier roi!...

LA DUCHESSE, souriant.

Ah! ah! le goût vous en vient...

LE DUC.

Pour que ça finisse et que nous restions tranquilles.

LA DUCHESSE.

Croyez-vous donc que je n'y aie pas pensé?

LE DUC, vivement.

Eh bien alors!...

LA DUCHESSE.

Mais la loi du royaume... la loi salique! cette loi antisociale et absurde, qui en Danemark comme en France défend aux femmes de régner...

LE DUC.

Et, si au lieu de régner, vous alliez échouer et nous exposer... car enfin... se montrer ainsi... c'est d'une audace...

LA DUCHESSE.

On voit bien, monsieur, que vous n'avez jamais conspiré! Est-ce qu'on se montre? on fait la guerre, on ne la déclare pas! on fomente par-dessous main des embarras, des troubles... des émeutes... On paie même s'il le faut... mais on ne paraît en rien!... assez d'autres se chargent de ce soin et se mettent pour nous en avant!...

LE DUC.

Mais où les trouver?...

LA DUCHESSE.

Soyez tranquille... ils se présentent toujours d'eux-mêmes.

SCÈNE IV.

Les mêmes; DANIEL.

DANIEL, se débattant entre deux factionnaires qui lui présentent le fusil.

Eh! pourquoi donc que je n'entrerais pas dans le palais du roi?... Il reçoit, dit-on, tous ses sujets... Est-ce que les marins n'en sont pas?...

LA DUCHESSE, haussant la voix.

Ce brave homme a raison...

LE DUC, étonné.

Comment?

LA DUCHESSE, bas à son mari.

Tous ceux qui se plaignent ont raison. (Haut et faisant signe aux soldats.) Laissez entrer.

(Les factionnaires retirent leur fusil.)

DANIEL, descendant le théâtre.

Je vous remercie, madame... Parce qu'enfin, quoiqu'on n'ait pas un habit doré... (Montrant le duc.) comme monsieur... ça n'empêche pas qu'on ait affaire dans le palais du roi...

LA DUCHESSE.

Et si je peux vous y être utile...

DANIEL.

Vous êtes bien bonne... ça n'est pas de refus... d'autant que j'ai là une pétition... que j'ai rédigée moi-même.

LA DUCHESSE, d'un air gracieux et prenant la pétition.

Ce doit être bien!... Qui êtes-vous ?...

DANIEL.

Daniel Swéborg... matelot sur la gabarre le *Christiern*.

LE DUC, avec importance.

Un bâtiment de guerre!

DANIEL.

Comme vous dites, armé en pêche... pour le banc de Terre-Neuve... où j'étais parti pour faire fortune et je reviens comme j'étais parti!...

LA DUCHESSE, avec intérêt.

Ah! vous n'avez rien... (A part.) C'est bien!

DANIEL.

Non, madame la baronne...

LE DUC, lui faisant signe.

Duchesse!

DANIEL.

Je le veux bien!... donc, madame la duchesse, vous saurez qu'il y a un an avant de partir, je gagnais à peu près...

LE DUC, bas, à sa femme, avec impatience.

Comment! vous allez écouter...

LA DUCHESSE.

Laissez donc... (A demi-voix.) Tout peut servir!

DANIEL.

Je gagnais sur le port trois copeks par jour.

LA DUCHESSE.

Ce n'est pas assez...

DANIEL.

N'est-ce pas?

LA DUCHESSE.

Il vous en faut le double...

DANIEL.

C'est ce que j'ai toujours dit... c'est une injustice.

LA DUCHESSE.

C'est une indignité.

LE DUC, haussant les épaules.

Allons donc !...

LA DUCHESSE, à son mari.

Oui, monsieur, et si j'étais de lui... et de ses compagnons... j'élèverais la voix... je me plaindrais.

DANIEL.

C'est ce que j'ai toujours fait.

LA DUCHESSE.

C'est bien.

DANIEL.

D'autant que j'étais fiancé à une pauvre jeune fille que j'aime depuis mon enfance... et que je veux épouser !

LA DUCHESSE.

Il vous faut donc alors douze copeks par jour.

DANIEL, montrant sa pétition.

Juste... ce que je demande.

LA DUCHESSE.

Et vous les aurez... je vous le promets.

DANIEL.

D'autant que ma prétendue n'a rien... quand je dis rien... une bouquetière... fraîche comme ses fleurs... Marguerite Gillenstiern...

LA DUCHESSE.

Marguerite !... (Après avoir échangé un regard avec le duc, rendant à Daniel sa pétition.) Eh bien ! mon garçon... ce n'est pas à nous qu'il faut présenter cette pétition... c'est à Marguerite.

DANIEL, étonné.

Comment cela ?

LA DUCHESSE.

AIR du vaudeville du *Petit courrier*.

Elle est au comble des faveurs...

LE DUC.

Depuis qu'en vertu de sa place
Ici, chaque jour, avec grâce
Au prince elle apporte des fleurs !

LA DUCHESSE.

Oui, les roses pour notre maître
Ont un charme si vif, si doux !

LE DUC.

Il les aime tant !... que peut-être
Il n'en restera plus pour vous.

DANIEL.

C'est pas possible... car si c'était vrai...

LA DUCHESSE, vivement.

Eh bien ! que ferais-tu ?

DANIEL.

Ce que je ferais ! j'en mourrais ! pour lui apprendre...

LA DUCHESSE.

Allons donc !

DANIEL.

Je me tuerais de désespoir !...

LA DUCHESSE.

Tu as trop d'esprit pour ça... et il y a mieux à faire...

DANIEL.

Quoi donc ?...

LA DUCHESSE.

Je te le dirai... mais pas ici... car la porte s'ouvre, et c'est sans doute Marguerite...

LE DUC.

Qui sort de la chambre du roi.

DANIEL.

O ciel !

LA DUCHESSE.

Adieu... monsieur Daniel...

LE DUC.

Adieu, mon cher...

DANIEL.

Mais, au moins, expliquez-moi...

LA DUCHESSE.

Voyez... voyez vous-même.

(Le duc et la duchesse sortent par le fond, à gauche.)

SCÈNE V.

DANIEL, puis MARGUERITE.

DANIEL, cherchant à s'étourdir.

Allons donc... allons donc !... c'est un rêve que je fais là... un mauvais rêve !... Marguerite n'est pas la protégée du prince.

AIR de *Paris et le village.*

Elle tient trop à son honneur
Pour que sa foi me soit ravie !

MARGUERITE, apercevant Daniel.
O ciel !... et si j'en crois mon cœur...
Daniel !...

DANIEL, allant à elle, puis s'arrêtant tout à coup.
Ah ! qu'ai-je fait ! j'oublie.

MARGUERITE, étonnée.
Mais soudain qu'est-ce qui lui prend ?
Pourquoi cet air d'inquiétude ?

DANIEL.

Je me croyais heureux en la r'voyant :
C'que c'est pourtant que l'habitude!

MARGUERITE.

Qu'est-ce que tu as donc?...

DANIEL, avec émotion.

On m'a dit, mademoiselle, de vous présenter cette pétition!...

MARGUERITE, prenant le papier qu'il lui présente.

A moi?

DANIEL, gravement.

A vous.

MARGUERITE.

Et toi aussi!... est-ce étonnant?... Tout le monde, depuis huit jours, me fait des révérences et des politesses... et m'apporte, comme ça, des placets et des cadeaux.

DANIEL, avec douleur.

C'est donc vrai?

MARGUERITE, naïvement.

Certainement! Vois plutôt ces boucles d'oreilles... ce collier et cette bague... C'est gentil, hein?

DANIEL.

Et vous les avez acceptés?

MARGUERITE.

Tiens! c'te question!... On me priait seulement de mettre ces papiers sur la table... du roi... Est-ce qu'il y a du mal à ça?

DANIEL, avec colère.

Oui, mam'zelle; et tous ceux qui vous ont fait ces propositions-là sont des indignes.

MARGUERITE.

Eh! vous faites comme eux?

DANIEL.

Mais, moi, au moins, je ne vous donne rien pour ça; voilà la différence...

MARGUERITE.

Pardi! toi... tu n'as rien.

DANIEL.

Oui... je n'ai pas comme vous des boucles d'oreilles et des bagues qui brillent... Je n'avais rien, je n'ai rien; v'là ce que j'ai gagné... et j'en suis fier...

MARGUERITE.

Et tu as raison... car je t'aime comme ça.

DANIEL.

Vous m'aimez, vous, Marguerite; vous m'aimez encore!

MARGUERITE.

Ça ne m'a pas quitté... et je t'attendais avec tant d'impatience!

DANIEL, avec joie.

C'est-il possible!... et cependant d'où viens-tu... en ce moment?...

MARGUERITE.

De la chambre du roi.

DANIEL.

Ah!... Et pourquoi que tu allais... dans la chambre du roi?...

MARGUERITE.

Pour mettre des fleurs sur sa cheminée... ce que je fais tous les jours... comme jardinière du palais.

DANIEL, commençant à se rassurer.

Ah! c'est pour ça! Et qu'est-ce qu'il te dit, le roi?

MARGUERITE.

Rien... Je vas... je viens autour de lui... sans qu'il s'en

occupe... Seulement, quand je suis trop longtemps... il me dit : « Va-t'en... c'est bon... va-t'en... »

DANIEL.

Ah! Va-t'en!

MARGUERITE.

Mais avec douceur, parce que c'est un bon maître...

DANIEL.

Et il ne t'adresse pas des petits regards... des petits compliments?

MARGUERITE.

Comment?

DANIEL.

J'aime mieux que tu me le dises!...

MARGUERITE.

Il ne me regarde jamais... L'autre jour seulement, il m'a dit : « Ah! comme tu es mal coiffée! »

DANIEL, avec approbation.

Ah!...

MARGUERITE.

Oui, parce j'avais des rubans verts, et le vert ne me va pas; et tout à l'heure... comme je voulais lui parler de toi... il était occupé à lire... j'ai fait comme ça... (Toussant légèrement.) hum... hum! en lui adressant ma plus belle révérence... Il a levé les yeux, et m'a dit avec impatience... « Comme tu es sans soin! la pointe de ton fichu qui est détachée! » C'était vrai. « Je n'aime pas ça, » qu'il a dit.

DANIEL, étonné.

Ah bah!

MARGUERITE.

C'est un prince soigneux!... Puis, il a pris une épingle...

DANIEL, étonné.

Il a des épingles?

MARGUERITE.

Toute une pelote sur son bureau de travail...

DANIEL, à part.

En v'là un drôle d'homme !

MARGUERITE.

Et il m'en a mis une lui-même !... pas trop mal !... pour quelqu'un qui pensait à autre chose... car il n'était pas à ce qu'il faisait...

DANIEL.

Ah ! il n'était pas à ce qu'il faisait ?

MARGUERITE.

Du tout... et moi, pendant ce temps-là, je lui disais : « Sire... il y a quelqu'un qui va bientôt revenir... Daniel le matelot, qui est mon amoureux... »

DANIEL, effrayé.

Imprudente ! tu lui as dit cela ?

MARGUERITE.

Certainement... « Je voudrais bien pour lui... une place... une bonne place... »

DANIEL.

Et qu'est-ce qu'il a dit ?

MARGUERITE.

Il a souri avec tant de bonté et d'un air si gracieux : « Ah ! tu aimes quelqu'un ? — Oui, Sire... — Et tu veux l'épouser ? — Oui, Sire... le plus tôt possible ! — C'est bien... dès qu'il sera de retour à Copenhague... présente-le-moi... »

DANIEL, avec transport.

Il a dit cela ?

MARGUERITE.

En ajoutant : « Et maintenant va-t'en, va-t'en, car j'ai à travailler. »

DANIEL, de même.

Va-t'en! ah! quel bon roi! (A part.) Ah! ce que prétendaient les autres étaient des mensonges et des impostures! (Haut.) Marguerite... Marguerite... tu me sembles si gentille, si bonne, si adorable... que vois-tu bien... je t'aime plus que jamais...

MARGUERITE.

J'y compte bien, et tu vas avoir une place... et puis moi, (Montrant ses boucles d'oreilles et son collier.) si ça continue comme ça... je deviendrai riche...

DANIEL.

Du tout... je te défends de rien recevoir désormais...

MARGUERITE.

Alors, il faut donc rendre ce que j'ai déjà ?...

DANIEL.

Je ne te dis pas ça... ce qui est reçu... est reçu... d'ailleurs ça serait des histoires... Dis-moi seulement, puisque le roi désire me voir, quand tu me présenteras à Sa Majesté.

MARGUERITE.

Aujourd'hui même... à deux heures... quand le roi revient de la promenade... il est seul d'ordinaire.

DANIEL.

Oui, mais ces factionnaires avec leurs fusils... ce matin ils m'empêchaient d'entrer... et sans la protection d'une grande dame qui était là...

MARGUERITE.

Tu peux t'en passer!... (Lui montrant une petite porte à gauche.) Tiens!... par là... un escalier dérobé... par lequel tous les matins j'apporte mes fleurs... ça donne dans les jardins... près de l'orangerie... où je demeure.

DANIEL.

C'est bien... (On entend une musique militaire au dehors, la marche des *Diamants de la Couronne*.) Qu'est-ce que c'est que ça?...

MARGUERITE.

La revue... qui va avoir lieu... Adieu, à tantôt... à deux heures! adieu!

(Daniel sort par la petite porte à gauche.)

SCÈNE VI.

MARGUERITE, puis ÉRIC, entrant par la porte du fond pendant que la musique militaire continue toujours.

ÉRIC, vivement.

Le roi!... le roi!... toutes les troupes sont en bataille... sur la grande place et sous ce balcon, on attend le roi... on le demande, où est-il?

MARGUERITE.

Toujours là dans sa chambre... et ce matin il a défendu devant moi qu'on le dérangeât...

ÉRIC.

Aussi... je n'ose entrer... mais pour toi, Marguerite... il n'y a pas d'ordre... il n'y a pas d'étiquette... le moindre prétexte : tiens... va chercher des corbeilles... va mettre de l'eau dans les fleurs... enfin dis-lui que l'heure est passée... et qu'on ne fait pas attendre trois régiments au port d'armes.

MARGUERITE, tenant la corbeille.

Je ne dirai jamais cela!

(Le roi sort de l'appartement à droite. Marguerite fait une révérence. Éric lui fait signe de s'en aller et elle entre dans la chambre du roi.)

SCÈNE VII.

ÉRIC, CHRISTIAN.

CHRISTIAN, allant à la fenêtre et écoutant.

Ah! la jolie musique!

ÉRIC, le regardant.

Eh bien?

CHRISTIAN, une rose à la main.

Eh bien!... qu'as-tu donc?

ÉRIC.

Comment, Sire!.. vous n'avez ni votre uniforme... ni vos armes... et là, sous vos fenêtres... vos soldats sont en bataille pour la revue...

CHRISTIAN.

En plein midi... et par un soleil aussi ardent... ah! les pauvres gens doivent avoir bien chaud!

ÉRIC.

Eh! qu'importe!... c'est leur état... c'est le mien!... mais pour la veille de votre majorité, vous m'aviez promis d'assister à cette revue... c'est la première...

CHRISTIAN.

C'est vrai!... mais je me sens souffrant.

ÉRIC.

C'est égal, Sire, c'est égal! Ils y comptent... ils se font une fête de manœuvrer devant vous.

CHRISTIAN.

Tu crois?

ÉRIC.

Ce sera superbe... un exercice à feu!

CHRISTIAN, vivement.

Je n'en veux pas... je n'en veux pas...

ÉRIC.

Et pourquoi?

CHRISTIAN.

Je ne sais... je ne peux te dire... cela me donne sur les nerfs... et cela me fait mal... que veux-tu, c'est plus fort que moi...

ÉRIC, à part, avec rage.

O mon Dieu... ô mon Dieu!... (Haut.) Et vos soldats qui sont là... Que faire?

CHRISTIAN.

Eh bien... je vais les voir! (Il court ouvrir la fenêtre au fond; on entend crier au dehors : VIVE LE ROI!)

CHRISTIAN, les regardant et se tournant vers Éric.

C'est superbe!... les beaux uniformes! et que de baïonnettes... Pourvu qu'ils ne se fassent pas de mal... et n'aillent pas se blesser! (Geste d'impatience d'Éric.) Bien... bien, mes amis... ne vous fatiguez pas... (Les saluant avec son bouquet.) Rentrez chez vous... et gardez cela pour une meilleure occasion!

ÉRIC, s'élançant à la fenêtre que le roi vient de quitter
et criant à haute voix.

Pour la première bataille où notre jeune roi vous conduira lui-même!...

TOUS, en dehors.

Vive le roi!

CHRISTIAN, à part.

Qu'est-ce qu'il dit donc?

ÉRIC, à haute voix.

C'est nous, mes amis, qui empêchons Sa Majesté de sortir! Mais, rassurez-vous... sa blessure n'est rien!... moins que rien!

TOUS, en dehors.

Vive le roi!

CHRISTIAN, étonné.

Ma blessure!... Qu'est-ce que cela signifie?... et ces allusions que j'ai lues ce matin dans les Gazettes... ces louanges qui me sont adressées et auxquelles je ne comprends rien...

ÉRIC, vivement et à demi voix.

Pardon, Sire... pardon!.. C'est un secret qui mourra avec moi...

CHRISTIAN.

Quel qu'il soit, je veux le connaitre!...

ÉRIC.

Eh bien! Sire, le feu roi, votre père, dont j'avais l'honneur d'être page, et qui, malgré ma jeunesse, me traitait comme un ami... comme un proche parent, quoique je fusse allié de bien loin à votre royale famille... votre père me dit à son lit de mort : « Éric, tu veilleras toujours sur mon enfant bien-aimé. — Oui, Sire... — Tu le défendras contre tous les pièges qui l'environnent. — Oui, Sire. — Et s'il faut te faire tuer pour lui... tu le feras. — Oui, Sire... »

CHRISTIAN, avec émotion.

Éric!...

ÉRIC.

Eh bien!... ce serment-là... il s'est présenté une occasion de le tenir... et je n'ai pas voulu la laisser échapper.

CHRISTIAN.

O ciel! monsieur, parlez, achevez! un roi doit tout savoir.

ÉRIC, avec embarras.

Eh bien! Sire... Votre Majesté n'a pas oublié cette belle comtesse...

CHRISTIAN.

Laquelle?

ÉRIC.

La comtesse de Woldemar... qui vous plaisait tant!

CHRISTIAN.

A moi?... au contraire!

ÉRIC.

Enfin, vous l'aimiez!

CHRISTIAN.

Du tout!

ÉRIC.

C'est tout comme : on le disait!

CHRISTIAN.

On avait tort !

ÉRIC.

Eh bien ! le comte de Tchericoff... un étranger... un Russe vous l'a enlevée !

CHRISTIAN.

Tant mieux !

ÉRIC.

Tant pis ! car il se vantait... avec une affectation qui produisait le plus mauvais effet ! Vous n'en saviez rien !... mais moi !... j'aurais mieux aimé que ce fût une maîtresse à moi... car j'étais furieux pour vous...

CHRISTIAN.

Comment, monsieur...

ÉRIC.

Rassurez-vous, Sire... j'ai été la prudence même... Le comte a reçu de vous un honneur dont il devait être fier... et dont il s'est montré digne... l'invitation de se rendre... en secret, sans témoin... sous votre terrasse... la nuit dernière... et par un brouillard comme nous en avons ici, en Danemark...

CHRISTIAN.

O ciel !

ÉRIC.

On ne voyait rien à deux pas... que le fer des épées !... la sienne n'a fait que m'effleurer le poignet... tandis que la nôtre !...

CHRISTIAN, vivement.

La nôtre ?... eh bien !

ÉRIC.

Aucun danger ! vos domestiques que j'ai envoyés vers lui par votre ordre l'ont transporté à son hôtel... et comme je l'espérais, ils ont si bien gardé le secret sur cette rencontre que, dès ce matin déjà, tout le monde en parle...

CHRISTIAN.

Imprudent! et si vous aviez été blessé... tué peut-être...

ÉRIC.

C'était pour vous, Sire.

CHRISTIAN, avec crainte.

O mon Dieu! (Haut.) Et prendre ainsi ma place...

ÉRIC.

Je conçois votre colère!... un coup d'épée dont je vous ai fait tort... ça se retrouvera, Sire... mais dans les circonstances où nous sommes... cela venait si bien... Vos soldats sont dans l'ivresse... vos ennemis dans l'étonnement.

CHRISTIAN.

Assez... assez... je ne puis te dire ce qui se passe là! ce que j'éprouve de reconnaissance, et en même temps de trouble et de dépit.

ÉRIC.

Je conçois cela.

CHRISTIAN.

Mais, vois-tu bien, Éric, j'ai été élevé d'une manière si étrange! le vieux comte de Holstein, ton père, premier ministre et président du conseil de régence, venait chaque matin prendre mes ordres ou plutôt me donner les siens. Le reste du temps, ma vie s'écoulait si solitaire et si triste... renfermé avec cette vieille gouvernante que mon père avait placée près de moi et qui, tremblant pour mes jours, me quittait si peu qu'à peine pouvais-je te voir... toi, mon seul ami!

ÉRIC.

Dites-vous vrai, Sire?

CHRISTIAN.

Oui! depuis ce temps... depuis mon enfance... mon attachement pour toi ne ressemble à aucune autre affection... j'ai besoin que tu sois là près de moi... ta vue me rassure... et ton absence me laisse toujours seul au milieu de la foule...

2.

j'ai si peu d'amis!... non pas que je sois toujours content de toi... il y a des moments où je t'en veux... où je suis en colère...

ÉRIC.

Les moments où j'ose contredire Votre Majesté.

CHRISTIAN.

Non, ceux-là... je les pardonne... et souvent je t'en remercie! mais d'autres...

ÉRIC.

Lesquels?

CHRISTIAN.

Je ne sais... des mouvements d'humeur absurdes, inexplicables, dont je ne puis me rendre compte... et puis les larmes me viennent aux yeux... sans doute de m'être fâché contre toi... Dernièrement, par exemple, quand tu as voulu devenir le gendre de ma tante, la duchesse d'Oldembourg, il me semblait que c'était mal... que c'était ingrat de me quitter...

ÉRIC.

Tout le monde m'engageait à me marier, et pour moi qui n'aimais personne, autant épouser la fille de la duchesse qui du moins était jolie...

CHRISTIAN.

Tu trouves? je ne trouve pas, moi.

ÉRIC.

Heureusement, et malgré vos instances, Sire...

CHRISTIAN.

La duchesse n'a pas voulu.

ÉRIC.

Elle avait des vues sur Votre Majesté...

CHRISTIAN.

Oui... mais moi, je n'ai pas hésité, je n'ai pas été comme toi, j'ai refusé bravement, et quand ils m'accusent de n'être encore qu'un enfant... de n'avoir ni énergie... ni courage... ils se trompent, vois-tu bien, car pour défendre la mémoire de mon père... pour faire respecter ce qui est juste... pour protéger mes amis... toi surtout!... je ne tremblerais pas... là, sur ce trône qui est le mien... je saurais mourir...

ÉRIC.

Bien !

CHRISTIAN.

Et cependant, par une faiblesse que je ne peux ni raisonner ni vaincre... l'idée du sang ou des combats... l'aspect ou le bruit des armes... m'inspirent un trouble... que je n'ose t'avouer... (A demi-voix.) J'ai peur !

ÉRIC, poussant un cri.

Silence ! silence !

CHRISTIAN.

Plus que toi encore j'en suis furieux et indigné... mais que veux-tu ? c'est indépendant de ma volonté... j'ai beau faire... je n'aime ni la chasse, ni les batailles, ni les exercices violents qui font tes délices... mon bonheur à moi, c'est l'étude ! mes plaisirs... c'est la musique... la peinture... les fleurs...

ÉRIC, vivement.

Ne me dites pas cela, car il faudra lutter et combattre... car dès demain peut-être tous les partis seront en présence... D'abord, ce comte de Gottorp, votre oncle...

CHRISTIAN.

Oui, c'était l'ennemi mortel de mon père... et le mien, je le sais... il en voulait à mon trône et à mes jours... c'est pour cela qu'on l'a exilé ; mais tous les grands du royaume sont pour moi... le président du sénat me le disait ce matin.

ÉRIC.

Lui !... ne vous y fiez pas !

CHRISTIAN.

Mais sa femme... la duchesse d'Oldembourg...

ÉRIC.

Celle-là, c'est différent... déliez-vous-en, Sire.

CHRISTIAN.

Quoi! parce que j'aurais refusé sa fille?...

AIR d'Yelva.

Quoi! tu veux que je la soupçonne?
Ma proche parente!

ÉRIC.

Oui vraiment!
Elle en est plus proche du trône!

CHRISTIAN.

N'achève pas.

ÉRIC.

C'est affligeant!
Mais, sur ce point pardonnez si j'insiste,
Dans leur famille, avide de grandeurs,
Les rois n'ont pas de parents!...

CHRISTIAN, secouant la tête.

Oui... c'est triste!
Ils n'ont rien que des successeurs!

A peine sur le trône, et déjà environné de défiances ou de trahisons!... et vous, Éric... vous! m'abandonnerez-vous aussi?

ÉRIC.

Moi! vous abandonner! Sire, je ne vous parle pas de mon honneur et de mon devoir... mais il y a dans votre inexpérience, dans votre jeunesse, dans votre timidité même... que sais-je enfin!... il y a en vous un charme indéfinissable qui m'attire et m'attache! Depuis bien des années, il m'est impossible de passer un jour sans voir Votre Majesté... et de toutes mes passions, Sire... je crois que la première c'est vous... les autres ne viennent qu'en seconde ligne... les chevaux, les armes, le jeu!... et même les dames!...

CHRISTIAN.

Ah!... elles vous plaisent?

ÉRIC.

Oui, Sire... beaucoup!

CHRISTIAN.

Et laquelle préférez-vous?

ÉRIC.

Toutes! et Votre Majesté devrait faire comme moi!...

CHRISTIAN.

Par exemple!

ÉRIC.

Il n'en coûte rien de parler de son amour.

CHRISTIAN.

Sans en avoir?...

ÉRIC.

A la Cour on fait crédit.

CHRISTIAN.

C'est indigne!

ÉRIC.

AIR du vaudeville de *Jadis et aujourd'hui*.

Pour déjouer toutes les trames,
Pour qu'on l'adore, il faut qu'un roi
Ait l'air d'aimer toutes les dames ;
Usez du moyen, croyez-moi!
Et par lui, sous vos lois fidèle,
Vous aurez bientôt rallié
La moitié... du royaume... celle
De qui dépend l'autre moitié!

Oui, Sire! et déjà, dans votre intérêt, j'ai répandu le bruit que de ce côté-là Votre Majesté... avait des idées... très-libérales... et que, sans la contrainte où on l'avait retenue jusqu'ici...

CHRISTIAN.

Me donner une pareille réputation!...

ÉRIC.

Que vous justifierez, ce n'est pas si difficile que vous croyez... il ne s'agit que d'étudier! (Apercevant Marguerite qui sort de la chambre à droite.) Et, tenez... Marguerite... la petite jardinière... elle est très-gentille...

CHRISTIAN.

Tu crois?

ÉRIC.

Comment! vous ne vous en êtes pas aperçu?...

CHRISTIAN.

Jamais!

ÉRIC, à part.

C'est à décourager...

SCÈNE VIII.

Les mêmes; MARGUERITE.

ÉRIC.

Nous parlions de toi, Marguerite.
(Christian s'éloigne et va s'asseoir à la table à gauche.)

MARGUERITE.

C'est bien de l'honneur!...

ÉRIC.

Nous disions qu'il n'y a rien à la Cour d'aussi joli et d'aussi gracieux que ta petite mine chiffonnée!

MARGUERITE.

Vous êtes bien bon.

ÉRIC.

Non... mais je suis juste... équitable... je sais distinguer le mérite... (Regardant le roi.) Il y en a qui ne l'aperçoivent pas... mais moi, j'aime à honorer la beauté et la vertu dans quelque rang qu'elles se trouvent!

MARGUERITE.

C'est bien à vous !

ÉRIC.

C'est tout naturel !

AIR : Je veux vous avoir pour compagne. (*Le Ménétrier.*)

COUPLETS.

Premier couplet.

Nous, grands seigneurs, le ciel s'attache
A nous élever aussi haut
Pour voir de plus loin et plus tôt
Le vrai mérite qui se cache !...
Que j'aime à voir ces yeux si doux
   (Lui prenant la main.)
Et cette gracieuse attitude !

CHRISTIAN, à part avec impatience.

Ah ! je sens naître mon courroux !...

ÉRIC, bas au roi.

Ce que j'en fais n'est que pour vous,
Ce n'est que comme objet d'étude !

Deuxième couplet.

En te refusant la naissance,
Le ciel t'a donné la beauté ;
Devant son pouvoir respecté
Disparaît bientôt la distance !
La rapprocher est, entre nous,
Bien aisé, si tu n'es pas prude...
   (Lui prenant la taille.)

CHRISTIAN, avec impatience.

Eh ! mais, monsieur ! que faites-vous ?

ÉRIC, bas à Christian.

Ce que j'en fais n'est que pour vous,
Ce n'est que comme objet d'étude !

CHRISTIAN, avec colère et voyant Éric qui embrasse Marguerite.

Assez d'étude !

ÉRIC, à demi-voix.

A peine si la leçon est commencée...

CHRISTIAN, de même.

C'est égal !... je vous défends de la continuer... et de jamais adresser la parole à cette jeune fille... sur laquelle je dois veiller... ou sinon...

ÉRIC, à demi-voix et souriant.

C'est bien, Sire... très-bien... cela me prouve que vous prenez goût à la leçon... puisque déjà vous voilà jaloux de la gentille Marguerite.

CHRISTIAN.

Moi... jaloux?... laissez-moi !... (A Marguerite.) Vous aussi, à l'instant...

MARGUERITE.

Comment, Sire?

CHRISTIAN.

Sortez, vous dis-je, tous les deux !... (Se retournant.) non, pas ensemble ! (A Marguerite, qu'il retient par la main.) Toi, reste.

ÉRIC, à part.

Je comprends !... pour étudier seul !...

SCÈNE IX.

CHRISTIAN, qui vient de se jeter dans le fauteuil à droite ; MARGUERITE, debout près de lui ; ÉRIC, qui va sortir par la porte du fond, rencontre LE DUC D'OLDEMBOURG qui entre.

ÉRIC.

Monseigneur le duc d'Oldembourg.

LE DUC.

Qui vient au nom du sénat et de la chambre des États.

ÉRIC, à demi-voix.

Le moment est mal choisi... le roi est avec la favorite...

LE DUC, de même.

En vérité!...

ÉRIC, de même.

Une scène de jalousie... une scène affreuse... car notre jeune roi, sans qu'il y paraisse, a les passions vives... et le caractère violent... malheur à qui excite sa colère!...

LE DUC, de même.

Je comprends... il veut être seul... je connais les convenances! (Il s'approche du roi qui est assis près de la table à droite et le salue.) Sire!...

CHRISTIAN, se levant brusquement du fauteuil à droite.

Qu'est-ce?

LE DUC.

Que Votre Majesté ne s'effraie pas! je viens au nom de la chambre... mais je ne ferai pas de discours!...

CHRISTIAN.

C'est bien...

LE DUC, regardant Marguerite.

Je connais trop l'importance des moments... et la gravité des occupations... de Votre Majesté.

MARGUERITE, à part.

Qu'est-ce qu'il a donc, celui-là!

LE DUC.

Sa Majesté le feu roi, votre père, de glorieuse mémoire, avait déposé, avant sa mort, ce paquet scellé de ses armes dans les archives du sénat, avec ordre de ne le remettre qu'à vous... Sire, à vous seul! la veille de votre majorité, et comme c'est demain... que vous êtes proclamé roi... je suis chargé, en ma qualité de président du sénat, de vous apporter ce précieux dépôt... qui contient les dernières volontés... de votre auguste père...

CHRISTIAN, prenant le papier avec émotion et respect.

C'est bien!

(Il va se rasseoir près de la table et reste plongé dans ses rêveries.)

LE DUC.

Et maintenant, Sire...

AIR : Je m'en vas. (*Le Maçon.*)

Je m'en vas. (*Bis.*)

ÉRIC.

Et moi je suis vos pas !

LE DUC, au fond du théâtre, bas à Éric.

Ainsi, c'est donc vrai?... Marguerite...

ÉRIC.

Décidément est favorite !

LE DUC, saluant Marguerite.

A l'en glorifier
Que je sois le premier !

ÉRIC.

Dans la faveur d'un roi quand on veut s'installer,
Il faut avec adresse,
Il faut avec finesse...

LE DUC.

Arriver à propos !...

ÉRIC.

Et surtout s'en aller !

LE DUC, vivement.

Je m'en vas !... (*Bis.*)

ÉRIC.

Et moi je suis vos pas !

MARGUERITE.

Il s'en va ! (*Bis.*)
Et moi qui reste là !

(Éric et le duc sortent ensemble.)

SCÈNE X.

CHRISTIAN, près de la table à gauche, la tête appuyée sur sa main et réfléchissant, MARGUERITE.

MARGUERITE, regardant le duc qui s'éloigne sur la pointe du pied.
M'ordonner de rester! qu'est-ce que le roi me veut donc? il paraît que c'est quelque chose d'important... (S'approchant timidement de Christian.) Sire!...

CHRISTIAN, avec impatience.
Eh bien!...

MARGUERITE.
Qu'est-ce que Votre Majesté a donc à me dire, comme ça... en tête à tête?

CHRISTIAN.
Moi!... rien!...

MARGUERITE.
Que ça! vous m'avez pourtant défendu de m'en aller!

CHRISTIAN.
Ah! c'est vrai!

MARGUERITE.
Pourquoi?

CHRISTIAN.
Parce qu'il n'était pas convenable pour toi... et pour ton fiancé, dont tu m'as parlé, de partir ainsi avec M. le comte de Holstein... capitaine de mes gardes...

MARGUERITE.
C'est possible!

CHRISTIAN.
Maintenant fais ce que tu voudras... pourvu que tu me laisses...

MARGUERITE.

Oui, Sire... oui, Sire ! (A part.) C'était pas la peine de faire tant d'embarras. (Haut.) Je vais là achever mon ouvrage...

CHRISTIAN.

Comme tu voudras... mais va-t'en !

MARGUERITE, à part.

J'aime mieux ça... parce qu'à deux heures... quand viendra Daniel... je serai là.

(Elle entre dans l'appartement à droite.)

SCÈNE XI.

CHRISTIAN, seul près de la table. Il regarde quelque temps avec respect la lettre cachetée qu'on lui a remise.

C'est de mon père ! (Il la porte à ses lèvres, puis après avoir hésité, il brise le cachet et lit.) « Mon enfant bien-aimé, quand vous li-
« rez cette lettre, vous aurez échappé aux dangers qui me-
« naçaient vos premières années, et vous serez arrivé à un
« âge, où vous pourrez apprécier les graves circonstances
« où je vous laisse et le meilleur parti à prendre. Avant vo-
« tre naissance, l'héritier légitime et direct de la couronne
« était... le comte de Gottorp votre oncle, que ses complots,
« son caractère et ses mauvais penchants rendaient indigne
« du trône... lui laisser le pouvoir était consentir à la honte
« et à la ruine du pays... c'est dans ces circonstances, que
« vous vîntes au monde... vous mon seul enfant. Que Dieu
« me pardonne ce que j'ai cru devoir faire alors dans l'inté-
« rêt de ma patrie et de tous les miens ! ce fut l'avis du
« vieux comte de Holstein, mon premier ministre ! Lui seul
« et la duchesse d'Offenbach, votre gouvernante, possèdent
« ce secret... et comme la loi du royaume... la loi salique...
« exclut les femmes du trône... » (Musique. — Parcourant à voix basse et avec agitation la fin de la lettre... elle pousse un cri, tombe la tête renversée dans le fauteuil où elle était... et sa main laisse échapper la lettre qu'elle tenait.) O Ciel !... est-il possible... ah !...

SCÈNE XII.

CHRISTINE, évanouie, MARGUERITE, sortant de l'appartement à droite.

MARGUERITE.

Ce cri... que j'ai entendu!... ah! que vois-je? (Se jetant à genoux près du fauteuil.) Sire... Sire... revenez à vous... c'est moi, Marguerite, qui donnerais ma vie pour vous sauver... Mon Dieu! mon Dieu! qu'est-ce qui lui est arrivé? d'où cela vient-il? Sire! Sire!... ah! ce papier... si je le portais au comte de Holstein... si toutefois ça en vaut la peine...
(Marguerite, toujours à genoux, parcourt le papier qu'elle tient à la main, pendant que Christine reprend peu à peu ses sens; elle ouvre les yeux, regarde autour d'elle, aperçoit Marguerite à genoux et parcourant le papier.)

MARGUERITE, avec étonnement.

Dieu du ciel! qu'est-ce que ça veut dire?

CHRISTINE, se levant vivement et arrachant le papier des mains de Marguerite.

Malheureuse!

MARGUERITE, effrayée.

Ah!...

CHRISTINE.

Qu'as-tu fait?

(Ici finit le tremolo de l'orchestre.)

MARGUERITE.

Grâce! grâce!

CHRISTINE.

As-tu lu cet écrit?

MARGUERITE.

Oui... Sire... oui, madame.

CHRISTINE, poussant un cri d'effroi.

Ah!...

MARGUERITE, à mains jointes.

Je l'ai lu... je l'ai lu, sans savoir ce que je faisais.

CHRISTINE.

Un tel secret!...

MARGUERITE.

Il restera là... je vous le jure... et avant de m'en arracher un mot, on me tuera plutôt.

CHRISTINE, la relevant.

Je te crois!... je te crois!... relève-toi!... (En faisant signe de ne rien dire.) A personne! entends-tu bien?

MARGUERITE.

Soyez tranquille!... vous... moi... et Dieu... pas d'autres!

CHRISTINE.

C'est bien!... une femme!... moi, une femme... comme toi...

MARGUERITE.

Dame! il paraît que oui.

CHRISTINE.

Voilà donc d'où venaient cette timidité que je ne pouvais vaincre... cette faiblesse... ces frayeurs dont je m'indignais... ah!... je les comprends maintenant... et bien d'autres choses encore... qui se passaient... (Portant la main à sa tête et à son cœur.) là... et puis là... Ce cœur que j'ignorais... pour qui, mon Dieu, bat-il ainsi?

MARGUERITE.

Madame!

CHRISTINE.

Tais-toi... je ne te demande rien... je ne veux rien savoir... (La regardant.) Mais toi, Marguerite, tu es bien heureuse...

MARGUERITE.

Moi...

CHRISTINE.

Oui... l'on peut t'aimer... tu es jolie... tu es belle... mais moi... que sais-je?

MARGUERITE.

Vous...

CHRISTINE.

Qui me l'aurait dit?... ah! si je pouvais...

MARGUERITE.

Quoi donc?...

CHRISTINE.

Mon amie... ma compagne... la seule à qui je puisse me confier... il dépend de toi de me rendre un service... le plus essentiel, le plus grand...

MARGUERITE.

Eh mon Dieu!... c'est tout simple... entre femmes!

CHRISTINE.

Oui... entre femmes... c'est vrai... nous sommes femmes!... alors on peut tout se dire...

MARGUERITE.

Certainement!...

CHRISTINE, hésitant.

Eh! bien... Eh! bien...

MARGUERITE, la pressant.

Parlez donc?...

CHRISTINE.

Je voudrais me voir en femme.

MARGUERITE.

Est-il possible?...

CHRISTINE.

Avec une robe... une jolie robe... j'en meurs d'envie.

MARGUERITE.

C'est si naturel.

CHRISTINE.

Mais la moindre imprudence peut me perdre... si l'on me voit ainsi... j'expose à la fois... ma couronne et mes jours peut-être.

MARGUERITE.

Oh! n'y songeons plus.

CHRISTINE.

Si... si... malgré tout... je le veux!... mais ici... dans mes appartements, impossible.

MARGUERITE.

Eh bien!... chez moi... dans ma chambre qui donne sur l'orangerie et les serres du palais...

CHRISTINE.

C'est cela...

MARGUERITE.

Je vous offre ce que j'ai de mieux... mes habits des dimanches...

CHRISTINE, l'entraînant.

A merveille... viens!

MARGUERITE, la retenant.

Vous êtes bien sûre au moins... qu'il n'y a pas d'erreur?

CHRISTINE.

Viens donc!...

MARGUERITE.

Ah! dès que c'est pour de vrai... c'est moi alors qui vous servirai de femme de chambre.

CHRISTINE, lui sautant au cou.

Ah! tu es charmante!...

(En ce moment, Daniel paraît à la porte à droite.)

DANIEL, apercevant Marguerite dans les bras du roi.

Ah!...

CHRISTINE, entraînant Marguerite.

Viens... viens... dans ma chambre...

(Les deux femmes disparaissent à droite.)

SCÈNE XIII.

DANIEL, puis LA DUCHESSE.

DANIEL, entrant par le fond.

Ah!... c'est une trahison... c'est une horreur... je le tuerai!

LA DUCHESSE, qui vient d'entrer vivement par le fond.

Qui donc?...

DANIEL, avec fureur.

Le roi!... (Se reprenant.) Non... non, qu'ai-je dit?...

LA DUCHESSE.

Je n'ai rien entendu!

DANIEL.

Mais, madame!...

LA DUCHESSE, le retenant d'une main et portant un doigt de l'autre à ses lèvres.

Silence!... je ne te quitte pas!

ACTE DEUXIÈME

Une serre du palais à côté de la chambre de la jardinière. Grandes portes vitrées au fond qui donnent sur des jardins. Porte à droite et à gauche; les murailles sont tapissées de plantes rares et des vases de fleurs s'élèvent en groupes de tous côtés. A gauche une glace entourée de plantes grimpantes; à droite, vis-à-vis, porte de la chambre de Marguerite, également encadrée de verdure.

SCÈNE PREMIÈRE.

DANIEL, puis MARGUERITE.

(Au lever du rideau, Daniel entre avec colère par la porte vitrée.)

DANIEL, montrant au milieu de la serre la porte à droite.

C'est là... on me l'a dit!

(Il va à la porte à droite et frappe plusieurs fois rudement.)

MARGUERITE, en dedans.

Qui va là?...

DANIEL.

Moi! mam'zelle Marguerite... moi, Daniel... ouvrez... ouvrez!

MARGUERITE, ouvrant la porte qu'elle referme vivement et dont elle retire la clef.

Eh! mon Dieu!... quel tapage! et pourquoi venir ainsi frapper à la porte de ma chambre?...

DANIEL, se promenant avec agitation.

Pourquoi?... elle demande pourquoi!

MARGUERITE.

Et d'abord, prenez garde de ne pas faire comme ça des grands gestes et des grands bras... pour briser mes glaces et mes vases de fleurs... car vous êtes ici dans les serres du palais... où il n'y a que des plantes rares...

DANIEL, avec respect.

C'est différent!

MARGUERITE.

Mais il n'y en a pas, à coup sûr, de plus extraordinaire que vous! vous v'là tout de suite monté comme un aristoloche!...

DANIEL.

Aristoloche!... il n'y a peut-être pas de quoi?... apprenez... que je vous ai vue... vue de mes propres yeux.

MARGUERITE.

Eh bien?

DANIEL.

J'étais là quand vous étiez dans les bras du roi.

MARGUERITE.

Eh bien?...

DANIEL.

Quand vous l'avez suivi dans sa chambre à coucher!...

MARGUERITE.

Eh bien... qu'est-ce que ça prouve?

DANIEL.

Ce que ça prouve?... et vous me disiez... et vous m'avez fait accroire... car je vous crois toujours, moi... c'est mon essence... c'est ma nature, vous m'avez fait accroire que vous n'aimiez pas le roi... et que vous m'aimiez...

MARGUERITE, le regardant avec tendresse.

Ingrat!

DANIEL.

Que dites-vous, Marguerite?

MARGUERITE, souriant.

AIR : *Dans ma chaumière.*

Les marguerites (*Bis.*)
Sont fleurs des champs ! et pour changer
Les rois ont tant d'ros's favorites,
Qu'ils n'ont pas le temps de songer
  Aux marguerites !

DANIEL.

Ma Marguerite (*Bis.*)
Est fraîche et gentille, et le roi
N'a dans les jardins qu'il habite,
Pas un' fleur qui vaill', selon moi,
  Ma Marguerite !

MARGUERITE.

C'est mieux ! ce que vous me dites là... et moi je vous répète, Daniel, que je vous aime et n'aime que vous... (Le regardant tendrement.) En doutez-vous encore ?

DANIEL, embarrassé.

Non !... c'est-à-dire !... je ne demande pas mieux que d'être persuadé... mais expliquez-moi seulement...

MARGUERITE.

Que je vous explique ?

DANIEL.

Oui.

MARGUERITE.

Pardi, monsieur, le beau mérite ! si je vous donne des preuves claires et évidentes, comme le jour... vous daignerez y croire !... v'là une belle marque d'estime et de confiance !... Quand on aime, monsieur... on se dit : « J'ai vu... vu par mes yeux... mais elle me dit le contraire... il faut donc que j'aie tort !... » Voilà l'amour, monsieur... l'amour véritable ! je n'en connais pas d'autre.

DANIEL.

C'est le mien... c'est celui que j'éprouve !... La preuve, c'est que je me creuse la tête à te justifier... sans en venir à bout... Je cherche toujours quelle raison le roi pouvait avoir à t'embrasser... Que diable !.. Ce ne sont pas des raisons d'État...

MARGUERITE.

Au contraire... c'en était !

DANIEL.

Ah bah !... et comment ça ?...

MARGUERITE, à demi-voix.

Je suis obligée de me taire dans notre intérêt à tous deux... tels sont les ordres que j'ai reçus... et les ordres du roi...

DANIEL.

Mon Dieu ! je les respecte !... mais sans y manquer... tu peux bien me dire au moins... car j'étais venu pour t'interroger...

MARGUERITE, à part.

C'est bon à savoir...

DANIEL.

Tu peux me dire... d'où tu viens... il n'y a pas d'indiscrétion à cela !

MARGUERITE.

Et si je te faisais, à toi, la même question... que me répondrais-tu ?

DANIEL, embarrassé.

Je dirais... je dirais... que je viens de chez une grande dame, la duchesse d'Oldembourg.

MARGUERITE.

En vérité !

DANIEL.

Mais il n'y a pas de danger... tandis que toi... explique-moi seulement...

MARGUERITE.

Il ne s'agit pas de moi, monsieur; je vous demanderai ce que vous alliez faire chez cette grande dame...

DANIEL.

Rien... c'est elle qui m'avait emmené... dans son palais.

MARGUERITE, avec défiance.

Dans son palais!...

DANIEL.

Pour des affaires de la plus haute importance.

MARGUERITE.

Lesquelles?

DANIEL.

On m'a défendu d'en parler.

MARGUERITE.

Lesquelles?

DANIEL.

Ça concerne le roi.

(On frappe à la porte de la chambre de Marguerite.)

MARGUERITE.

Silence!...

DANIEL.

Il y a donc quelqu'un qui est là... renfermé dans ta chambre? (Courant à la porte.) Et la clef n'y est pas!

MARGUERITE.

Silence, te dis-je!

DANIEL, près de la porte.

Si c'était le roi!

MARGUERITE, à part.

Ciel! (Haut.) Y penses-tu?

DANIEL, regardant par la serrure.

Une jeune fille...

MARGUERITE.

Une de mes compagnes.

DANIEL.

Devant une glace... elle est à sa toilette...

MARGUERITE.

Eh bien! qu'est-ce que vous regardez donc?...

DANIEL.

Impossible de savoir... mais c'est une jeune fille... Je suis rassuré!

(On frappe de nouveau.)

MARGUERITE.

AIR : Car, il faut qu'on pense au château d'Aymon. (*Les Quatre fils Aymon.*)

Va-t'en! va m'attendre
Au bord du canal.
De toi j'veux apprendre
Ce secret fatal!

DANIEL.

Vous êtes bien bonne,
Mais on me l'défend!

MARGUERITE.

Et moi je l'ordonne!

DANIEL.

Ah!... 'est différent...

Je vais vous attendre
Au bord du canal,
Et j'vas vous apprendre
Ce secret fatal!

MARGUERITE.

Va-t'en! va m'attendre
Au bord du canal.
De toi j'veux apprendre
Ce secret fatal.

(Daniel sort par la porte du fond.)

SCÈNE II.

MARGUERITE, _{allant ouvrir la porte,} **CHRISTINE** _{qui n'est pas encore complètement habillée.}

CHRISTINE.

Mais viens donc, Marguerite ; viens à mon aide... Est-ce que j'ai l'habitude de tout cela ?

MARGUERITE.

Me voilà, Sire...

CHRISTINE.

A la bonne heure, car je ne m'y reconnaissais pas ! (Lui montrant ce qu'elle tient à la main.) Qu'est-ce que c'est que ces tuyaux plissés ?

MARGUERITE.

C'est une collerette... mais sans elle, vous serez mieux... ça cache moins ! car c'est étonnant comme vous êtes gentille sous ces habits... On dirait que vous avez été demoiselle toute votre vie.

CHRISTINE.

En vérité !

MARGUERITE, lui montrant le miroir.

Regardez-vous plutôt... hein ! et maintenant, Sire... je veux dire, madame, laissez-moi vous attacher ce cœur et cette croix d'or... tout ce que j'ai de bijoux...

CHRISTINE, se mirant dans la glace.

Ah ! je les aime mieux que les joyaux de la couronne.

MARGUERITE.

Et moi aussi... maintenant... car c'est bien de l'honneur pour eux et pour moi... ils ont été portés par la reine.

CHRISTINE.

La reine !... quel mot as-tu dit là ?... il n'y a pas de reine en ce pays-ci... les femmes n'y commandent pas.

MARGUERITE.

Oui... ça n'est pas dans la loi... mais c'est écrit ailleurs... et quand on le veut bien...

CHRISTINE.

Que dis-tu?

MARGUERITE.

Que pour commencer et dans votre intérêt... je vais retrouver quelqu'un qui était venu ici pour m'interroger... et c'est moi qui l'ai forcé à parler... une affaire importante qui concerne le roi.

CHRISTINE.

En vérité!

MARGUERITE.

Il va tout me dire.

CHRISTINE.

Reviens vite, je t'attends!

MARGUERITE.

Mais qu'est-ce que vous ferez pendant ce temps-là?

CHRISTINE.

Sois tranquille. (Montrant le miroir.) Je me regarderai.

MARGUERITE.

C'est juste... ça occupe.

(Marguerite sort par la porte du fond.)

SCÈNE III.

CHRISTINE, seule.

C'est bien naturel... car je me connais à peine... et je ne suis pas encore habituée à moi... je suis contente... je suis heureuse... je respire... il me semble que je sors de prison ou d'exil... et que je rentre chez moi... un chez moi qui n'est pas mal... ah! que c'est amusant d'être femme!... bien plus que d'être roi... (Avec joie.) Voyons encore...

(Elle va devant la glace et se regarde de nouveau.)

SCÈNE IV.

CHRISTINE, tenant le miroir, ÉRIC, entrant par la porte du fond.

ÉRIC, entrant en rêvant.

Oui... je saurai de la petite jardinière ce que Sa Majesté lui a dit... (Regardant.) Eh! mais, une jeune fille!... ce n'est pas Marguerite!...

(Il s'approche doucement de Christine.)

CHRISTINE, lui tournant le dos et tenant le miroir.

Je ne sais pas si je m'y connais... mais il me semble que cette taille est assez bien.

ÉRIC, derrière elle et lui prenant la taille.

C'est aussi mon avis!

CHRISTINE, se retournant vivement et avec fierté.

Monsieur... (A part.) O ciel!...

ÉRIC, restant immobile de surprise.

Ah! qu'ai-je vu?... je ne sais si je veille!

CHRISTINE, à part.

De l'audace!...

ÉRIC, la regardant toujours avec étonnement.

Une telle ressemblance est à confondre la raison... car enfin ce sont bien les traits du roi!...

CHRISTINE.

Silence!...

ÉRIC, regardant sa taille.

Et cependant...

CHRISTINE.

Silence!... monsieur l'officier, ne me trahissez pas!

ÉRIC, étonné.

La voix aussi!... est-ce que par hasard le feu roi... c'est bien possible!... (Haut.) Seriez-vous donc parente de Christian, notre jeune souverain?

CHRISTINE, vivement.

Oui, monsieur... parente très-proche... Christine... sa sœur...

ÉRIC, vivement.

Une sœur naturelle...

CHRISTINE, de même.

Précisément !...

ÉRIC.

Ah ! c'est donc ça !... notre jeune roi ne m'a jamais parlé de vous... il ne vous connaît donc pas ?

CHRISTINE.

Non, monsieur... c'est-à-dire si... d'aujourd'hui seulement il sait que j'existe... par des papiers que lui a remis le président du sénat...

ÉRIC.

Je sais... je sais... et qui venaient du feu roi... son testament ! mon père m'en a parlé... et notre jeune prince, dont je connais le cœur, a dû courir à l'instant pour vous embrasser !...

CHRISTINE, souriant.

M'embrasser ! moi, monsieur !... non, c'est impossible.

ÉRIC, étonné.

Comment, impossible !

CHRISTINE.

Le roi ne peut se trouver avec moi... pour des raisons...

ÉRIC.

Politiques !...

CHRISTINE.

Et l'entrée du palais, quand il y est... est interdite...

ÉRIC.

A sa sœur... Je comprends... et vous avez pris ce déguisement pour y pénétrer... pour voir en secret votre frère...

CHRISTINE.

C'est possible...

ÉRIC.

Eh bien ! daignez vous confier à ma garde...

CHRISTINE.

Mais... monsieur...

ÉRIC.

Vous acceptez? quel bonheur! Venez... je vais vous conduire droit à lui, à son appartement.

CHRISTINE, à part.

Ah! mon Dieu!

ÉRIC.

Ne craignez rien !... il est si bon pour moi... il m'aime tant, et je serai si heureux de plaider votre cause...

CHRISTINE.

Sans me connaître ?...

ÉRIC.

N'êtes-vous pas la sœur de mon souverain ?

CHRISTINE.

Certainement... Mais pour la première fois que vous me voyez...

ÉRIC.

C'est ce qui vous trompe !...

CHRISTINE, effrayée.

Comment cela?

ÉRIC.

Depuis son enfance, je n'ai presque pas quitté Christian, notre jeune roi, et vous lui ressemblez à un point...

CHRISTINE.

Vraiment?...

ÉRIC.

Ah! vous ne pouvez vous en faire une idée, puisque vous

ne l'avez jamais vu... Et songez donc que j'ai toujours eu pour lui tant de dévouement et de respect, je suis si habitué à l'aimer qu'il m'est bien difficile... pour ne pas dire impossible qu'un autre lui-même me laisse indifférent, que les mêmes traits ne produisent pas les mêmes sentiments... surtout quand l'objet qui me les rappelle est une femme... une femme charmante!...

CHRISTINE.

Moi!

ÉRIC.

Pardon!... vous ai-je offensée?

CHRISTINE.

Non, monsieur, mais le mot que vous disiez...

ÉRIC.

Êtes-vous donc étonnée de l'entendre?

CHRISTINE.

C'est la première fois, je vous le jure!

ÉRIC, *galamment.*

Je suis donc le premier qui vous aie vue!

CHRISTINE.

C'est possible... car jusqu'ici... m'ignorant moi-même et dans l'espèce de prison où j'étais renfermée...

ÉRIC.

Vous prisonnière! voilà qui est affreux! Si jeune... si jolie... et déjà malheureuse... C'est une indignité!

AIR du *Pot de fleurs.*

Je le dirais au roi lui-même;
Et s'il veut opprimer sa sœur,
Contre cette injustice extrême
Je serai votre défenseur!
Laissez-moi ce seul privilège,
Vous protéger ainsi serait pour moi
Un tel bonheur...

CHRISTINE.
Pardon, le roi
Défend aussi qu'on me protège.

ÉRIC.
Ah! voilà qui est absurde! tyrannique! car enfin c'est encore lui que je sers et que j'aime en vous.

CHRISTINE.
Que dites-vous?

ÉRIC.
Je dis... je dis... qu'il ne peut m'empêcher de défendre le faible et l'opprimé, d'être votre chevalier, et je le serai, je vous le jure par cette main que je presse dans la mienne.

CHRISTINE.
Monsieur!... laissez-moi... je le veux!

AIR : Rencontre imprévue.

O moment d'espérance
Et de trouble et d'effroi!
O nouvelle existence
Qui commence pour moi!
Oui, tremblante à sa vue
D'espoir et de bonheur,
D'une ivresse inconnue
Je sens battre mon cœur.

ÉRIC.
Oui, désormais soyez ma dame!
Mon cœur et mon bras sont à vous!

CHRISTINE.
Ah! qu'on est heureux d'être femme,
Pour entendre des mots si doux!

ÉRIC.
Pour couronner ce qu'on adore,
Quel bonheur de régner!

CHRISTINE.
Pour moi,
J'en connais un plus grand encore :
C'est celui de n'être pas roi.

Ensemble.

CHRISTINE.

O moment d'espérance, etc.

ÉRIC.

Ici, pour ta défense,
Je dois braver le roi,
O la douce existence
De vivre tout pour toi !
Oui, tremblant à ta vue,
D'un charme séducteur,
D'une ivresse inconnue
Je sens battre mon cœur !

MARGUERITE, entrant.

Ah ! qu'est-ce que je vois?

ÉRIC.

Marguerite !

(Il sort précipitamment.)

SCÈNE V.

MARGUERITE, CHRISTINE.

CHRISTINE.

Qu'est-ce qu'il te prend ! qu'as-tu donc à crier ainsi?

MARGUERITE.

Eh bien ! ce jeune seigneur, M. le comte, qui était là aux genoux du roi, c'est-à-dire aux vôtres...

CHRISTINE.

Tais-toi ! tais-toi !... Tout ce que je viens d'entendre, tout ce qu'il m'a dit... non, il ne m'a rien dit dont je puisse m'offenser !... mais le son de sa voix... mais ses regards... c'est-à-dire je présume, car j'étais si émue, que je n'ai rien vu, rien... que son émotion... et ce n'était pas pour le roi, c'était bien pour moi Christine, inconnue et proscrite... aussi je suis heureuse !

MARGUERITE.

Et moi toute tremblante.

CHRISTINE.

Pourquoi donc?

MARGUERITE.

Dame! vous ne me laissez pas parler! et si vous saviez, Sire... non, madame...

CHRISTINE.

Quoi donc?

MARGUERITE.

Il y a un complot contre le roi!

CHRISTINE.

Cela m'est égal.

MARGUERITE.

Pour le forcer à abdiquer.

CHRISTINE.

Je ne demande pas mieux! Cette couronne que m'a donnée mon père, je n'y ai aucun droit... Les lois du pays m'excluent du trône, car je suis femme, grâce au ciel; et mon seul désir, mon ambition est de vivre près d'Éric, heureuse et tranquille.

MARGUERITE.

Ce n'est pas possible! Ils veulent, à ce qu'ils disent, enfermer le roi dans une prison d'État.

CHRISTINE.

Me séparer de lui!... Et Éric?

MARGUERITE.

Comme on craint qu'il ne vous défende, on veut, pour le gagner, le marier.

CHRISTINE.

Lui!

MARGUERITE.

A la fille de la duchesse d'Oldembourg qui mène tout cela.

CHRISTINE.

Le marier, lui!... Un pareil complot!... et j'allais renoncer au pouvoir!... Non, non, jamais!

AIR : Je t'aimerai.

Je régnerai,
J'aurai ce diadème
Dont leur espoir déjà s'est emparé !
Et pour braver les périls, la mort même,
Je n'ai que moi!... mais je suis femme... et j'aime!...
Je régnerai!

MARGUERITE.

Eh bien ! madame ?

CHRISTINE.

Rassure-toi, Marguerite !

MARGUERITE.

Comment ! vous n'avez pas peur?...

CHRISTINE.

Non! et c'est bien singulier ! quand j'étais roi, tout m'effrayait, tout m'embarrassait; et maintenant, depuis que je suis femme, je me sens un calme, un sang-froid et surtout une force de volonté...

MARGUERITE.

Ça, c'est l'avantage de l'emploi !

CHRISTINE.

Non pas que je m'abuse sur les périls qui m'environnent ! Pour mes adversaires, la partie est trop belle et trop facile à jouer; ils n'avaient pas besoin de conspirer... S'ils découvrent seulement qui je suis, je perds le trône et plus encore peut-être! mais, d'un autre côté, si je calcule bien les chances qui me restent, il me semble qu'en me hâtant, je peux l'emporter encore... non par la force mais par l'adresse.

MARGUERITE.

On vient de ce côté... c'est le duc et la duchesse.

CHRISTINE.

Évitons-les, ou tout serait perdu.

AIR de la valse de Giselle.

S'ils me voyaient ici, sous ce costume,
Adieu l'espoir de ce nouveau projet !
On ne sait rien, du moins, je le présume.
Pour réussir tout dépend du secret !
Soyons donc roi, mon salut le réclame !
Robe légère, il me faut vous troquer
Contre le sceptre... et cesser d'être femme.
Ah ! pour le coup, hélas !... c'est abdiquer !

Ensemble.

(Regardant toutes deux par le fond.)

CHRISTINE.

Oui, les voici, du moins je le présume,
Ils vont ici conspirer... fuyons-les.
   S'ils me voyaient sous ce costume,
   Adieu l'espoir de mes projets !

MARGUERITE.

Oui, les voici, du moins je le présume,
Ils vont ici conspirer... fuyons-les.
   S'ils la voyaient sous ce costume,
   Adieu l'espoir de ses projets !

(Elles entrent toutes deux dans la chambre à droite, le roi d'abord, puis Marguerite, qui ferme la porte.)

SCÈNE VI.

LE DUC, LA DUCHESSE.

LA DUCHESSE.

Mais de grâce, monsieur, calmez-vous donc ! un peu de sang-froid ! votre air seul donnerait des soupçons !

LE DUC.

Vous croyez?

LA DUCHESSE.

Rien qu'à vous voir, on devinerait les idées qui vous préoccupent... il faut les cacher au contraire, avoir sans cesse le sourire sur les lèvres.

LE DUC.

Je ne peux pas... j'essaie en vain... ça m'est impossible!... voyez vous, madame, c'est ne pas vivre que conspirer!

LA DUCHESSE.

Silence!

LE DUC, effrayé.

Hein!... est-ce qu'il y a quelque chose?... est-ce qu'on nous écoute?...

LA COMTESSE.

Eh! non, monsieur...

LE DUC.

Enlever le roi dans son appartement... c'est si hardi!

LA DUCHESSE.

C'est ce qu'il y a de plus simple.

LE DUC.

S'il se doute de quelque chose!

LA DUCHESSE.

Il ne se doutera de rien.

LE DUC.

Et si le jeune capitaine des gardes qui veille toujours, allait nous découvrir et nous dénoncer, lui qui est notre ennemi?...

LA DUCHESSE.

Il va être des nôtres, nous le nommerons notre gendre.

LE DUC, à part.

Ah! si c'était à recommencer...

LA DUCHESSE.

Allons donc, monsieur... un peu de courage ! ne fût-ce que par frayeur et dans votre intérêt.

LE DUC.

Mon intérêt... était de ne pas me mêler de tout cela, car j'en ferai une maladie... une maladie nerveuse ! dès qu'on me parle je crois qu'on m'interroge ! dès qu'on m'approche je crois qu'on va m'arrêter... ça me serre l'estomac !... enfin vous l'avez vu... je n'ai pas pu déjeuner... c'est la première fois depuis... que j'existe ! et si cela se prolonge...

LA DUCHESSE, avec impatience.

Eh! monsieur... c'est une chance à courir... nous y voici.

LE DUC, avec colère.

Eh bien! pourquoi m'y avez-vous mis? moi qui ne vous demandais rien qu'à rester tranquille !

LA DUCHESSE.

Eh ! c'est pour vous assurer une position à laquelle vous tenez tant, c'est pour la rendre plus douce et plus belle encore que je vous place à la tête d'une entreprise où vous ne risquez rien !

LE DUC, vivement.

Vous croyez ?

LA DUCHESSE.

Où vous ne paraîtrez qu'après le succès... et le succès est sûr.

LE DUC, se rassurant.

En vérité !

LA DUCHESSE, prêtant l'oreille.

Écoutez... Nous leur avions donné rendez-vous dans cette orangerie !... C'est Daniel...

SCÈNE VII.

Les mêmes ; DANIEL, entrant par la porte à gauche, à pas de loup.

LA DUCHESSE.

Eh bien ! quelles nouvelles?

DANIEL, à voix basse.

Rassurez-vous !... Tout est perdu!

LE DUC.

O ciel !...

DANIEL.

Vous nous aviez dit qu'il était facile d'enlever le roi qui était seul dans sa chambre?

LA DUCHESSE.

Toujours... à cette heure-ci!

DANIEL.

Il n'y est plus, il est parti !

LE DUC.

Là!... Il s'est douté de quelque chose.

DANIEL.

Et croyant tout découvert, mes compagnons se sont enfuis.

LE DUC, de même.

Eh bien ! madame, eh bien ! je vous le disais ! c'est vous qui l'avez voulu ! compromettre une position comme la nôtre !...

LA DUCHESSE, avec impatience.

Rien n'est encore compromis !

LE DUC, avec terreur.

Je crois voir déjà la prison, les juges et le tribunal !...

4.

LA DUCHESSE, de même.

Eh! monsieur! un peu de sang-froid! tâchez de conserver votre tête!

LE DUC.

Je ne demande que cela! Mais pourquoi le roi n'est-il plus dans son appartement, ni au palais? il se sera soustrait au danger! donc, il le connaissait! donc il sait tout! donc nous sommes perdus!... car moi je raisonne!

LA DUCHESSE, écoutant à la porte à droite.

Au contraire! j'entends sa voix!...

AIR de Polka.

C'est lui sans aucun doute.
(Bas à Daniel.)
Écoute! Écoute!
C'est lui sans aucun doute!...
(A son mari.)
Il n'est donc pas parti
D'ici!

DANIEL, à part.

O ciel!... fureur subite
M'irrite, m'irrite!
Dans la chambr' de Marguerite
C'est lui qu'j'ai vu d'ici!
C'est lui!

Elle encor qui tout à l'heure...
O comble de trahisons!

LA DUCHESSE, bas à Daniel.

Pour cerner cette demeure
Va chercher tes compagnons.

DANIEL.

Oui, pour venger mon injure,
Morbleu!... j'y cours de ce pas,
Et cette fois, je le jure,
Il ne m'échappera pas!

Ensemble.

LE DUC.

Silence! et prends bien garde!
    Prends garde! prends garde!
    (Regardant sa femme.)
Du coup qu'elle hasarde
Je tremble malgré moi
    D'effroi!

LA DUCHESSE, à Daniel.

Oui, cela te regarde :
    Prends garde! prends garde!
Le coup que je hasarde
Nous livre, grâce à toi,
    Le roi!

DANIEL.

Le coup que je hasarde
    Me tarde! me tarde!
Pourtant je prendrai garde
Pour vous et puis, ma foi,
    Pour moi!

(Il sort par la porte à gauche.)

SCÈNE VIII.

LE DUC, LA DUCHESSE, à gauche; puis LE ROI.

LA DUCHESSE, suivant des yeux Daniel, qui s'éloigne.

A merveille! (Bas à son mari.) Et vous, pour Dieu, tâchez de vous remettre... et de ne pas conserver cet air étonné... effaré!...

LE DUC, de même.

C'est que j'en perds l'esprit.

LA DUCHESSE, de même.

Raison de plus pour que ça ne se voie pas sur votre figure!

LE ROI, qui est entré en rêvant, lève les yeux et fait un geste d'étonnement.

Notre aimable tante... quelle surprise! et qui est-ce qui vous amène ici?

LE DUC, bas à sa femme.

Que répondre?...

LA DUCHESSE, souriant.

Votre Majesté a les plus belles serres qu'on puisse voir... et je venais lui emprunter des fleurs pour une fête.

LE DUC, à part.

C'est bien simple... et je ne l'aurais jamais trouvé!

LE ROI.

Une fête!

LA DUCHESSE.

A l'occasion d'un mariage qui n'est plus impossible.

LE ROI.

Celui d'Éric?

LA DUCHESSE.

Auquel s'intéressait Votre Majesté.

LE ROI.

Je le défends!

LA DUCHESSE.

Et pourquoi?

LE ROI.

Un mariage!... une fête... quand il est question ici de complots.

LE DUC, à part, avec effroi.

O ciel!

LA DUCHESSE, souriant.

En vérité!

LE ROI.

Oui... cette couronne que je ne possède pas encore, on veut, dit-on, me l'enlever ainsi que la liberté... vous ne le croiriez jamais... ma chère tante?

LA DUCHESSE, souriant.

Si vraiment... je vous dirai même que j'en suis sûre! car je connais le complot...

LE ROI.

Est-il possible...

LA DUCHESSE, froidement.

Bien plus... j'en suis! et mon mari aussi!

LE DUC, à part.

Grand Dieu!

LE ROI, étonné.

Que dites-vous?

LA DUCHESSE.

Nous nous en sommes faits les chefs!... seul moyen de connaître dans toutes ses ramifications, dans ses moindres détails... une entreprise absurde dont nous possédons maintenant tous les fils! des matelots, des ouvriers, des gens sans aveu... prétendaient aujourd'hui vous enlever, et vous forcer à signer une abdication... projet insensé, dont nous ne voulions même pas inquiéter Votre Majesté... mais elle peut se rassurer... nous savions tout, et nous veillons!

LE DUC, à part.

Sublime!

LE ROI, de même.

Très-bien joué, ma chère tante! A mon tour maintenant. (Haut avec émotion, et lui prenant la main.) Mes chers parents! mes meilleurs amis!... je veux vous consulter... sur un projet...

SCÈNE IX.

Les mêmes ; ÉRIC, paraissant à la porte du fond.

ÉRIC.

Que deux cents hommes seulement entourent l'orangerie!

LE ROI, à part, avec inquiétude.

C'est Éric! que vient-il faire?

LE DUC, bas à sa femme avec frayeur.

Et Daniel qui va revenir!

LA DUCHESSE, à demi-voix.

Je le sais bien!

ÉRIC, toujours à la cantonade.

Pour le reste, je m'en charge, et je réponds de la personne du roi!

LE ROI, se retournant et à voix haute.

Qu'est-ce donc, monsieur le comte?

ÉRIC, se retournant et l'apercevant.

Enfin, Sire... vous voici!... j'étais d'une inquiétude pour Votre Majesté... mais je vous retrouve... je vous revois! (A part.) Ah! c'est inconcevable!...

LE ROI.

Eh bien, monsieur... qu'y a-t-il?

ÉRIC.

Il y a, Sire... que pendant que vous étiez ici à causer tranquillement... (A part.) Mais quelle différence! sa sœur est bien mieux!

LE ROI, à part.

Il ne m'aura jamais tant regardé.

ÉRIC, à part.

Oh! bien mieux... bien mieux!

LE ROI, haut avec impatience.

Enfin, monsieur, achèverez-vous? que veniez-vous me dire?

ÉRIC.

Qu'un complot se tramait en secret contre Votre Majesté; que quelques-uns des coupables, arrêtés par moi, dans leur fuite, m'ont tout révélé; et que leurs projets...

LE ROI.

Je les connais.

LA DUCHESSE.

Sa Majesté les connaît.

LE DUC.

Oui, monsieur... nous les connaissons.

ÉRIC.

Connaissez-vous aussi ceux qui les avaient excités... encouragés... payés?... Savez-vous, Sire... que les chefs du complot... se trouvent dans votre propre famille... parmi ceux à qui vous accordez votre amitié et votre confiance?

LE ROI.

Je le sais.

LA DUCHESSE.

Sa Majesté le sait.

LE DUC.

Oui, monsieur... nous le savons.

ÉRIC, vivement.

Ah! quels que soient les détours dont on puisse se servir, je ne connais qu'un moyen de les déjouer... c'est de vous proclamer roi!...

LA DUCHESSE.

Dès demain.

ÉRIC.

Dès aujourd'hui! instruits par moi des dangers qui menaçaient Votre Majesté, les principaux membres du sénat viennent de convoquer l'assemblée des États !

LE DUC, vivement.

Et je m'y rends à l'instant !... moi, leur président, moi qui dispose de seize voix, sans compter la mienne ! Monsieur de Holstein a raison, pour déjouer tous les complots, il faut que dans quelques heures, Votre Majesté soit proclamée, couronnée !

LE ROI, voulant l'interrompre.

Permettez !...

ÉRIC et LA DUCHESSE.

C'est juste !

AIR : Vive la magie. (*Cagliostro*.)

Ensemble.

ÉRIC et LA DUCHESSE.

C'est à vous, je pense,
Par rang, par naissance !
Mais dans l'occurrence
Pour nous l'important,
C'est, sujet fidèle,
De prouver son zèle :
L'heure vous appelle,
Partez à l'instant.

LE DUC.

C'est à moi, je pense,
Par rang, par naissance ;
Mais dans l'occurrence
Pour nous l'important,
C'est, sujet fidèle,
De prouver mon zèle :
L'heure nous appelle,
Je pars à l'instant.

LE ROI.

Ah ! d'impatience
J'en mourrai, je pense,
Fatale occurrence,

Et quel contre-temps !
(Montrant Éric.)
Sujet trop fidèle,
L'excès de son zèle
Renverse ou révèle
Ici tous mes plans !

(Le duc sort par la porte du fond poussé par Éric et par sa femme.)

SCÈNE X.

LA DUCHESSE, LE ROI, ÉRIC.

LE ROI, à part, regardant Éric.

Une belle idée qu'il a eue là avec son couronnement !

ÉRIC, revenant triomphant.

Enfin, Sire, et grâce au ciel !...

LE ROI, avec impatience.

Silence ! et qu'on m'écoute enfin !... Qu'on s'habitue à m'obéir, car je suis le maître après tout ! Que le sénat s'assemble... j'y consens !... je le désire !... mais non pour mon couronnement, car il n'aura pas lieu !

LA DUCHESSE.

Et pour quelle raison, Sire ?

LE ROI.

Pour une raison que j'allais vous expliquer, lors de l'arrivée de monsieur le comte ! Cette raison... c'est que tous mes goûts me portent vers l'étude et vers la retraite, et que je ne veux pas être roi.

ÉRIC, effrayé.

O ciel !

LA DUCHESSE, avec joie.

Qu'entends-je ?

LE ROI, à part.

Reine, je ne dis pas !

ÉRIC.

Renoncer volontairement à l'héritage de vos aïeux... ce n'est pas possible !... Grâce au souvenir de mon père, j'ai quelque influence au sénat, j'y ai des amis !... je cours les prévenir... et vous serez roi !

LE ROI, avec impatience.

Je ne le serai pas ! je ne le serai jamais !...

ÉRIC.

Malgré vous-même, Sire; il le faut, et dussé-je, pour vous y contraindre, soulever la ville entière... je cours de ce pas...

LE ROI, aux officiers qui sont au fond.

Messieurs, arrêtez M. le comte !

ÉRIC.

O ciel !

(Un officier s'approche, Éric lui remet son épée.)

LA DUCHESSE, à part.

A merveille !

LE ROI, à part.

Il n'y a que ce moyen-là... sans cela, il m'ôterait la couronne en voulant me la donner.

ÉRIC.

J'ai le droit de demander à Votre Majesté la cause d'un traitement pareil : me faire arrêter par mes propres soldats... sans raison... sans aucuns motifs !

LE ROI.

Sans aucuns motifs, dites-vous ?

ÉRIC.

Lesquels, Sire ?

LE ROI, à part.

Au fait... (Haut.) Lesquels ?... Vous avez cru jusqu'ici, monsieur, et vous croyez encore, comme beaucoup de monde, que je ne me mêle de rien... que j'ignore ce qui se passe... Apprenez, monsieur, que je sais tout... que je vois tout.

ÉRIC, à part.

Voilà, par exemple, une prétention !

LE ROI, bas à la duchesse.

Vous allez voir, ma tante... (Il s'assied.) Je vous ai fait demander au milieu de la journée... Où étiez-vous?

ÉRIC.

J'étais... j'étais à faire manœuvrer mon régiment... le régiment des gardes !

LE ROI, froidement.

Non!... vous étiez ici... avec une jeune fille !

ÉRIC, s'efforçant de sourire.

C'est vrai, Sire... c'est vrai...

LE ROI.

Une personne que j'avais bannie de ma présence et de ce palais, et qui y a pénétré depuis ce matin sous un déguisement.

ÉRIC, à part.

Grand Dieu !...

LA DUCHESSE.

Voilà un fait qui serait grave.

LE ROI.

Très-grave! une ennemie qui conspirait contre moi.

LA DUCHESSE, à part.

Une autre encore !

LE ROI.

Une ennemie intime !... et vous lui avez offert votre appui... vos services...

LA DUCHESSE, d'un air de reproche.

Ah ! monsieur le comte, des actes pareils constituent le fait de haute trahison.

ÉRIC, vivement.

Il n'y en a aucune... aucun motif politique... je vous le jure!

LE ROI.

Lesquels alors ?

LA DUCHESSE.

Lesquels ?

ÉRIC.

Je demanderai la permission de les dire à Votre Majesté.. à elle seule !

LE ROI, se levant et lui faisant signe d'approcher.

Parlez, monsieur.

ÉRIC, à demi-voix sur le devant du théâtre.

Je savais, il est vrai, que c'était la sœur de Votre Majesté, que vous aviez défendu d'oser lever les yeux sur elle !... Eh bien! Sire, et c'est là mon crime... j'aime cette jeune fille...

LE ROI, avec émotion.

Vous, monsieur... qui n'aimez rien ?

ÉRIC, vivement.

Jusque-là... c'est vrai !... je ne dis pas non, mais si vous saviez ce que j'ai éprouvé près d'elle... quel sentiment nouveau et inconnu jusqu'alors...

LE ROI, avec embarras.

Vous me trompez !

ÉRIC.

Je le jure par l'honneur... par tout ce qui m'est sacré... et la preuve... c'est que tremblant et intimidé à sa vue... j'ai à peine osé lui dire : je vous aime... je vous adore...

LE ROI, avec émotion.

Vous le lui avez dit...

ÉRIC.

Je vous jure... qu'elle l'ignore !...

LE ROI.

Elle le sait... monsieur !

ÉRIC.

Je vous atteste que non...

LE ROI.

Je vous atteste que si...

ÉRIC, s'inclinant.

Je ne peux pas donner un démenti à Votre Majesté...

LE ROI.

Bien plus... on m'a assuré que vous avez saisi sa main, que vous l'avez portée à vos lèvres...

ÉRIC, balbutiant.

Pour ce qui est de ça... Sire... je ne crois pas.

LE ROI, avec émotion.

Et moi j'en suis sûr... on disait même... mais pour cela... j'ai refusé d'y ajouter foi... que vous aviez osé... lui prendre la taille....

ÉRIC, vivement.

D'abord !... en commençant... je ne dis pas non... mais je croyais que c'était Marguerite.

LE ROI, croisant les bras.

Eh ! quand c'eût été Marguerite, monsieur !

ÉRIC.

Pardon !... c'est vrai ! je ne sais plus ce que je dis !

LA DUCHESSE, s'avançant.

Il a donc avoué ?...

ÉRIC, avec chaleur.

AIR : Au temps heureux de la chevalerie.

Sans craindre rien, comme sans rien attendre,
Pour vous servir, Sire, j'ai tout quitté !

Quand il fallut courir pour vous défendre,
Entre elle et vous je n'ai point hésité ;
Et, si l'on veut qu'ici je vous révèle
Tous mes complots... à mon cœur ils sont doux !
Car mon seul rêve est de vivre pour elle,
Et mon seul vœu, c'est de mourir pour vous !
Oui, mon seul rêve est de vivre pour elle ;
Et mon seul vœu c'est de mourir pour vous !

LA DUCHESSE, au roi.

Et ce projet dont Votre Majesté devait m'entretenir...

LE ROI.

Nous partons... (A Éric.) Plus qu'un mot, monsieur, votre grâce est à ce prix !... Madame la duchesse, qui vous avait refusé la main de sa fille, paraît disposée à vous l'accorder aujourd'hui, et malgré la prétendue passion dont vous venez de me parler, vous accepterez... vous oublierez ma sœur.

ÉRIC.

Si les bonnes grâces, si l'amitié de Votre Majesté sont à ce prix, je n'ai plus d'espoir, car je refuse.

LE ROI.

Vous refusez ! c'est bien ! c'est très-bien.

SCÈNE XI.

LA DUCHESSE, LE ROI, ÉRIC, Soldats au fond, DANIEL,
sortant de la porte à gauche.

DANIEL, entrant doucement et s'adressant à demi-voix à la duchesse
sans voir les soldats qui sont au fond.

Madame la duchesse !

LA DUCHESSE, se retournant vers les soldats et leur montrant Daniel.

Arrêtez cet homme !

DANIEL, étonné.

Hein ! comment? m'arrêter !...

LE ROI.

Qu'est-ce?

LA DUCHESSE.

C'est un de ceux qui tramaient contre Votre Majesté des complots que je connais !...

DANIEL, s'avançant.

Je crois bien !

LE ROI, avec sévérité.

Silence ! nous nous en occuperons plus tard !... (A la duchesse.) Venez, ma chère tante, je veux vous dire, ainsi qu'à monsieur le duc, en quelles mains je veux remettre le pouvoir.

LA DUCHESSE.

Abdiquer !...

ÉRIC.

Quoi ! Sire, vous pourriez...

LE ROI.

Jusque-là, monsieur, je vous défends de sortir d'ici... je vous le défends !...

(Éric fait un mouvement vers le roi, qui, du geste, lui réitère l'ordre de rester ; la duchesse fait un geste semblable à Daniel qui voulait demander des explications ; puis elle sort avec le roi.)

SCÈNE XII.

DANIEL, assis à gauche, ÉRIC, assis à droite, SOLDATS au fond.

ÉRIC, tombant sur un siège.

Ah ! l'ingrat ! c'est indigne !

DANIEL, même jeu.

Ça n'a pas de nom !

ÉRIC
Aimez donc les princes !

DANIEL.
Servez donc les duchesses !

ÉRIC.
Parce que je veux défendre ses intérêts !

DANIEL.
Parce que je viens exécuter ses ordres !

ÉRIC.
Me disgracier !

DANIEL.
Me faire pendre !

ÉRIC, avec dépit.
Ça m'est égal !

DANIEL.
Ça ne me l'est pas !

ÉRIC, regardant autour de lu
Mais si je pouvais m'échapper d'ici...

DANIEL.
Si je pouvais tant seulement sauver ma tête... (Apercevant Marguerite qui vient de sortir de la porte à droite et qui a causé au fond avec les soldats en le montrant.) Dieu ! Marguerite !

SCÈNE XIII.

DANIEL, MARGUERITE, ÉRIC, assis près de la porte à droite, la tête cachée dans ses mains.

MARGUERITE, s'approchant de Daniel.
Ce qu'on me dit là est-il possible !... toi, Daniel, toi, pendu !...

DANIEL.
Vous pouvez vous en vanter !... c'est vous qui en êtes

cause... c'est là ce qui me donne des accès de rage!... c'est
là ce qui m'humilie encore plus que d'être pendu!... c'est-
à-dire... non!... pas plus!... mais autant!...

MARGUERITE.

Et c'est moi qui en suis cause?

DANIEL.

Oui, par votre trahison.

MARGUERITE.

Comment?

DANIEL.

Aussi je ne veux rien de vous... je ne vous demande
rien... mais c'est égal... si j'étais à votre place...

MARGUERITE.

Quoi donc?

DANIEL.

Si vous aviez un peu de conscience...

MARGUERITE.

Eh! que puis-je donc pour toi?

DANIEL.

Elle me le demande... elle qui a le bonheur... c'est-à-
dire... non, ça n'en est pas un... mais enfin puisque ça
existe... il n'en sera ni plus ni moins... et si j'étais de vous,
je me dirais : Ce pauvre garçon! être à la fois pendu... et
trahi... c'est trop!... et quand on partagerait ça par la
moitié...

MARGUERITE.

Ah! si je le pouvais!... si ça dépendait de moi!..

DANIEL.

Pardi!... avec votre pouvoir... et votre crédit...

MARGUERITE.

Comment? tu crois encore... mais pas du tout!

DANIEL.

Allons donc!...

5.

MARGUERITE.

Moi ! t'avoir trahi... plutôt mourir ! (S'adressant à Éric.) n'est-ce pas, monsieur...

ÉRIC, à Daniel.

Eh ! oui, vraiment, je te l'atteste.

DANIEL, effrayé.

Qu'est-ce que vous me dites-là ?

ÉRIC.

Qu'elle n'a jamais été la maîtresse du roi !

DANIEL, de même.

Ah ! mon Dieu !...

ÉRIC.

Jamais ! c'est vrai !... c'est moi qui ai fait courir ces bruits-là... je te le jure... sur l'honneur !

DANIEL, poussant un cri de joie et s'élançant les bras ouverts pour embrasser Marguerite.

Ah ! (S'arrêtant avec terreur.) je suis pendu !... (A Marguerite lui tendant la main.) n'importe !... je te remercie toujours ! ça n'est plus que la moitié de ce que je craignais... l'autre moitié !... mais c'est égal... la meilleure n'en vaut rien !

MARGUERITE, à demi-voix.

Et moi... j'ai encore de l'espoir !

DANIEL.

Lequel ?

MARGUERITE.

Silence ! c'est le roi, sans doute ! non ! la duchesse !...

SCÈNE XIV.

LES MÊMES ; LA DUCHESSE, entrant vivement, par la porte à gauche.

LA DUCHESSE, à Daniel.

Sortez !...

(Daniel sort ; les soldats l'escortent ; Marguerite les suit.)

ÉRIC, à part.

La duchesse! que vient-elle m'annoncer?...

LA DUCHESSE.

D'après la conversation que vous avez eue, devant moi, avec Sa Majesté, vous ne pouvez nier que vous aussi, vous n'ayez eu quelqu'idée... quelques projets contre le roi.

ÉRIC, vivement.

Mais!

LA DUCHESSE, d'un air gracieux.

Je ne vous en fais pas de reproche et ne vous demande pas vos secrets! Je viens vous offrir la paix ou la guerre; demain, le roi doit abdiquer.

ÉRIC.

Il ne lui est pas permis de confier les destinées du royaume au comte de Gottorp!

LA DUCHESSE.

Aussi veut-il remettre le sceptre dans une main plus digne de le porter.

ÉRIC, avec ironie.

Je comprends, madame!... cette main... c'est la vôtre!

LA DUCHESSE.

Eh bien?

ÉRIC.

Mais, la loi du royaume, la loi salique, exclut formellement toutes les femmes!

LA DUCHESSE, souriant.

La loi, monsieur! n'est-ce que cela?

ÉRIC.

Comment! n'est-ce que cela?

(Musique.)

LA DUCHESSE.

Tenez, monsieur, tenez, entendez-vous?

ÉRIC, effrayé.

Qu'est-ce que cela signifie?

(On entend dans le lointain et en sourdine la marche des *Diamants de la Couronne*.)

SCÈNE XV.

LES MÊMES; LE DUC, puis DANIEL.

LE DUC, entrant vivement.

Ma femme... ma femme... madame la duchesse... (A demi-voix et avec joie.) Je veux dire... madame Votre Majesté !

LA DUCHESSE, poussant un cri de joie et portant la main à son cœur.

Ah !...

LE DUC.

Nous l'emportons!

ÉRIC, à part.

Que veut-il dire?

LE DUC.

En venant... j'ai trouvé là sur mon passage... un pauvre diable qu'on emmenait, (Montrant Daniel.) et à qui j'ai fait grâce... (A demi-voix.) Moi le mari de la reine!... un jour d'avènement il faut être clément... et vous approuvez...

LA DUCHESSE, d'un air gracieux.

Nous approuvons.

ÉRIC.

Mais nous n'approuvons pas, nous autres, et nous réclamons la loi.

LA DUCHESSE.

Et si elle était abrogée?

ÉRIC.

O ciel!

LE DUC.

Si les États du royaume, qui ont ce droit...

LA DUCHESSE.

Et dont mon mari est le président...

LE DUC.

Avaient, grâce à nos amis...

LA DUCHESSE.

Et à ceux du roi, réunis...

LE DUC.

Obtenu une majorité de quinze voix?

ÉRIC, avec un geste de colère.

Grand Dieu!...

LA DUCHESSE, gaiement.

Et toutes les femmes des sénateurs prévenues par moi..

LE DUC.

Qui assistaient à la séance et surveillaient les votes.

LA DUCHESSE.

Question d'État et de principes.

LE DUC.

Et les voilà qui viennent toutes vous féliciter.

SCÈNE XVI.

LES MÊMES; CHRISTINE, habillée en reine, MARGUERITE, entrant derrière elle, ainsi que LES SOLDATS et LE PEUPLE.

LE CHŒUR.

AIR du vaudeville de la Chaumière moscovite.

Vive l'arrêt,
L'heureux décret!
Qui proclame
Une femme!
Oui, désormais,
Sur vos sujets
Venez régner par vos attraits!

LE DUC et LA DUCHESSE.

O ciel! que vois-je?

CHRISTINE.

Votre nièce qui vient vous remercier, ma chère tante.

LA DUCHESSE, avec effroi.

Qu'est-ce que cela signifie?...

CHRISTINE.

Qu'il n'y a plus de roi!... ainsi qu'il vous l'avait promis, il vient d'abdiquer... mais rassurez-vous! le pouvoir ne sortira point de la famille... la fille du dernier roi... (Au duc qui fait un geste d'étonnement.) oui, sa fille... vous le verrez par ces papiers, que vous-même m'avez remis ce matin; la fille du roi peut maintenant, grâce à vous, grâce à l'abolition de la loi salique, monter sur le trône... (Avec fierté.) Et j'y monte!

LE DUC, à part.

Je suis anéanti!

LA DUCHESSE, à part.

Et moi confondue!

CHRISTINE, lui prenant la main en souriant.

Bien joué... n'est-ce pas?... mais maintenant que les femmes règnent, on doit s'attendre à tout!... (D'un ton plus grave.) Quant aux petites perfidies que tous deux vous tramiez contre le roi... votre reine devrait les punir, et votre nièce les oublie... (Sévèrement.) Mais n'y revenez plus!...

DANIEL, bas, à Marguerite, et lui montrant la reine.

Quoi!... c'était là le roi!... Marguerite!... Marguerite!... avec un prince comme ça je n'ai plus peur!

MARGUERITE.

C'est bien heureux!... mais plus de défiance!... ou sinon... (Imitant le ton de la reine.) Maintenant que les femmes règnent... il faut s'attendre à tout!...

(Pendant les paroles précédentes, la reine a remonté le théâtre, cherchant des yeux Éric qu'elle aperçoit se tenant caché tout tremblant au milieu de la foule, elle lui fait signe d'approcher.)

LA REINE.

Éric, notre capitaine des gardes... notre dévoué serviteur et notre meilleur ami... reprenez cette épée qui ne fut employée par vous qu'à nous défendre... et maintenant à genoux... à genoux... jurez serment de fidélité.

ÉRIC.

A notre reine?

CHRISTINE.

Non... à votre femme.

LE CHOEUR.

Vive l'arrêt, etc.

GENEVIÈVE

ou

LA JALOUSIE PATERNELLE

COMÉDIE-VAUDEVILLE EN UN ACTE

Théatre du Gymnase. — 30 Mars 1846.

PERSONNAGES.	ACTEURS.
CLÉRAMBOURG, négociant à Marseille	MM. Numa.
ADRIEN, son premier commis.	J. Deschamp
UN DOMESTIQUE.	Dupuis.
GENEVIÈVE, fille de Clérambourg	Mlle Rose Chéri.

A Marseille, dans la maison de Clérambourg.

GENEVIÈVE
ou
LA JALOUSIE PATERNELLE

Un appartement servant de cabinet de travail à M. Clérambourg. Porte au fond et deux portes latérales; à gauche un guéridon, à droite une table chargée de papiers.

SCÈNE PREMIÈRE.

ADRIEN, devant la table à droite. Il écrit, s'arrête, cache un instant sa tête dans ses mains. Puis GENEVIÈVE.

ADRIEN.

Même en travaillant je pense encore à elle! Mon Dieu! donnez-moi la force de me taire... dussé-je en mourir... (Apercevant Geneviève qui entre.) Ah!...

(Il se remet vivement à écrire.)

GENEVIÈVE, entrant du fond, allant écouter à la porte à gauche.

Il n'est pas encore levé!... Déjà ici, monsieur Adrien... déjà à l'ouvrage?...

ADRIEN, se levant.

Oui, mademoiselle... j'étais là, dans le cabinet de travail de monsieur votre père... mais je me retire... si je vous gêne...

GENEVIÈVE.

Du tout... je désirais, au contraire, vous parler à vous seul.

ADRIEN, à part, avec crainte.

Ah! mon Dieu!...

GENEVIÈVE.

Et puisque voilà une bonne occasion, je me hâte d'en profiter... Est-ce que mon père éprouverait dans ses affaires... quelques pertes... quelques malheurs?...

ADRIEN.

Lui! monsieur Clérambourg! le premier négociant de Marseille! jamais sa position n'a été plus belle! Aimé et honoré de tous... des capitaux immenses... un crédit... idem... hier encore...

AIR du *Pot de fleurs*.

De deux vaisseaux que l'on nous expédie
Nous arrivait la riche cargaison,
Et les trésors de l'Inde et de l'Asie
S'entassent dans notre maison.
Le jour se passe à compter des espèces;
Et si chez nous, je vous le dis tout bas,
Il existe quelqu'embarras,
Ce n'est que celui des richesses!

J'en sais quelque chose, moi, le caissier de votre père et son premier commis.

GENEVIÈVE.

Je sais, Adrien... que malgré votre jeunesse... il a, en vous, une entière confiance; c'est pour cela que je m'adressais à votre amitié... Mon père, qui est la bonté même, semble ne vivre que pour moi! Je ne lui ai jamais vu de chagrin que lorsqu'il craignait que je ne fusse malade... ou bien quand je lui exprimais un désir... ou un caprice qu'il ne pouvait satisfaire.

ADRIEN, vivement.

C'est vrai! c'est vrai!... mais aussi, jamais un père a-t-il eu une fille plus attentive... plus dévouée... plus adorable?

GENEVIÈVE, lui faisant signe de se taire.

Ne parlons pas de ça, Adrien! c'est mon devoir et mon plaisir!... Il a tant veillé sur moi... que je puis bien à mon tour m'inquiéter pour lui!... Depuis deux jours... j'en suis certaine... il a quelque chagrin secret qui le tourmente. Il a reçu avant-hier, devant moi, une lettre dont la lecture lui a causé une grande agitation... Savez-vous ce que c'était?

ADRIEN.

Non, mademoiselle... quand vous avez été partie, il l'a relue une seconde fois avec colère, et l'a jetée au feu.

GENEVIÈVE.

Depuis deux jours... il aime à rester seul ici... dans ce cabinet. Savez-vous pourquoi?

ADRIEN.

J'étais entré hier sur la pointe du pied, pour ne pas le déranger... je l'ai aperçu là, dans son grand fauteuil... lisant cette brochure... qui, sans doute, l'amusait ou l'intéressait vivement... car il avait une figure riante et épanouie... et il s'interrompait de temps en temps pour dire : « Très-bien!... bravo!... c'est cela même. »

GENEVIÈVE, courant au guéridon.

C'est là... ce livre?...

ADRIEN.

Oui, mademoiselle...

GENEVIÈVE, lisant.

Tableaux de famille... (Jetant la brochure.) Quelques idées de bonheur qui lui rappelaient sa fille... C'est là sa seule pensée!

ADRIEN.

Tout le reste de la journée je l'ai vu uniquement occupé...

GENEVIÈVE, vivement.

De quoi?

ADRIEN.

De ce bal où vous alliez le soir! C'était presque votre première entrée dans le monde... il voulait que vous fussiez superbe.

GENEVIÈVE, à part.

O mon bon père!

ADRIEN.

Et vous l'étiez... Je vous ai vue au moment de votre départ... Aussi l'on dit que vous avez eu à ce bal un succès...

GENEVIÈVE.

Mais oui!... j'étais si heureuse de danser!... ce ne peut être cela qui ait fâché mon père.

ADRIEN.

Au contraire!... son unique bonheur, c'est qu'on trouve sa fille belle... (Avec hésitation.) et son seul rêve, sans doute, c'est de rencontrer pour elle un brillant établissement, un des premiers partis de France!...

GENEVIÈVE, froidement.

Il ne m'en a jamais parlé.

ADRIEN, avec hésitation.

Je conçois sa peine... il ne trouvera jamais rien de digne de vous!... rien d'assez beau... d'assez élevé!... C'est là, peut-être, ce qui le tourmente...

GENEVIÈVE, de même.

C'est possible!... il y a des gens qui ont trop d'ambition... il y en a d'autres qui n'en ont pas assez!... Vous, par exemple, monsieur Adrien.

ADRIEN.

Moi! mademoiselle.

GENEVIÈVE.

Il me semble que vous pourriez songer davantage à vos intérêts, à votre avenir!... Et puis... vous ne sortez jamais... vous travaillez trop!... ce n'est pas raisonnable... beaucoup de gens vous trouvent changé... et ce n'est pas étonnant!...

la nuit dernière, à trois heures du matin... vous étiez encore au bureau...

ADRIEN.

Votre père... était dehors... il était avec vous à ce bal... et il m'aurait été impossible de dormir avant qu'on ne fût rentré... (Vivement.) parce que, voyez-vous, mademoiselle... (S'arrêtant.) votre père avant tout...

GENEVIÈVE, avec embarras.

Je vous remercie de l'affection que vous lui portez...

ADRIEN.

Vous êtes bien bonne, mademoiselle.

GENEVIÈVE.

Voici mon père...

ADRIEN, à part.

Ah! tant mieux.

SCÈNE II.

GENEVIEVE, CLÉRAMBOURG, ADRIEN.

CLÉRAMBOURG, sortant de la porte à gauche avec des papiers à la main et parlant à la cantonade.

Est-ce que cela me regarde? de l'argent à recevoir... des comptes à régler, à reviser! adressez-vous à Adrien mon caissier. (L'apercevant.) Ah! te voilà! on te demande de tous les côtés, et quand tu n'es pas là, on ne s'y reconnaît plus dans cette maison.

GENEVIÈVE.

Dame! Adrien vous est si nécessaire!

CLÉRAMBOURG.

Dis donc indispensable!

AIR : Tout le long, le long de la rivière.

C'est le modèle des caissiers :
Avare en tout de mes deniers,

Il dispute sur chaque somme
Il est, d'honneur, trop économe.

ADRIEN.

Et vous, monsieur, trop généreux.

GENEVIÈVE.

Aussi, vous faites à vous deux
Une excellente maison de finance :
(Montrant Adrien.)
Voici la recette,

(Montrant son père.)
Et voici la dépense !
Oui, c'est la recette et la dépense.

CLÉRAMBOURG.

En outre, il n'y a pas dans Marseille de négociant plus intelligent et plus habile !... c'est moi qui l'ai formé ! et quand je pense que c'est toi qui me l'as recommandé, il y a bientôt quinze ans ! (Se retournant vers Adrien.) Car c'est elle !...

GENEVIÈVE, voulant empêcher son père de parler.

Il le sait bien, mon père.

CLÉRAMBOURG.

C'est égal ! cette histoire-là me fait toujours plaisir et à lui aussi ! d'ailleurs, si je ne répétais pas de temps en temps mes histoires... je les oublierais ; et je me vois encore sur la grande route, en chaise de poste en tête à tête avec Geneviève qui avait alors quatre ans, car depuis la mort de ma femme, je ne la quittais plus. Je dormais, tout en la tenant sur mes genoux où elle mangeait des cerises, quand un pauvre orphelin qui mourait de faim, un petit mendiant... tout déguenillé... c'était toi !

GENEVIÈVE, voulant l'interrompre.

Mon père !

CLÉRAMBOURG.

Vint lui tendre la main en suivant la voiture. Voilà Geneviève qui lui jette son panier de cerises, qui se met à crier pour me réveiller; et bon gré, mal gré, il fallut obéir à son caprice, faire monter à côté de nous le petit mendiant : c'était son idée, sa volonté! elle en avait déjà !

GENEVIÈVE.

Et déjà, mon père, vous aviez l'habitude d'y céder.

ADRIEN.

Ce que vous n'ajoutez pas, monsieur, et ce que l'orphelin n'oubliera jamais, c'est que depuis ce jour vous ne l'avez plus abandonné, qu'il a été élevé par vous comme l'enfant de la maison...

CLÉRAMBOURG, avec impatience.

C'est bon! c'est bon! ça ne tient plus à l'histoire de la grande route... (Interrompant un nouveau geste d'Adrien.) Et puis on te demande au bureau et à la caisse... tiens... à toi tous ces papiers. (Lui donnant ceux qu'il tient à la main.) Il y a là deux ou trois affaires difficiles et embrouillées en diable !

ADRIEN.

Merci, monsieur !

GENEVIÈVE, à Adrien qui fait quelques pas pour sortir.

AIR de la valse de Robin des bois ou de Giselle.

Voulez-vous bien dire que de mon père
Le déjeuner ici soit apporté.

CLÉRAMBOURG.

Un poulet froid !

GENEVIÈVE.

Non, le docteur sévère,
Pour le matin, vous a prescrit le thé.

CLÉRAMBOURG.

Toujours du thé !

GENEVIÈVE.

Recette souveraine.

CLÉRAMBOURG.

Au diable soit la Faculté !
Son ordonnance...

GENEVIÈVE.

Est en tout point la mienne.

CLÉRAMBOURG.

Alors, morbleu ! qu'on nous serve du thé !

Ensemble.

CLÉRAMBOURG.

Ah ! c'est vraiment un pouvoir arbitraire,
Mais qui, pour ça, n'est pas moins respecté ;
Et vous voyez qu'avec plaisir son père
Fait en tout point ici sa volonté !

ADRIEN.

Quel précepteur et charmant et sévère !
Pouvoir aimable autant que respecté !
Heureux ainsi, qui peut comme son père
Faire en tout point ici sa volonté !

GENEVIÈVE.

Oui, c'est ainsi que j'entends l'arbitraire !
Que sur-le-champ, on nous serve le thé !
Et c'est très-bien que mon excellent père
Fasse en tout point, ici, ma volonté.

(Adrien sort.)

SCÈNE III.

GENEVIÈVE, CLÉRAMBOURG.

GENEVIÈVE.

C'est bien à vous, de m'avoir obéi ! c'est une bonne idée que vous avez eue là !

CLÉRAMBOURG.

J'en ai souvent comme ça.

GENEVIÈVE.

Et si j'osais, je vous en proposerais encore une.

CLÉRAMBOURG.

Pour toi?

GENEVIÈVE.

Non, pour lui, pour Adrien.

CLÉRAMBOURG.

Qu'est-ce qu'il lui manque? N'est-il pas depuis longtemps mon premier commis?

GENEVIÈVE.

C'est vrai! depuis longtemps par son travail et par son zèle, il contribue à notre fortune... et c'est justement pour cela qu'il faudrait peut-être penser à la sienne.

CLÉRAMBOURG, étonné.

Hein?...

GENEVIÈVE.

Car enfin il n'a rien!... et si vous lui prêtiez quelques capitaux... il pourrait élever, à son tour, en son nom, une maison de banque... devenir riche et aspirer à tout!

CLÉRAMBOURG.

Lui! Adrien... qu'il s'en aille... qu'il nous quitte!... est-ce de sa part que tu me fais une pareille demande?

GENEVIÈVE.

Il ne s'en doute même pas!... Je vous l'ai dit... c'est une idée à moi!

CLÉRAMBOURG.

C'est donc toi qui le bannis, qui le renvoies de la maison!...

GENEVIÈVE.

Dans son intérêt, mon père!

CLÉRAMBOURG.

Et bien!... et moi?... c'est non-seulement mon commis...

mais c'est mon ami, mon confident... il n'y a que lui avec qui je parle de toi... j'en parle toute la journée! les autres ça les ennuierait!... mais lui... jamais ! c'est tout simple... il a été élevé avec toi... c'est l'enfant de la maison... et l'année dernière quand tu as été si malade... il était aussi malheureux que moi... il était toujours là sur l'escalier... ou à la porte à guetter l'arrivée ou la sortie du médecin... d'un coup d'œil nous échangions nos craintes ou nos espérances... d'un serrement de main nous nous entendions ! même en ton absence, je n'étais pas seul !... et tu veux que je renonce à tout cela?...

GENEVIÈVE, avec émotion.

Non, non, mon père...

AIR du vaudeville du *Piège*.

Je lui voulais un sort indépendant ;
Mais je connais votre cœur et votre âme,
Je suis tranquille ! Et pardon maintenant
De cette apparence de blâme.

CLÉRAMBOURG.

Non ! j'avais tort ! Eh ! que veux-tu ?
L'amitié seule en fut la cause ;
Il n'a rien ! mais j'étais riche, j'ai cru
Qu'alors c'était la même chose ;
Pour lui c'était la même chose !

Dis-lui de prendre ce qu'il voudra... ou plutôt tu arrangeras cela avec lui... c'est à toi, c'est ta fortune... tu lui donneras toi-même les appointements qu'il voudra...

GENEVIÈVE, baissant les yeux.

C'est que peut-être... les appointements qu'il voudrait...

CLÉRAMBOURG.

Eh bien !

GENEVIÈVE, vivement.

Enfin, mon père, je ferai de mon mieux !

CLÉRAMBOURG.

A la bonne heure!... et maintenant que nous avons parlé affaires, que je te regarde un peu à mon aise et à moi tout seul... car hier à ce bal... tu étais à tout le monde! que diable! c'est à mon tour!

GENEVIÈVE.

C'est bien le moins! mais convenez que c'est une belle chose qu'un bal.

CLÉRAMBOURG.

Pas pour les pères!

GENEVIÈVE.

Allons donc! les pères sont très-heureux...

CLÉRAMBOURG.

Oui, debout! derrière tout le monde! et une foule si grande que je pouvais à peine t'apercevoir. Obligé pour m'asseoir de jouer au whist... vingt francs la fiche, et j'ai eu, j'en conviens, un beau moment!

GENEVIÈVE.

Celui où vous avez gagné.

CLÉRAMBOURG.

Non! on causait derrière moi, et l'on disait : « Quelle est donc cette charmante jeune fille avec une couronne de bluets qui a l'air si modeste et si gracieux ? — C'est la fille de Clérambourg... ce riche négociant. — Parbleu!... ce Clérambourg est un homme bien heureux. — Prenez donc garde... il est là derrière nous qui joue au whist. » — C'était vrai! j'écoutais... ce qui me faisait couper un roi... et perdre la partie: c'est le seul agrément que j'ai eu de la soirée.

GENEVIÈVE.

Elle était cependant si animée, si séduisante! un si bel orchestre!... Par exemple, vous avez voulu partir de trop bonne heure!

6.

CLÉRAMBOURG.

Près de trois heures du matin !

GENEVIÈVE.

C'est égal, je serais restée encore... C'est la première fois que vous m'avez refusé.

CLÉRAMBOURG, brusquement.

Parce qu'il s'agissait de ta santé ! n'avoir manqué ni une contredanse, ni une valse !... (Avec défiance.) Et quel était ce jeune monsieur... tu sais... une petite moustache, une croix d'honneur, et qui t'invitait toujours ?

GENEVIÈVE.

Toujours !... trois fois !

CLÉRAMBOURG.

Je croyais que ce n'était que deux.

GENEVIÈVE.

Trois !... une contredanse et deux valses !... Il valse si bien... surtout la valse à deux temps !

CLÉRAMBOURG.

Ah ! il valse bien... et quel est-il ?

GENEVIÈVE.

Le colonel de Sacy.

CLÉRAMBOURG, vivement.

Le colonel de Sacy !

GENEVIÈVE.

Qu'avez-vous donc ?

CLÉRAMBOURG, se remettant.

Rien !... tu en es bien sûre ?...

GENEVIÈVE.

Certainement... tenez... c'est un de ceux qui nous ont reconduits jusqu'à notre voiture.

(Entrée du valet, qui apporte le thé.)

CLÉRAMBOURG.

C'est possible! je n'ai pas remarqué... j'ai été entouré toute la soirée de tant de jeunes gens qui m'ont accablé de prévenances... de glaces et de sorbets.

GENEVIÈVE, se retournant.

Voici le déjeuner...

CLÉRAMBOURG.

Ah! c'est heureux!

GENEVIÈVE, regardant à côté du thé sur le plateau apporté par le domestique.

De plus... des lettres et des journaux!...

CLÉRAMBOURG.

Que nous lirons plus tard... déjeunons d'abord.

(Ils s'asseyent.)

GENEVIÈVE.

C'est prudent... car il y a parfois telle mauvaise nouvelle qui vous ôte l'appétit... témoin, avant-hier, cette lettre que vous avez reçue... et qui vous a si fort contrarié.

CLÉRAMBOURG.

Moi...

GENEVIÈVE.

J'étais là... je l'ai bien vu. (Lui présentant une tasse au moment où il fait un geste d'étonnement.) Prenez donc garde, vous allez renverser votre tasse de thé. (Mettant du beurre sur des rôties.) Je ne vous ai pas demandé ce que contenait cette lettre.

CLÉRAMBOURG.

Tu as bien fait.

GENEVIÈVE.

Parce que j'étais certaine que vous me le diriez...

CLÉRAMBOURG.

Moi!

GENEVIÈVE.

Vous faites toujours tout ce que je veux, et vous avez

bien raison... ce qu'il y a de plus mal au monde, c'est de désobéir à sa fille.

CLÉRAMBOURG.

Tu crois?

GENEVIÈVE.

Oui, mon père!

CLÉRAMBOURG, avec embarras.

Eh bien!... eh bien, c'était une lettre de Mme de Sancerre... de cette sœur à moi qui habite Paris.

GENEVIÈVE, négligemment et accommodant toujours ses tartines.

Une lettre de ma tante qui vous contrarie!... et pourquoi donc?

CLÉRAMBOURG, avec embarras.

Pourquoi?... parce que depuis deux ans elle veut, tu le sais, que je t'envoie passer quelques mois chez elle... à Paris.

GENEVIÈVE.

Voyage de convenance et d'obligation!...

CLÉRAMBOURG.

Que j'ai éludé jusqu'à présent!... mais cette année... je ne sais quel prétexte lui donner, et voilà ce qui m'inquiète et me tourmente...

GENEVIÈVE, d'un air de doute.

En vérité... Eh bien! mon père... c'est moi qui écrirai à ma tante, et, rassurez-vous, je trouverai un moyen pour ne pas vous quitter...

CLÉRAMBOURG, avec chaleur.

Ah! c'est tout ce que je veux... tout ce que je désire... pour toi... car moi dont on envie la richesse, moi que chacun trouve si heureux, je ne le suis, vois-tu bien, qu'ici, dans mon intérieur, avec toi! De tous mes trésors, le seul auquel je tienne, c'est toi! mais un trésor dont je suis avare, et, comme tous les avares, j'ai toujours peur qu'on ne me l'enlève.

GENEVIÈVE.

Est-ce que c'est possible!... et qui donc peut vous inspirer ces craintes? est-ce que nous avons des ennemis?

CLÉRAMBOURG, avec impatience et grommelant entre ses dents.

Ce ne sont pas ceux-là que je crains... c'est, au contraire, les...

GENEVIÈVE.

Comment cela?

CLÉRAMBOURG, l'interrompant.

Lis-moi maintenant, si tu le veux, les journaux et la correspondance... je t'écoute.

GENEVIÈVE, prenant une lettre pendant que son père boit sa tasse de thé.

D'abord une lettre.

CLÉRAMBOURG.

Qu'est-ce qu'elle dit?

GENEVIÈVE, la parcourant.

On sollicite votre souscription à un ouvrage dont on vous a adressé dernièrement la première livraison... *Tableaux de famille*.

CLÉRAMBOURG, vivement.

Je l'ai là!... un ouvrage superbe... admirable... qui doit être d'un des princes de la littérature... son nom?

GENEVIÈVE.

Gringochard.

CLÉRAMBOURG.

Je suis fâché qu'il s'appelle Gringochard.

GENEVIÈVE.

Gringochard, maître d'études, rue des Orties, au sixième.

CLÉRAMBOURG.

C'est incroyable!...

GENEVIÈVE.

Quoi donc?

CLÉRAMBOURG.

Que le mérite demeure aussi haut!... c'est égal! je souscris pour cinq cents francs... tu diras à Adrien de les lui envoyer de ma part.

GENEVIÈVE.

Oui, mon père!... c'est donc bien beau?

CLÉRAMBOURG.

C'est sublime!... il y a tel passage si vrai, si naturel, qu'en le lisant, il me semblait l'avoir écrit! j'aurais cru que c'était de moi! et cependant je ne me suis jamais mêlé de littérature... heureusement pour elle!... Continue! Quel est ce petit billet satiné?

GENEVIÈVE, ouvrant une lettre.

« Monsieur, c'est sous les auspices de Mme de Sancerre,
« votre sœur... »

CLÉRAMBOURG, lui arrachant vivement la lettre.

C'est bien! c'est bien! (A part et regardant la signature.) Le colonel de Sacy... dont elle me parlait tout-à-l'heure... et les autres... (Prenant des mains de Geneviève les lettres qu'elle tient encore.) encore sur le même sujet peut-être!

(Il se lève.)

GENEVIÈVE.

Qu'avez-vous donc?...

CLÉRAMBOURG, se promenant avec agitation.

Rien!... je n'ai rien!... (A part.) Il faut se défier de tout maintenant.

(Le domestique rentre et enlève la table.)

GENEVIÈVE.

Et votre déjeuner que vous n'achevez pas?

CLÉRAMBOURG.

Je n'ai plus faim!... (A part, et parcourant la lettre du colonel.) Il me demande un rendez-vous... un entretien à moi... aujourd'hui... à midi... (On entend sonner midi à la pendule.) Les voici... impossible de ne pas le recevoir... impossible main-

tenant de lui envoyer un contre-ordre... ou une excuse...
d'ailleurs il faudra toujours bien... et ma fille qui est ici...
je le recevrai au salon... (Haut.) Adieu, mon enfant.

GENEVIÈVE.

Mais d'où vous vient cette agitation ?

CLÉRAMBOURG.

De l'agitation... je ne sais pas où tu en vois ; je me promène, je suis tranquille, je suis calme.

GENEVIÈVE.

Ce calme-là m'effraie !

AIR du Tuteur de vingt ans.

GENEVIÈVE.

Oui, oui, oui,
Vous avez quelque chose :
Quelle est la cause
De votre humeur ?
Oui, je voi
Qu'un chagrin vous agite,
Ou vous irrite ;
Dites-le-moi.

CLÉRAMBOURG, s'efforçant de rire.

Non, non, non,
Je n'ai rien, je suppose !...
Rien ne s'oppose
A mon humeur.
(A part.)
Malgré moi
Cette étrange visite
D'avance excite
Tout mon effroi !

GENEVIÈVE.

Je ne vous quitte pas,
Je veux suivre vos pas.

CLÉRAMBOURG, à part.

Me suivre... quels tourme

(Haut.)
Moi! je vous le défends.

Ensemble.

GENEVIÈVE.
Quoi! c'est lui
Qu'ici je viens d'entendre!
Me le défendre,
C'est inouï!

CLÉRAMBOURG, avec colère.
Eh bien, oui!
C'est facile à comprendre!
Tu dois m'entendre ·
Demeure ici.

(Il sort par le fond.)

SCÈNE IV.

GENEVIÈVE, seule.

Je vous le défends! c'est la première fois que je lui entends me dire ce mot-là... et il faut qu'il soit bien inquiet... bien tourmenté... bien malheureux pour sortir ainsi de ses habitudes... Qu'a-t-il donc, mon Dieu? (S'asseyant près du guéridon.) et d'où viennent ses chagrins? N'aurais-je pas l'esprit de le découvrir, moi qui donnerais tout au monde pour lui épargner une peine... ou seulement un instant de contrariété? (Regardant le livre qui est sur la table, et poussant un cri.) Ah! ce livre dont il parlait ce matin, cet ouvrage... où il retrouvait, disait-il, ses plus fidèles pensées... si je pouvais découvrir celle qui le préoccupe... ou du moins la deviner!... (Prenant le livre et l'ouvrant.) Voyons donc! les feuillets sont coupés jusque-là... (Montrant le couteau d'ivoire qui est resté dans le livre.) et voici l'endroit où il était resté. (Lisant.) « En « quittant la maison paternelle, la jeune fille qui se marie « est presque perdue pour son père... l'amour d'un époux, « le bonheur du ménage... sa tendresse pour ses enfants,

« ouvrent son cœur à des sentiments nouveaux et bien plus
« vifs... le pauvre père est oublié ou son souvenir, du moins,
« ne vient qu'en troisième ligne. » Oh! ciel! il me semble
qu'à cet endroit... une larme est tombée... oui, en voici la
trace! serait-ce donc là le secret qu'il cache au fond de son
cœur... qu'il n'ose m'avouer? Mon pauvre père!... quoi! il
m'aimerait tant, que sa tendresse ombrageuse et défiante
serait jalouse de toute autre affection!... Oh! non, non : ce
n'est pas possible... je ne puis le croire... et je m'abuse
sans doute.

SCÈNE V.

GENEVIÈVE, ADRIEN.

ADRIEN, entrant.

Ah! mademoiselle Geneviève.

GENEVIÈVE, se retournant.

C'est Adrien!... Qu'avez-vous donc? comme vous êtes pâle!

ADRIEN.

Je crois bien!... si vous saviez... j'étais dans mon bureau qui touche au petit salon... et j'ai entendu votre père parler à voix haute... bien plus... il était en colère, et c'était si nouveau pour moi que j'ai écouté... j'ai peut-être eu tort.

GENEVIÈVE.

Du tout... Il y a des moments... où c'est un devoir...

ADRIEN.

N'est-ce pas? car il disait : « Non, monsieur le colonel. »... Donc, il se disputait avec un militaire...

GENEVIÈVE.

Se disputer, lui!... à son âge!...

ADRIEN, avec impatience.

Eh non! c'est bien pis!... j'ai compris à leur conversation... que le colonel de Sacy... autorisé par votre tante...

GENEVIÈVE, vivement.

C'est bien cela... justement ce que tout-à-l'heure... Achevez!...

ADRIEN.

Eh! mon Dieu! dans quel trouble... je vous vois.

GENEVIÈVE.

Peu importe!... achevez, de grâce!

ADRIEN.

Eh bien!... mademoiselle... le colonel venait demander à votre père... vous... vous-même... en mariage!

GENEVIÈVE, vivement.

Plus de doute!... (Avec inquiétude.) Et vous dites que mon père a refusé?

ADRIEN, l'observant avec émotion.

Non... mademoiselle... non, rassurez-vous! Il n'a pas refusé... mais il a répondu avec une impatience... une aigreur qui étaient toutes naturelles : « Croyez-vous donc, monsieur le colonel, que l'on marie ainsi sa fille... du jour au lendemain, sans connaître son gendre, ses mœurs, son caractère? » Ce qui est vrai... car enfin... il y a tant de colonels qui plaisent, qui séduisent parce qu'ils ont une épaulette...

GENEVIÈVE, vivement.

Il ne s'agit pas de cela... mais de mon père!... Il s'est donc fâché... emporté?

ADRIEN.

Il a été encore trop bon... et moi à sa place...

GENEVIÈVE.

Je ne vous parle pas de vous, Adrien... mais de lui... comment cela s'est-il terminé?

ADRIEN.

« Ainsi donc, s'est écrié le colonel, malgré madame de Sancerre votre sœur qui me connait, m'estime et me protége... vous refusez? — Je n'ai pas dit cela, a répondu votre père avec une colère toujours croissante... mais je verrai... je m'informerai... je demande du temps... beaucoup de temps... il faut que je consulte ma fille. »

GENEVIÈVE.

Moi!...

ADRIEN, essayant de sourire.

Oui, mademoiselle, c'est vous... et s'il n'y a pas d'autre obstacle...

GENEVIÈVE.

C'est bien! laissez-moi!

ADRIEN.

AIR: Voici déjà l'aurore. (Le Code noir.)

A vos ordres fidèle,
Je vous laisse et m'en vas!
Adieu, mademoiselle,
   (A part.)
Elle ne m'entend pas!
C'est à lui qu'elle pense;
Elle est auprès de lui:
Allons, plus d'espérance,
Pour moi tout est fini!

Ensemble.

GENEVIÈVE, rêvant à part.

Oui, je dois avec zèle
L'examiner, hélas!
A mon regard fidèle
Il n'échappera pas!

ADRIEN

A son ordre fidèle,
Sans la troubler, hélas!

Je puis m'éloigner d'elle,
Elle ne me voit pas !

(Adrien sort par le fond.)

SCÈNE VI.

CLÉRAMBOURG, rentrant par la porte à droite, **GENEVIÈVE**, se tenant au fond, à l'écart.

CLÉRAMBOURG, à part.

J'en étais sûr... non-seulement ce colonel... mais ces deux lettres... deux demandes encore... Menez donc une jeune fille au bal...

GENEVIÈVE, l'examinant de loin.

Comme il est agité !...

CLÉRAMBOURG, en parlant, va s'asseoir près de la table à droite.

Et il va encore m'en arriver d'autres... tous ces jeunes gens, qui hier à cette soirée m'entouraient et me faisaient la cour... ce n'était pas pour moi... c'était pour ma fille... de là les compliments... les glaces... les verres de punch... que sais-je ? et moi qui les remerciais !... ah ! je suis entouré !... jusqu'à ma sœur... qui protége ce colonel !... et m'écrit de Paris qu'il est temps de marier Geneviève !... qu'elle a dix-huit ans ! c'est-à-dire qu'il y a dix-huit ans que j'entoure Geneviève de mes soins et de mon amour, et qu'il faut quitter ma fille, qu'il faut l'abandonner, qu'il faut la jeter dans les bras d'un inconnu... d'un homme que j'ai à peine vu... et elle aussi... d'un homme... d'un ennemi qu'on appelle un gendre... et que le lendemain peut-être elle aimera mieux que moi !... jamais !... Ah ! ce livre-là a bien raison. (Se retournant et voyant Geneviève qui s'est tout doucement approchée de lui.) Dieu !... ma fille. (Essayant de sourire.) Ah ! tu étais là...

GENEVIÈVE.

Oui, mon père... j'arrive.

CLÉRAMBOURG, essayant de rire.

Tant mieux... car il faut que je t'apprenne une nouvelle... qui, comme moi, va bien te faire rire... et dont tu ne te doutes pas. Ah! ah! ah! on vient de te demander à moi en mariage... qu'est-ce que tu en dis ?

GENEVIÈVE, froidement.

Que je ne tiens pas à me marier...

CLÉRAMBOURG.

Est-il possible !...

GENEVIÈVE.

Auprès de vous, mon père, mon sort me semble si heureux et si doux que je n'ai nulle envie de le changer.

CLÉRAMBOURG, la serrant dans ses bras.

Ma fille!... ma fille chérie!... (s'arrêtant.) Permets donc... cependant... permets, Geneviève... ce n'est pas pour te contraindre... mais un jour il faudra pourtant y songer... Voilà ma sœur... voilà d'autres amis encore qui prétendent déjà que je ne veux pas te marier... moi qui dans ce moment ai trois prétendants pour toi... et je venais seulement te demander une chose, c'était de choisir !... mais tu ne veux pas...

GENEVIÈVE.

A moins cependant...

CLÉRAMBOURG, avec inquiétude.

Quoi! que veux-tu dire?...

GENEVIÈVE.

A moins que vous-même... ne l'exigiez ou ne le désiriez...

CLÉRAMBOURG.

Je ne le désirerais... que si tu avais une idée.. une préférence...

GENEVIÈVE, vivement.

Est-il possible !

CLÉRAMBOURG, vivement.

C'est donc vrai?... tu me l'as donc caché?... tu n'as donc plus de confiance en moi!... il y a donc quelqu'un que tu préfères !

GENEVIÈVE, lui prenant la main.

Oui... vous avez raison, il y a quelqu'un que j'aime avant tout ; c'est vous, mon père !

CLÉRAMBOURG.

Ah! ce mot-là me désarme, et pour un rien je te demanderais pardon.

GENEVIÈVE.

Et de quoi donc?

CLÉRAMBOURG.

D'un mauvais mouvement... d'une faiblesse involontaire ; mais que veux-tu ?

AIR du vaudeville de *Turenne*.

Il est des amants infidèles,
Il est des maris inconstants,
Le temps emporte sur ses ailes
Bien des vœux et bien des serments,
Et fleur d'amour ne dure qu'un printemps !
Mais ma tendresse à moi, dès ton enfance,
Croît et redouble, et tu l'éprouveras :
L'amour d'un père est le seul ici-bas
Qui ne connaît pas l'inconstance !

Mais c'est égal, je te chercherai un mari... si je peux jamais en trouver un qui soit digne de toi ! Après cela tu ne l'aimerais pas éperdument qu'il n'y aurait pas grand mal. Une affection tranquille et raisonnée, voilà ce qu'il y a de mieux pour être heureuse en ménage; toutes ces grandes passions... ces amours *exagérés* qui nous absorbent... finissent toujours mal. C'est pour cela justement que je redoute les mariages d'inclination... Aussi, sois tranquille, je m'arrangerai, je te le promets, pour ne faire qu'un bon choix ! jusque-là, tu resteras avec moi, qui tâcherai de te rendre la plus heureuse des filles... Quels sont les privilèges, les avantages d'une femme mariée?... d'avoir une maison, des gens, de belles robes, des diamants... tu les auras... ou plutôt tous mes trésors t'appartiennent déjà, car c'est pour toi que je les ai gagnés. Fais donc ce que tu voudras, ma fille; dépense, commande, ordonne à tout le monde, à commencer par moi, qui serai trop heureux de t'obéir.

GENEVIÈVE.

Non, mon père, à vous seul le soin de mon avenir et de mon bonheur. Ce que vous déciderez sera ma loi; et la position, pour moi, la plus désirable et la plus heureuse sera celle que vous-même aurez choisie.

(Elle sort par la porte à gauche.)

SCÈNE VII.

CLÉRAMBOURG, seul, avec joie.

Choisir... choisir moi-même! cette chère enfant!... c'est à moi qu'elle s'en rapporte!... Oh! je la marierai... ne fût-ce que pour démontrer à ma sœur que tous ses reproches sont absurdes!... La seule difficulté... c'est de trouver quelqu'un qui me convienne... et à elle aussi! Mais enfin... et puisque, grâce au ciel, elle n'aime personne... nous avons le temps!

SCÈNE VIII.

CLÉRAMBOURG, ADRIEN.

CLÉRAMBOURG, d'un air joyeux.

Ah! te voilà, mon cher Adrien!... Viens donc vite!... j'ai grand besoin d'ami et de conseil.

ADRIEN.

Vous! monsieur!

CLÉRAMBOURG, de même.

Moi-même!... je suis bien malheureux et bien embarrassé.

ADRIEN.

Vous n'en avez pas l'air...

CLÉRAMBOURG.

C'est pourtant la vérité... Trois partis qui se présentent pour ma fille... trois à la fois!

ADRIEN, à part.

O ciel!...

CLÉRAMBOURG.

Le colonel de Sacy, que recommande ma sœur... le fils de notre préfet, que recommande son père... et enfin un neveu du ministre, un jeune pair de France, qui se recommande de lui-même... Les trois demandes viennent de m'arriver ce matin, et presque en même temps.

ADRIEN.

C'est là ce qui vous tourmente et vous embarrasse?...

CLÉRAMBOURG.

D'autant plus que ma fille s'en rapporte entièrement à moi et me laisse le droit de prononcer... ce qui est fort difficile... fort délicat... Je finirai, tu le verras, par ne pas marier cette enfant-là!

ADRIEN, vivement.

Vous croyez?

CLÉRAMBOURG.

Que veux-tu? ces trois partis étant également convenables, je ne vois aucune raison pour préférer l'un et me faire ainsi des ennemis des deux autres... Si encore ma fille m'aidait un peu... si elle avait quelque goût... quelque inclination pour un des prétendants... je serais trop heureux... cela me guiderait!... Moi, je voudrais qu'elle eût fait un choix, qu'elle préférât quelqu'un... mais non... elle me laisse toute la responsabilité... elle n'aime personne...

ADRIEN.

Je crois, monsieur, que vous vous trompez.

CLÉRAMBOURG, vivement.

Que veux-tu dire?...

ADRIEN.

Ce serait mal à moi de vous cacher ce que je sais... ou du moins ce que j'ai cru voir... Oui, monsieur... vous me rappeliez encore ce matin que votre fille était ma première bienfaitrice... que je ne serais rien sans elle... et son bonheur avant tout.

CLÉRAMBOURG, brusquement.

Achève donc!...

ADRIEN, cherchant à cacher son trouble.

Eh bien! monsieur... réjouissez-vous, votre tâche sera moins difficile que vous ne le pensiez... mademoiselle Geneviève aime quelqu'un.

CLÉRAMBOURG, avec colère.

Eh! qui donc? ce jeune pair de France?

ADRIEN.

Non, monsieur.

CLÉRAMBOURG.

Le fils de notre préfet?... je m'en suis toujours douté!

ADRIEN.

Eh! non!...

CLÉRAMBOURG.

Le colonel! J'en étais sûr!... mais qui te l'a dit? qui te le fait croire?

ADRIEN.

Tout-à-l'heure... quand je lui ai appris que M. de Sacy était venu pour vous demander sa main... si vous aviez vu son trouble... son émotion... sa crainte qu'il ne fût refusé par vous...

7.

CLÉRAMBOURG.

Elle ne m'en a rien dit !...

ADRIEN, avec chaleur.

Ni à moi non plus !... mais c'était si facile à deviner... sa main tremblait, elle pâlissait... elle était prête à se trouver mal...

CLÉRAMBOURG.

Et je ne me suis douté de rien !

ADRIEN, avec explosion.

Vous ! mais moi !... (Se reprenant.) Moi qui vous suis dévoué...

CLÉRAMBOURG, lui prenant les mains.

Merci, mon ami... merci... Mais ce colonel, d'où le connaît-elle ? où l'a-t-elle vu ?

ADRIEN.

Hier... à ce bal.

CLÉRAMBOURG.

Quoi ! parce qu'il est brillant, élégant... parce qu'il valse bien !... parce qu'elle a valsé deux fois avec lui, la valse à deux temps !

ADRIEN.

C'est indigne !

CLÉRAMBOURG.

C'est affreux !

ADRIEN.

Je n'en puis revenir.

CLÉRAMBOURG.

Ni moi non plus ! conduisez-donc les jeunes filles au bal !... Voilà !

(Il remonte.)

ADRIEN, descendant à droite.

Voilà !... (Se retournant.) Qu'importe après tout ?... vous désiriez un gendre... un gendre qu'elle aimât.

CLÉRAMBOURG.

Je ne dis pas non.

ADRIEN.

Et vous voilà furieux !

CLÉRAMBOURG.

Furieux... du mystère qu'elle m'en a fait... furieux du secret qu'elle a gardé avec moi, son père... sans compter, vois-tu bien, que si elle a craint de m'avouer une pareille préférence... c'est qu'il y a des raisons... c'est qu'elle sait, comme nous, que ce beau colonel est un brillant séducteur... qui fait ainsi chaque jour de nouvelles conquêtes.

ADRIEN.

En vérité !

CLÉRAMBOURG.

Parbleu ! toutes les femmes en raffolent, et Geneviève est déjà comme elles... et ma fille sera malheureuse... elle adorera un indigne mari... et son pauvre père... et nous ses amis... elle nous oubliera ! Écoute, Adrien, il faut que tu la voies, que tu lui parles... puisqu'elle a déjà eu confiance en toi...

ADRIEN.

Mais elle ne m'a rien dit.

CLÉRAMBOURG.

C'est égal... de ta part ce ne sera pas suspect et ce le serait de la mienne... elle croirait que c'est par haine pour le colonel... Dis-lui adroitement... tout le mal que tu sais de lui...

ADRIEN.

Je n'en sais pas, monsieur.

CLÉRAMBOURG, avec impatience.

Allons donc !... il est évident qu'un militaire... parbleu ! c'est connu !... et si quelqu'un peut lui faire entendre raison... c'est toi avec qui elle a été élevée... toi qu'elle regarde et qu'elle aime comme un frère, va la trouver... je t'en prie...

ADRIEN.

Ça m'est impossible... monsieur... car je venais ici en ce moment... vous dire... que des nouvelles inattendues et cruelles pour moi...

CLÉRAMBOURG, le regardant.

En effet... je n'avais pas remarqué le changement de tes traits.

ADRIEN.

Ce n'est rien, monsieur, mais ces nouvelles m'obligent... à partir pour Paris...

CLÉRAMBOURG.

Alors, reviens au plus vite... car tu vois bien que je ne peux pas me passer de toi.

ADRIEN.

Aussi c'est bien malgré moi que je viens vous rendre les clefs de votre caisse... mais il le faut... Mon bienfaiteur et mon père, adieu pour toujours.

CLÉRAMBOURG, le retenant par la main.

Qu'est-ce que j'entends-là !... toi sur qui j'avais compté... toi que je regardais comme ma seule consolation... tu m'abandonnes au moment où tout le monde me délaisse ou me trahit !

AIR de Lantara.

Toi, me quitter ! C'est impossible !
Et me quitter sans motifs, sans raison !

ADRIEN.

Si vraiment, un motif terrible
M'oblige à fuir cette maison.

CLÉRAMBOURG.

S'il est ainsi, dis-le-moi, parle donc !
Loin d'un ami, quel caprice t'entraîne ?
Que te faut-il ? Est-ce de l'or ?

(Lui présentant la clef de sa caisse.)
Prends, partageons!

(Le regardant.)
Aurais-tu quelque peine?

(Lui ouvrant les bras.)
Alors viens donc, et partageons encor!
Oui, si ton cœur renferme quelque peine,
Viens sur le mien et partageons encor!

ADRIEN, s'élançant vers Clérambourg.

Ah! monsieur... (S'arrêtant.) Non... non, c'est impossible... adieu...

CLÉRAMBOURG, regardant Adrien qui s'éloigne.

Tu as raison!... va-t'en!... va-t'en!... car toi aussi tu n'es qu'un ingrat!

ADRIEN, revenant sur ses pas.

Moi, un ingrat!... Vous vous trompez, monsieur... c'est parce que je vous ai juré reconnaissance et respect... c'est parce que je ne suis pas un ingrat... que je quitte cette maison... j'aime votre fille... je l'adore...

CLÉRAMBOURG.

Toi?

ADRIEN.

A en perdre la raison... il faut donc que je m'en aille... car cet amour dont je ne suis plus maître... est une offense pour vous, mon bienfaiteur... qui ne pouvez jamais l'approuver.

CLÉRAMBOURG.

Pourquoi pas?

ADRIEN.

Hein?

CLÉRAMBOURG.

Qu'est-ce que j'étais donc, quand j'ai commencé ma fortune?... un noble ou un grand seigneur? non! un commis comme toi. J'avais pour réussir du courage... du talent... et de la probité... tu as tout cela : nos deux maisons peuvent marcher de pair... et si une telle alliance ne dépendait que de moi...

ADRIEN, poussant un cri.

Est-il possible !

CLÉRAMBOURG, vivement.

Oui, sans cet amour qu'elle a dans le cœur... amour qui fera son malheur et le mien, je te dirais sur-le-champ : touche là, mon gendre.

ADRIEN.

Ah ! monsieur, quelle reconnaissance ! mais par malheur je ne puis jamais être aimé d'elle.

CLÉRAMBOURG.

Je le sais bien ! c'est égal, essaie toujours, c'est ton affaire... ça te regarde !... Tâche de lui faire oublier son colonel...

ADRIEN, avec chaleur.

Et si je pouvais y parvenir... vous consentiriez...

CLÉRAMBOURG, avec embarras.

Certainement... nous verrions !... En attendant... je t'aiderai s'il le faut de mon aveu... de ma protection.

ADRIEN, avec reconnaissance.

Ah ! monsieur !...

CLÉRAMBOURG.

Tais-toi ! c'est elle !

SCÈNE IX.

GENEVIÈVE, CLÉRAMBOURG, ADRIEN.

CLÉRAMBOURG.

Depuis que tu m'as quitté, mon enfant... j'ai pesé mûrement les avantages et les inconvénients de tous ces partis... il faut que tu te maries, je l'exige... je le veux !... Cependant, et quoique tu m'eusses permis de choisir... quoique j'aie mon idée à moi... rien ne se fera sans ta volonté...

GENEVIÈVE.

Dites-moi donc alors quelle est la vôtre?

CLÉRAMBOURG, avec embarras.

La mienne... dame! la mienne... si tu me la demandes... je te dirai franchement que je ne tiens guère à la fortune... quand il s'agit de ton bonheur : ce qui fait... que j'ai jeté les yeux sur un honnête homme... dont je suis sûr, et que j'appellerais toujours mon fils... même quand tu ne l'accepterais pas pour mari...

GENEVIÈVE, tremblante d'émotion.

Eh! qui donc?

CLÉRAMBOURG.

Adrien!

GENEVIÈVE, poussant un cri de joie qu'elle cherche à retenir.

Ah! est-ce bien là, mon père... votre volonté?

CLÉRAMBOURG, vivement.

Tu peux toujours refuser... tu es la maîtresse... mais quant à moi, (Avec émotion.) c'est mon désir... le plus grand.

GENEVIÈVE, qui pendant ce temps a regardé son père avec attention, dit à part.

Je ne le pense pas!

CLÉRAMBOURG.

Celui-là, du moins, ne t'emmènera pas à son régiment ou dans les pays lointains... tu resteras avec moi... tu ne me quitteras pas...

GENEVIÈVE.

Je vous l'ai dit, mon père... dès que cela vous plaît... et vous convient... cela me suffit.

CLÉRAMBOURG, avec inquiétude.

Comment... tu acceptes donc... c'est fini?...

GENEVIÈVE.

Écoutez-moi, mon père... vous vous rappelez mes paroles de ce matin... vous êtes tout pour moi. (Regardant de temps en temps Adrien.) Et tout ce que j'aime... tout mon bonheur est ici avec vous...

CLÉRAMBOURG.

En vérité !...

GENEVIÈVE, d'une voix caressante.

Il n'y en aurait plus pour moi... s'il fallait séparer mon existence de la vôtre et vous quitter un instant.

CLÉRAMBOURG.

Ma Geneviève... mon enfant bien-aimée !

GENEVIÈVE.

Quant à M. Adrien, je l'ai toujours regardé comme un frère...

CLÉRAMBOURG, avec joie.

C'est bien !

GENEVIÈVE.

J'ai pour lui l'amitié... l'estime la plus vraie.

CLÉRAMBOURG, de même.

C'est très-bien.

GENEVIÈVE.

Mais je dois, avant tout, lui parler franchement... mon affection à moi sera toujours calme et tranquille...

CLÉRAMBOURG.

Tant mieux... c'est plus durable...

GENEVIÈVE.

Pour des sentiments exaltés... et romanesques je n'en ai pas.

CLÉRAMBOURG, gaiement à Adrien.

C'est vrai; car elle me proposait ce matin de t'éloigner d'ici, de t'établir ailleurs !

ADRIEN, regardant Geneviève avec douleur.

Est-il possible?

GENEVIÈVE, vivement.

Dans votre intérêt, monsieur!

CLÉRAMBOURG, à Adrien.

Et par raison!... la raison avant tout! c'est l'essentiel en ménage... aussi, mes enfants... mes chers enfants... c'est ce que je demande... ce que je veux.

ADRIEN, qui jusque-là a écouté avec une impatience qu'il a cherché vainement à calmer.

Et moi, monsieur, c'est ce que je ne veux pas.

CLÉRAMBOURG.

Que dites-vous?

ADRIEN.

Que je refuse! je l'aime trop pour ne la devoir qu'à l'obéissance!... sa froideur causerait mon désespoir, et ma tendresse à moi lui serait importune! Un tel mariage... ferait deux malheureux... il vaut mieux qu'il n'y en ait qu'un, et que ce soit moi...

CLÉRAMBOURG.

Allons! c'est comme une fatalité... je le disais tout-à-l'heure... je ne pourrai jamais marier cette enfant-là!

GENEVIÈVE.

Mais, mon père...

CLÉRAMBOURG.

Ah!...

Ensemble.

AIR : O rage, ô colère! (*La Barcarolle.*)

ADRIEN.

Je vous remercie,
Mon âme attendrie
Veut toute la vie
Bénir vos bienfaits.
Mais moi votre gendre!

Ah ! mon cœur trop tendre
N'y saurait prétendre.
Adieu pour jamais !

CLÉRAMBOURG.

Mais quelle folie !
D'une âme attendrie,
Il me remercie
De tous mes bienfaits.
Et quand pour mon gendre,
Je voulais le prendre,
Voyez quel esclandre !
Il part pour jamais !

GENEVIÈVE.

Ah ! quelle folie,
Quelle frénésie !
Quand mon père oublie
Pour lui ses projets ;
Lorsque pour son gendre
Il veut bien le prendre,
Lui, sans me comprendre,
Me perd pour jamais !

(Clérambourg sort par la porte du fond.)

SCÈNE X.

ADRIEN, qui s'est jeté dans un fauteuil près du bureau à droite ; GENEVIÈVE, s'approchant de lui après un instant de silence.

GENEVIÈVE.

Il faut convenir, monsieur Adrien, que vous êtes bien singulier et bien impatientant...

ADRIEN.

Moi !

GENEVIÈVE.

Si j'avais un peu d'amour-propre... je ne vous regarderais plus... je ne vous adresserais même pas la parole... Comment ! il ne tient qu'à vous de m'épouser ! mon père dit :

oui... moi je ne dis pas non! on vous offre ma main, et vous la refusez!

ADRIEN.
Parce que vous ne m'aimez pas... et moi je vous aime tant!... vous ne saurez jamais, Geneviève, tout ce qui s'est passé dans mon cœur de souffrances et de combats.

GENEVIÈVE.
C'est ce qui vous trompe encore... je sais tout.

ADRIEN.
Et qui a pu vous l'apprendre?

GENEVIÈVE, le regardant.
Quelqu'un... en qui j'ai confiance.

ADRIEN.
Qui a pu trahir un secret que seul je possédais?

GENEVIÈVE.
Vous-même!

ADRIEN.
Quoi! malgré mon silence...

GENEVIÈVE.
C'est peut-être lui qui m'a tout dit... et depuis longtemps...

ADRIEN.
Depuis longtemps alors cet amour vous offense... et vous me haïssez.

GENEVIÈVE.
Je n'ai pas dit cela, monsieur, je n'ai pas besoin de m'expliquer là-dessus... mais si vous voulez réparer vos torts, il faut me jurer... une soumission aveugle et absolue...

ADRIEN.
Je le jure.

GENEVIÈVE.
Écoutez-moi donc!... il y a des cœurs trop tendres ou

trop susceptibles... dont on doit, par devoir, ménager et cacher les faiblesses... et surtout celles d'un père.

ADRIEN.

Que dites-vous ?

GENEVIÈVE.

C'est un secret que moi, sa fille, je dois garder et respecter. Il faut donc vous fier à moi... me laisser faire... et quoi qu'il arrive... ne pas vous fâcher... comme tout à l'heure... à propos de rien.

ADRIEN.

De rien ! quand vous déclarez ne pas m'aimer !

GENEVIÈVE.

Et quand je vous détesterais...

AIR de Mademoiselle Garin.

Il faut, monsieur, je dois vous en instruire,
Croire très-peu ce que vous entendez,
Et croire un peu ce que l'on craint de dire :
Mais pour le reste, en silence attendez !
Quoi ! d'un délai, dont le temps vous effraie,
Vous, négociant, vous redoutez les frais ?
Qu'importe enfin, si plus tard on vous paie
Le capital avec les intérêts !

ADRIEN.

Mais cependant...

GENEVIÈVE, vivement et à demi-voix.

Oui, monsieur, pour votre bonheur il faut que vous me soyez tout-à-fait indifférent, que mon père en soit bien persuadé, et vous-même aussi... car si vous pouviez seulement supposer le contraire, il y aurait dans votre air quelque chose d'heureux et de triomphant qui perdrait tout... et il faut que vous m'épousiez...

ADRIEN, vivement.

Ah !... avec amour...

GENEVIÈVE.

Non! avec désespoir...

ADRIEN.

Je ne vous comprends pas.

GENEVIÈVE.

Tant mieux...

ADRIEN.

Mais, en attendant, si seulement je pouvais entrevoir une lueur d'espérance...

GENEVIÈVE.

Maintenant, aucune!... plus tard, je ne dis pas...

ADRIEN.

Ah! c'est qu'être aimé de vous, est un bonheur si grand... un rêve si doux... qu'à peine à présent oserais-je y croire même si je l'entendais...

GENEVIÈVE.

Impossible..., ce mot-là, si je le prononçais, nous perdrait tous les deux.

ADRIEN.

Et moi, pour l'entendre, je consentirais à ma perte.

AIR : J'ai reçu ta promesse. (Finale du *Serment*.)

ADRIEN.

Ce mot seul, je vous prie,
Et dussé-je en mourir,
Même au prix de ma vie,
Je voudrais l'obtenir!

GENEVIÈVE.

Taisez-vous, je vous prie,
Et laissez-moi partir;
Calmez une folie
Qui pourrait nous trahir.

ADRIEN.

Oui, Geneviève, au nom de mon amour extrême...

GENEVIÈVE.

Relevez-vous, et ne demandez rien !

ADRIEN.

Au nom de mes tourments, ce mot, ce mot suprême,
Et je puis tout braver si de vous je l'obtiens !

GENEVIÈVE.

Puisque vous l'exigez, oui, monsieur, je vous aime
Depuis longtemps... et je n'aime que vous !

SCÈNE XI.

Les mêmes; CLÉRAMBOURG.

CLÉRAMBOURG.

Qu'est-ce que j'entends-là ?

GENEVIÈVE, à part.

Grand Dieu ! c'est fait de nous !

Ensemble.

GENEVIÈVE.

La frayeur m'a saisie,
Qu'allons-nous devenir !
Il croira, je parie,
Qu'on voulait le trahir.

CLÉRAMBOURG, à part.

A ma vue obscurcie
Quel tableau vient s'offrir !
Mensonge et perfidie !
On voulait me trahir.

ADRIEN, avec joie.

A mon âme ravie
Quel bonheur vient s'offrir ;
Même au prix de la vie,
On voudrait l'obtenir !

(Courant à Clérambourg.)

Oui, monsieur, partagez mon bonheur, je suis le plus heureux des hommes... elle m'aime ! elle me l'a dit.

GENEVIÈVE, à part.

Imprudent !

CLÉRAMBOURG, cherchant à cacher son émotion sous un rire forcé.

Oui... je viens de l'entendre... et il paraît qu'elle a en vous une confiance... qu'elle n'a pas en moi... car elle me l'avait laissé ignorer... elle ne m'en avait jamais parlé...

GENEVIÈVE, bas à Adrien.

Que vous avais-je dit ! tout est perdu.

ADRIEN, à part.

O ciel !... (Haut.) Et comme vous aviez la bonté, la générosité de consentir à ce mariage... comme tout-à-l'heure encore... vous m'aviez dit...

CLÉRAMBOURG.

Certainement... tout-à-l'heure encore... je ne demandais pas mieux, et même, vous le savez, je vous ai conjuré d'accepter.

ADRIEN.

Tout-à-l'heure, monsieur, vous daigniez me tutoyer et m'appeler votre fils...

CLÉRAMBOURG.

C'est vrai... c'est vrai ! peut-être, sans m'en rendre compte, ai-je été froissé... de ton obstination... de ton refus... qui m'a affligé dans le premier moment, et maintenant plus encore...

ADRIEN.

Comment cela, monsieur ?...

CLÉRAMBOURG, avec impatience.

Comment... comment... parce que je ne pouvais pas être à tes ordres... à tes caprices... il me fallait prendre un parti... et voyant que tu refusais la main de ma fille... au moment même où le colonel revenait chez moi chercher une réponse définitive...

ADRIEN.

Eh bien?...

CLÉRAMBOURG.

Eh bien!... je n'avais aucune raison de l'éloigner davantage... je l'ai accueilli... je lui ai dit...

ADRIEN, poussant un cri.

O ciel!...

CLÉRAMBOURG.

Que diable aussi!...

ADRIEN.

Je ne me plains pas, monsieur, je n'accuse personne que moi, mais je sais ce qu'il me reste à faire... adieu!

AIR : C'en est trop, mon honneur doit punir cet outrage. (*Philippe.*)

Plus d'espoir, de bonheur!
J'ai perdu ce que j'aime,
Le dépit, la douleur
S'emparent de mon cœur.
Insensé, j'ai moi-même
Refusé tant d'appas;
A ma douleur extrême,
Je ne survivrai pas!

GENEVIÈVE.

Plus d'espoir, de bonheur!
Oui, je perds ce que j'aime;
Le regret, la douleur
S'emparent de mon cœur.
Oui, c'est lui, c'est lui-même,
Qui me refuse, hélas!
A sa douleur extrême
Il ne survivra pas.

CLÉRAMBOURG, à part.

Je n'ai plus de frayeur,
Et, dans ma joie extrême,
D'espoir et de bonheur
Je sens battre mon cœur.
Comme un autre moi-même,

Ici, tu resteras,
Et la fille que j'aime
Ne me quittera pas!

(A Adrien.)

J'en suis fâché, mon cher, mais une fois qu'on donne
Sa parole...

ADRIEN.

J'entends! et n'accuse personne
Que moi, moi seul.

(A part.)

Mais à présent, morbleu!
Je sais ce qui me reste à faire.

(Haut.)
Adieu!

(A Geneviève.)
Adieu!

GENEVIÈVE.

Quel est son dessein, ô mon Dieu!

Ensemble.

ADRIEN.

Plus d'espoir, de bonheur, etc.

GENEVIÈVE.

Plus d'espoir, de bonheur, etc.

CLÉRAMBOURG.

Je n'ai plus de frayeur, etc.

(Adrien sort.)

SCÈNE XII.

CLÉRAMBOURG, GENEVIÈVE.

GENEVIÈVE, à part.

Comment faire à présent que mon père est lié et engagé avec le colonel?

CLÉRAMBOURG, se rapprochant de sa fille.

A nous deux maintenant, et puisqu'il n'est plus là... puis-je savoir ce que cela signifie... connaîtrai-je enfin la vérité?...

GENEVIÈVE.

Je vous l'ai dite ce matin... je vous l'ai dite toujours.

CLÉRAMBOURG.

Voilà qui est fort!... et vous saurez, mademoiselle, que je suis indigné... que je suis outré...

GENEVIÈVE, vivement.

Et moi aussi.

CLÉRAMBOURG, étonné.

Toi?...

GENEVIÈVE, avec fermeté.

Moi...

CLÉRAMBOURG..

Par exemple, au moment où j'allais me mettre en colère... c'est elle...

GENEVIÈVE, de même.

Oui, mon père... parce que c'est moi qui ai le droit de me plaindre et d'être fâchée... Je vous déclare ce matin... que je ne veux pas vous quitter, que je veux rester près de vous... et depuis ce moment, par un fait exprès et comme pour me contrarier, vous semblez prendre à tâche de rassembler... de me présenter successivement... une foule de prétendants.

CLÉRAMBOURG.

Je ne dis pas non... mais...

GENEVIÈVE.

Est-ce moi qui les demande? je n'en veux pas, je n'en veux aucun.

CLÉRAMBOURG.

Mais cependant Adrien...

GENEVIÈVE.

Je le refuse.

CLÉRAMBOURG.

Et le colonel?...

GENEVIÈVE.

Je le refuse... je n'en veux pas... je les déteste... je les déteste tous...

CLÉRAMBOURG, tout-à-fait radouci.

Ne te fâche pas, Geneviève, ne te fâche pas! et tâchons de nous entendre! explique-moi alors pourquoi Adrien était tout-à-l'heure à tes genoux?

GENEVIÈVE.

Lui!... vous croyez?

CLÉRAMBOURG.

Je l'y ai vu! et pourquoi lui disais-tu : « Je vous aime!... je n'aime que vous? »

GENEVIÈVE, ingénument.

Lui ai-je dit cela?

CLÉRAMBOURG.

Parbleu!... je l'ai bien entendu!

GENEVIÈVE.

C'est possible! il menaçait de se tuer, si je ne lui faisais un pareil aveu... et vous le connaissez, il est capable de tout!

CLÉRAMBOURG, effrayé.

Bonté du ciel!

GENEVIÈVE.

Aussi je lui aurais dit tout ce qu'il aurait voulu.

CLÉRAMBOURG, troublé.

Tu as bien fait... ainsi donc ce n'est pas lui que tu aimes?

GENEVIÈVE.

Non!

CLÉRAMBOURG, avec inquiétude.

C'est donc... le colonel?

GENEVIÈVE.

Non!

CLÉRAMBOURG, avec joie.

Eh bien!... eh bien. (A demi-voix.) Rassure-toi, je ne me suis pas engagé avec lui... je n'ai rien dit... je suis resté dans le vague et l'indécision!

GENEVIÈVE, avec un cri de joie étouffé et portant la main à son cœur.

Ah!...

CLÉRAMBOURG.

Ainsi, je peux donc faire encore tout ce que tu veux.

GENEVIÈVE, avec fermeté.

Ce que je veux, mon père...

SCÈNE XIII.

Les mêmes; un Domestique, apportant une lettre.

CLÉRAMBOURG.

Une lettre!... l'écriture du colonel!

GENEVIÈVE, se levant vivement.

Du colonel!

CLÉRAMBOURG.

Eh bien! oui, du colonel... qu'est-ce que tu as donc?

GENEVIÈVE.

Rien, mon père... lisez donc.

CLÉRAMBOURG, lisant.

« Monsieur, votre jeune commis, M. Adrien, qui jamais, « je crois, n'a touché une épée, veut absolument me tuer ou « se faire tuer par moi!... »

GENEVIÈVE, qui est debout près de la table à droite, se laisse tomber dans le fauteuil qui est derrière elle.

Ah!...

CLÉRAMBOURG, à gauche, continuant la lecture de la lettre, sans s'apercevoir que sa fille vient de s'évanouir.

« Il me faut accepter, et bien contre mon gré, un combat « que vous, monsieur, vous pouvez empêcher d'un seul mot, « en choisissant définitivement entre nous deux ; mais ce « mot, hâtez-vous de l'écrire, car nous partons. » (Avec agitation.) Choisir !... choisir ! sans avoir seulement un instant à soi pour se décider !... (Allant à sa fille.) Dis-moi, alors, toi-même, Geneviève... (La regardant.) O ciel ! elle est sans connaissance !... Elle ne m'a pas dit la vérité... ce colonel... c'est clair ! c'est évident !... c'est lui ! (Avec amertume.) Ah ! (Prenant les mains de Geneviève qu'il serre dans les siennes.) Ma fille !... ma fille chérie, reviens à toi ! tu l'auras, tu l'épouseras !... (Se retournant vers le domestique.) Mais allez donc, allez vite chercher du secours ! (Au domestique qui fait un pas pour sortir.) Non... non... elle revient à elle... (Se frappant le front.) Et ce combat qui va avoir lieu si je n'écris pas !... (S'approchant du guéridon à gauche.) Ah ! quel tourment, quel tourment d'être père... (Au domestique.) Attendez !... (A lui-même.) Il le faut ! c'est un sacrifice qu'elle voulait me faire... Et je serais assez cruel, assez égoïste pour l'accepter !... non, c'est à moi de me sacrifier. (Au domestique.) Tenez... tenez... ce mot au colonel... partez !

(Le domestique sort.)

SCÈNE XIV.

CLÉRAMBOURG, GENEVIÈVE.

GENEVIÈVE, qui pendant les dernières lignes de la scène précédente, a rouvert les yeux et est revenue à elle peu à peu.

Qu'est-ce ? qu'est-il donc arrivé ?... il devait se battre...

CLÉRAMBOURG, s'approchant d'elle.

Rassure-toi ! on ne se battra pas ! il n'y aura rien ! tout est arrangé, arrangé par moi... d'une manière que tu approuveras.

8.

GENEVIÈVE.

Vous m'assurez qu'il n'y a plus de danger... pour personne ?

CLÉRAMBOURG.

Aucun, je te le jure ! le colonel et Adrien seront ici tantôt, tous les deux, à dîner avec nous.

GENEVIÈVE.

Et comment avez-vous fait ?

CLÉRAMBOURG.

D'ici là, je t'en prie, ne parlons plus de cela, qu'il n'en soit plus question... car moi, vois-tu... cela m'a fait bien du mal !

GENEVIÈVE, *courant à son père qui vient de s'asseoir près du guéridon.*

Vous avez raison, mon père, occupons-nous d'autre chose ; c'est à moi de vous calmer... de vous distraire...

CLÉRAMBOURG, *regardant Geneviève qui est en face de lui, de l'autre côté du guéridon.*

Te voir là... près de moi... cela me suffit ! mets-toi là !

GENEVIÈVE, *regardant sur le guéridon près duquel elle est assise.*

Ah !... ce livre que vous aimez tant... voulez-vous ?...

CLÉRAMBOURG.

Comme tu voudras... pourvu que je te regarde à moi seul et à mon aise !

GENEVIÈVE, *lisant en regardant de temps en temps son père.*

« C'est surtout quand elle est mariée que la jeune fille « comprend et apprécie la tendresse de ses parents. »

CLÉRAMBOURG.

Hein ?

GENEVIÈVE, *même jeu.*

« Jusqu'alors, elle ne s'en doutait pas... mais les soins « qu'elle est obligée de donner à sa jeune famille, lui ap- « prennent ceux qu'on lui a prodigués... les inquiétudes ou

« les tourments qu'elle éprouve lui rappellent ceux qu'elle
« a causés... »

CLÉRAMBOURG.

Qu'est-ce que tu me dis là?

GENEVIÈVE.

« Heureuse, elle a besoin de raconter à son père le bon-
« heur qu'elle lui doit. »

CLÉRAMBOURG, avec émotion.

O ciel!

GENEVIÈVE, même jeu.

« Malheureuse!... c'est à lui qu'elle vient confier ses
« peines... »

CLÉRAMBOURG, écoutant avec intérêt.

C'est vrai!...

GENEVIÈVE, de même.

« Les larmes que le mari a fait couler... c'est la main
« paternelle... qui les essuie!... »

CLÉRAMBOURG, de même.

C'est vrai! c'est vrai...

GENEVIÈVE, s'interrompant.

Vous trouvez?

CLÉRAMBOURG, avec impatience.

Continue!...

GENEVIÈVE, continuant, mais d'un ton plus gai.

« Sans compter qu'en mariant sa fille, le bon père n'a
« pas perdu mais augmenté son trésor... cette nouvelle
« famille qui l'entoure lui rappelle les traits et la tendresse
« de son enfant... son amour à lui s'étend et se multiplie...
« sans s'affaiblir! A d'autres le soin d'élever ou de corriger
« leur jeune âge... lui n'a rien à faire qu'à les aimer... »

CLÉRAMBOURG, avec émotion.

C'est bien!

GENEVIÈVE, de même.

« Aimer tous ses petits-enfants... »

CLÉRAMBOURG, les larmes aux yeux.

C'est bien... c'est très-bien... ce que tu me lis là !... Moi qui n'avais jeté les yeux que sur la première feuille.

GENEVIÈVE, souriant.

C'est qu'en tout... il y a le revers... (A Clérambourg, qui lui a pris le livre des mains.) Eh ! mais, que faites-vous ?

CLÉRAMBOURG.

AIR : En amour, comme en amitié. (COLALTO.)

Laisse-moi lire de nouveau
Ce dernier passage, ma fille !
Et surtout ce riant tableau
Du vieux grand-père au sein de sa jeune famille.
Ces sentiments si doux que j'ai rêvés
Et qu'à l'instant, tu me lisais, ma chère,
(Feuilletant le livre.)
Je cherche en vain, où sont-ils ?

GENEVIÈVE, portant la main à son cœur.

Là, mon père,
Par mon amour, c'est là qu'ils sont gravés,
Oui, pour toujours c'est là qu'ils sont gravés.

C'est là que vous pourriez les lire... sans le voile qui couvre vos yeux... et que mon amour ne peut écarter.

CLÉRAMBOURG, avec émotion.

Ah ! toi seule as raison !... toi seule... tu sais aimer... Tu te sacrifierais pour me rendre heureux... et moi, dans mon égoïsme... dans ma jalousie !...

GENEVIÈVE, voyant son père qui tend les bras vers elle en suppliant, et qui se met presque à genoux.

Mon père ! que faites-vous ?

CLÉRAMBOURG.

Pardon, mon enfant, pardon !... car je suis bien coupable !

GENEVIÈVE.

Vous... Mon Dieu!

CLÉRAMBOURG.

AIR : Soldat français, né d'obscurs laboureurs.

Oui, ton amour, ma fille, est un trésor,
Dont je ne puis supporter le partage;
C'est mon seul bien, et tout à l'heure encor,
Quand il fallait, signant ton mariage,
Me prononcer et choisir à l'instant,
Ce colonel... vois... quel sort est le nôtre!
Ce colonel était si séduisant...

GENEVIÈVE.

Eh bien! mon père...

CLÉRAMBOURG.

Enfin tu l'aimais tant...
Que malgré moi j'ai choisi l'autre.
(Sur un cri de Geneviève.)
Pardonne-moi! j'ai choisi l'autre!

CLÉRAMBOURG.

Mais je m'en punirai... je te le jure!... J'irai trouver Adrien... je le supplierai de me rendre ma promesse, et d'accepter en échange... la moitié de ma fortune...

GENEVIÈVE.

Lui! il ne voudra jamais!...

CLÉRAMBOURG.

Que faire alors?

GENEVIÈVE.

Ce que doit faire un loyal négociant... tenir votre parole.

CLÉRAMBOURG, hésitant.

Mais... mais l'autre qui te plaisait?...

GENEVIÈVE, souriant.

Oui... au bal!... mais vous vous y connaissez mieux que moi... et je suis persuadée qu'Adrien fera un meilleur mari.

CLÉRAMBOURG.

Vraiment!...

GENEVIÈVE, avec joie.

Vraiment! je suis enchantée de l'épouser... (Rencontrant un regard inquiet de Clérambourg.) parce qu'au moins je resterai ici... nous ne nous quitterons pas! rien ne sera changé!... Oui, mon père... vous ne vous apercevrez même pas que je suis mariée... ni moi non plus...

CLÉRAMBOURG, avec joie.

A la bonne heure!... et à cette condition-là...

GENEVIÈVE, à part, avec joie, et apercevant Adrien.

Adrien!

SCÈNE XV.

ADRIEN, CLÉRAMBOURG, GENEVIÈVE.

ADRIEN, près de la porte, tremblant de joie et n'osant entrer.

Est-ce vrai... monsieur... est-ce vrai? cette lettre que vous venez d'écrire au colonel... et où vous lui disiez que c'est moi... que vous choisissiez?

CLÉRAMBOURG.

Eh! oui... Et à moins que tu ne refuses encore de faire honneur à ma signature...

ADRIEN, entrant vivement.

Oh! non, monsieur... (Avec timidité.) mais mademoiselle...

GENEVIÈVE, regardant Adrien avec tendresse.

Mademoiselle... obéit comme toujours à son père!

(Adrien veut s'élancer vers elle pour la remercier; elle l'arrête d'un geste.)

CLÉRAMBOURG, avec joie et prenant le bras de sa fille.

Et tu fais bien, ma fille... tu fais bien! Quant à l'époque du mariage... nous verrons... nous en reparlerons...

GENEVIÈVE, tranquillement.

Oui... nous en reparlerons... rien ne presse!

ADRIEN, à voix basse.

Mais, mademoiselle...

GENEVIÈVE, de même, vivement.

Taisez-vous donc!

CLÉRAMBOURG.

D'ici... à un mois... ou deux...

GENEVIÈVE, froidement.

Ou trois... je profiterai de ce temps-là pour me rendre à Paris... chez ma tante.

CLÉRAMBOURG, vivement.

Toi, me quitter?...

GENEVIÈVE.

Puisqu'elle m'attend... et qu'il n'y a pas de prétexte pour ne pas partir?

CLÉRAMBOURG, avec impatience.

Mais si tu te mariais cependant...

GENEVIÈVE.

Ah! c'est différent!... ce serait elle alors qui serait forcée de venir... et ça la dérangerait peut-être.

CLÉRAMBOURG, de même, et tenant toujours sa fille sous le bras.

Qu'est-ce que ça me fait? je vais lui écrire... lui faire part de ton mariage...

GENEVIÈVE.

A la bonne heure!...

CLÉRAMBOURG, emmenant toujours sa fille sous le bras.

Et lui apprendre qu'il aura lieu... d'ici à huit jours.

(Adrien fait un geste de joie.)

GENEVIÈVE, froidement.

Comme vous voudrez.

(En parlant ainsi, Clérambourg a emmené sa fille jusqu'à la porte du fond. Il se retourne alors et aperçoit Adrien qui est resté seul sur le devant du théâtre à gauche.)

CLÉRAMBOURG, à Geneviève.

Et ton mari qui reste là?...

GENEVIÈVE, d'un air naturel.

C'est vrai... je l'oubliais.

CLÉRAMBOURG, à sa fille, et d'un air de reconnaissance.

C'est gentil ce que tu me dis là... (A Adrien.) Allons, viens donc!

GENEVIÈVE, tendant la main à Adrien.

Eh! oui, monsieur... venez donc!...

(Adrien se précipite sur la main de Geneviève, qui la lui donne à baiser, pendant qu'elle donne toujours le bras à son père.)

LA
PROTÉGÉE SANS LE SAVOIR

COMÉDIE-VAUDEVILLE EN UN ACTE

THÉATRE DU GYMNASE. — 5 Décembre 1846.

PERSONNAGES. ACTEURS.

LORD ALBERT CLAVERING, membre du parlement. MM. Bressant.
LORD TRESSILLYAN, jeune dandy. . . . . . Tisserant.
DUROCHER, peintre français . . . . Numa.
M. CROSBY, marchand de tableaux . . . . Geoffroy.
UN DOMESTIQUE de lord Clavering. . . . . . Bordier.

HÉLÈNE, jeune fille. . . . . Mlle Rose Chéri.

Dans une maison de campagne aux portes de Londres.

LA PROTÉGÉE SANS LE SAVOIR

Un salon à la campagne. — Portes, à droite et à gauche; porte au fond donnant sur des jardins. A gauche une table; à droite un petit tableau sur un chevalet, une boîte à couleurs, des cartons, des dessins, des crayons, etc.

SCÈNE PREMIÈRE.

LORD ALBERT, puis M. CROSBY.

LORD ALBERT, entrant par le fond et parlant à la cantonade.

Je m'en doutais!... il est de trop bonne heure! (Entrant sur le théâtre.) Miss Hélène doit dormir encore! surtout, étant rentrée hier aussi tard... j'attendrai! (Regardant par la porte du fond.) Ces jardins, dont elle-même prend soin, sont délicieux et pendant que je suis encore seul... (Il fait quelques pas vers le jardin et s'arrête en voyant M. Crosby paraître à la porte de gauche.) Quand je dis seul... quel est donc ce visiteur si matinal?... eh! Monsieur Crosby... notre marchand de tableaux...

CROSBY.

Oui, mylord, parti de Londres il y a vingt minutes, j'ai reconnu votre landau qui m'a dépassé... j'allais au château de Dumbar, voisin de cette campagne.

LORD ALBERT.

Vous! et pourquoi?

CROSBY.

Le ministre me fait prier d'estimer sa magnifique galerie de tableaux...

LORD ALBERT.

Ah! bah!... est-ce qu'il voudrait la vendre?

CROSBY.

Vous devez en savoir quelque chose.

LORD ALBERT.

Non vraiment!

CROSBY.

On dit cependant partout que votre seigneurie doit épouser la fille du ministre, lady Arabelle Dumbar... ce qui n'est peut-être qu'un bruit de journaux!

LORD ALBERT.

Non pas! lord Dumbar a été mon tuteur, mon second père! insouciant, prodigue et même dissipateur pour son compte, il a beaucoup d'ordre pour les autres... il a rétabli ma fortune qui était des plus embrouillées; il a fait plus. C'est à son influence à la Chambre que je dois mes premiers succès; ses amis sont devenus les miens, enfin il m'a créé une position politique, et comme mon mariage avec sa fille est devenu le plus ardent de ses vœux...

CROSBY.

Je vous en fais compliment, mylord... la plus jolie femme de Londres et la plus à la mode!

LORD ALBERT, souriant.

Oui, pendant l'ambassade de son père, elle a passé deux ans à Paris, dans un pensionnat du grand monde, école de futilités... rassurez-vous... des jeunes filles étourdies deviennent chez nous des femmes raisonnables. D'ailleurs... j'ai donné ma parole... c'est un engagement d'honneur!...

mais puisque vous vous rendiez au château de Dumbar, comment êtes-vous ici, chez miss Hélène?

CROSBY.

Elle ne m'attendait que tantôt... mais j'ai aperçu votre seigneurie... que je ne peux jamais rencontrer à son hôtel... c'est tout simple... les hommes politiques sont si affairés!...

LORD ALBERT.

Qu'ils n'ont pas le temps de s'occuper de leurs affaires... Que me vouliez-vous?

CROSBY.

Régler nos comptes...

LORD ALBERT.

C'est inutile... j'ai confiance en vous.

CROSBY.

Je le sais bien...

AIR : Ces postillons sont d'une maladresse.

C'est à votre or, c'est à votre obligeance
Que j'aurai dû mon sort et mon état,
Et s'il fallait, dans ma reconnaissance
Pour vous, mylord...

LORD ALBERT, l'interrompant.

Vous n'êtes pas ingrat,
Oui, je le sais, vous n'êtes pas ingrat.
De plus, chacun vous cite sur la place
Comme un marchand riche, honnête et loyal.

CROSBY.

Et pas plus fier... aussi partout je passe
Pour un original! (*Bis.*)

Mais c'est égal, il faut que vous connaissiez l'emploi des fonds que vous m'avez confiés, et voici. (Lui donnant un papier.) Vous examinerez à loisir la liste des tableaux que j'ai commandés et payés à miss Hélène, il y en a eu cette année pour mille guinées...

LORD ALBERT.

Que cela! vous n'êtes pas assez généreux... cela vaut deux fois plus!

CROSBY.

Comme mylord voudra... je dois lui annoncer pourtant une bonne nouvelle, c'est que pour la première fois quelques acquéreurs se sont présentés...

LORD ALBERT, vivement.

Vous aviez exposé ces tableaux...

CROSBY.

Oui, mylord, dans ma boutique.

LORD ALBERT.

Je vous le défends!

CROSBY.

Mais... mylord...

LORD ALBERT, s'asseyant près de la table à gauche.

Je ne le veux pas!

CROSBY.

Et pour quelles raisons? (s'inclinant.) Pardon, mylord!... depuis trois ans je ne me suis pas permis la moindre question à ce sujet... mais maintenant, mylord, que vous connaissez mon zèle, ma discrétion et mon dévouement... il me semble que vous pourriez sans crainte...

LORD ALBERT, souriant.

Tout vous dire... vous avez raison! Eh bien! il y a près de trois ans, de l'appartement que j'occupais dans mon hôtel... on découvrait quelques belles habitations et beaucoup de mansardes. — Je me préparais alors aux travaux parlementaires; et forcé, pendant le jour, d'aller dans le monde, j'étudiais la nuit... Mais j'avais beau prolonger mes veilles, au moment où j'éteignais ma lampe, j'en apercevais toujours une, plus tardive encore que la mienne. C'était bien loin en face de moi, à l'extrémité de la rue, à la fenêtre, sans rideau, d'un misérable grenier occupé, sans doute, par quelque artisan. Un soir, que je revenais de l'Opéra, j'eus la curiosité de regarder avec ma lorgnette, et j'aperçus, près du lit d'une femme malade et mourante, une jeune fille de douze à treize ans, qui travaillait.

CROSBY.

En vérité !

LORD ALBERT, toujours assis.

Le lendemain, étourdiment, brutalement, comme nous autres, gens riches qui croyons qu'une poignée d'or dispense de tout... j'envoyai un domestique porter quelques secours. On répondit qu'on n'avait besoin de rien... Je compris ma faute ; mais, humilié et non découragé, je fis prendre des informations... On ne connaissait pas ces femmes, on savait seulement qu'elles étaient à Londres pour un procès qu'elles venaient de perdre, et qu'elles étaient Françaises. Cette fois, je me présentai moi-même, à titre de voisin. La mère m'accueillit avec un sourire gracieux et digne ; mais les offres que je hasardai en tremblant, furent de nouveau repoussées ; on ne recevrait rien d'un jeune homme, d'un lord, d'un Anglais !

CROSBY.

Ah ! cette fois elle avait tort !

LORD ALBERT, se levant, avec chaleur.

C'est possible, mais c'était bien ! Je me contentai alors, et sans qu'on sût qu'il venait de ma part, d'envoyer à la pauvre malade sir Jakson, mon médecin, qui se trouva, comme par hasard, un des locataires de sa maison. Hélas ! tous les soins furent inutiles, son heure était venue... Elle mourut en bénissant sa fille et en lui disant : « Jure-moi de ne jamais rien devoir qu'à toi-même et à ton travail. » Le lendemain, et pendant toute la nuit, la lampe reparut à la fenêtre de la mansarde ! Et la jeune fille, tenant d'une main un crayon, et de l'autre essuyant une larme, pensait à sa mère et lui obéissait ! (A Crosby, qui porte la main à ses yeux.) Ah ! vous aussi, vous pleurez ?

CROSBY.

Je ne dis pas non !

LORD ALBERT.

Comprenez-vous maintenant pourquoi je vous ai dit alors : « Crosby, il faut aller acheter tous les dessins que fera cette enfant, les lui acheter cher... très-cher, sans que ni elle, ni personne au monde, connaisse jamais celui qui vous envoie ? »

CROSBY.

Je comprends.

LORD ALBERT.

Encouragée par ses premiers succès, par le gain qu'elle retirait de son travail, elle redoubla d'ardeur, et, depuis trois ans, vous l'avez vue s'occupant sans relâche, ne sortant jamais, ne recevant personne, excepté les amis que sa mère avait reçus, le docteur Jakson, quand il habitait Londres, et moi, qu'elle consultait sur ses économies et sur l'emploi de ses fonds. Son existence une fois assurée, elle a songé, par mes conseils, à se donner l'aisance et le confortable... Dans une des rares promenades qu'elle se permettait à peine le dimanche, cette retraite, cette campagne située aux portes de Londres, lui avait paru délicieuse... (Souriant.) Le hasard a fait encore que cette habitation, en bon air... ces jardins élégants et coquets, fussent à vendre presque pour rien, elle les a achetés ; et dans cette solitude, sans inquiétude du présent, sans crainte de l'avenir, indépendante et joyeuse, elle travaille avec un plaisir et une confiance que rien ne doit détruire ! Voilà pourquoi je ne veux pas que ces tableaux, par vous payés si chers, soient revendus à d'autres.

AIR de la romance de *Téniers*.

Que le hasard porte à sa connaissance
Un seul ouvrage à vil prix racheté,
C'est exciter soudain sa défiance,
C'est troubler sa sécurité.

De sa fortune, à ses yeux légitime,
Un mot pourrait soudain la dépouiller:
Quand elle dort, et naïve et sans crime,
C'en serait un que d'oser l'éveiller!

CROSBY.

Ah! je puis dire, mylord, que parmi nos jeunes seigneurs, il y en aurait peu capables d'un trait pareil.

LORD ALBERT.

Et pourquoi donc? Si vous saviez combien l'amitié naïve de cette jeune fille me paie et au-delà de ce bien-être qu'elle me doit; ce qu'elle ignorera toujours... A peine si une ou deux fois par semaine mes travaux et mes occupations me permettent de lui faire, comme aujourd'hui, une visite de quelques instants, jamais exigée, toujours attendue et reçue avec reconnaissance; mais aussi quand je peux m'échapper de Londres et de la Chambre des Communes, avec quel plaisir je viens oublier près d'elle les questions parlementaires et les discussions de la tribune! C'est elle qui me console de mes désappointements d'ambition ou d'amour-propre, de mes échecs politiques... car elle ne ressemble pas à toutes nos ladies ignorantes et futiles qui ne savent parler que de bals et de toilettes; elle a du jugement, de l'esprit, de l'instruction. On étudie dans la solitude, elle n'avait que cela à faire... c'est moi qui dirigeais ses lectures, et, en revanche, parce qu'elle est fière et ne veut rien me devoir, elle me donne quelques leçons de dessin et de peinture... dont je profite peu; j'en suis toujours aux premiers éléments. (Souriant.) N'importe, cela ne m'ennuie pas!

CROSBY.

Et oserai-je demander à mylord quels sont ses projets sur cette jeune fille?

LORD ALBERT.

Des projets... moi!... Vous me faites là une question à laquelle je n'ai jamais pensé! Hélène a maintenant une fortune indépendante... et n'a besoin de personne; elle suivra sa volonté et son goût; tout ce que je désire, c'est qu'elle me continue son amitié. Mais pourquoi, monsieur Crosby, une pareille demande?

CROSBY.

Pourquoi... Est-ce que votre seigneurie n'a pas vu hier soir miss Hélène?...

LORD ALBERT, avec humeur.

Eh si, vraiment!

CROSBY.

Depuis longtemps, je parlais devant elle du dernier opéra, de ses magnificences, et cette jeune fille, qui ne sort jamais et qui n'a encore rien vu de pareil...

LORD ALBERT.

A désiré y assister, je le sais.

CROSBY.

Je lui ai proposé alors pour l'accompagner mistress Sarah, ma sœur, qui a été enchantée; c'est moi qui conduisais ces dames; et quand j'ai aperçu miss Hélène... avec cette robe de gaze... cette couronne de fleurs; enfin, il m'est venu une idée toute naturelle... parce que, après tout, moi qui vends des tableaux et elle qui en fait... cela peut aller ensemble!

LORD ALBERT, avec émotion.

Eh! mais en effet!...

CROSBY, avec embarras.

Et si mylord, qui est comme son tuteur... ne désapprouve pas mon idée... et daigne lui en parler...

AIR de la valse de *Giselle*.

Je doute fort que ma demande plaise :
La présenter moi-même est délicat;
Et c'est surtout quand la cause est **mauvaise**
Qu'il faut, dit-on, prendre un bon avocat.
Veuillez, mylord, d'une chance nouvelle

En ma faveur essayer le hasard,
Je l'aime mieux!... je m'en vais!...

(On entend sonner dans la chambre à droite.)

LORD ALBERT.

Mais c'est elle!

CROSBY.

Raison de plus, je reviendrai plus tard.

Ensemble.

LORD ALBERT.

Eh mais! monsieur, c'est, ne vous en déplaise,
Me charger là d'un emploi délicat :
Je ne crois pas la cause si mauvaise,
Et vous seriez un meilleur avocat.

CROSBY.

Je doute fort que ma demande plaise :
La présenter moi-même est délicat,
Et c'est surtout quand la cause est mauvaise
Qu'il faut, dit-on, prendre un bon avocat.

(Crosby sort par la porte à gauche.)

SCÈNE II.

LORD ALBERT, HÉLÈNE, entrant par la porte à droite.

HÉLÈNE, en dehors.

Comment... vous ne me dites rien, mais c'est très-mal!... (Entrant.) Vous ici, mylord... et l'on vient seulement de m'en prévenir...

LORD ALBERT.

J'avais défendu qu'on vous éveillât.

HÉLÈNE.

Et vous m'attendiez depuis longtemps peut-être? ah! que je suis fâchée!...

LORD ALBERT.

Pour moi!

HÉLÈNE.

Et pour moi aussi! c'est une demi-heure que j'ai perdue et que vous me devez; vos visites sont si rares...

LORD ALBERT.

Je n'étais pas seul... je causais avec M. Crosby.

HÉLÈNE, vivement.

Que j'avais prié de venir... mais pas sitôt!

LORD ALBERT, de même.

Cela vous contrarie?

HÉLÈNE, avec franchise.

Mais oui... dans ce moment! plus tard, je ne dis pas!

LORD ALBERT.

Rassurez-vous! Il est au château de Dumbar... une estimation de tableaux... il en a pour longtemps.

HÉLÈNE, d'un air reconnaissant.

Ce bon monsieur Crosby!... il est bien aimable, car j'avais tant de choses à vous dire... à vous raconter sur cette soirée d'hier à l'Opéra...

LORD ALBERT.

Ah! vous vouliez...

HÉLÈNE.

Vous l'avez deviné, j'en suis sûre, et c'est pour cela que vous venez!... je vous en remercie.

LORD ALBERT, avec un peu d'embarras.

Mais oui... pour cela, et pour prendre ma leçon!

HÉLÈNE.

Cela n'empêchera pas, et en effet, il y a si longtemps que nous n'avons étudié!

LORD ALBERT, souriant.

C'est vrai!...

HÉLÈNE, allant prendre un carton qu'elle place sur une table à gauche.

Aussi vous restez toujours au même point, vous ne me ferez pas honneur.

LORD ALBERT, de même.

Je le crains!

HÉLÈNE, disposant tout ce qu'il faut pour dessiner.

A qui la faute? Vous ne venez jamais : ce n'est pas ainsi qu'on apprend. Voilà cette tête de Pénélope; combien y a-t-il de temps qu'elle est commencée?... je vous le demande!

LORD ALBERT, avec bonhomie.

Allons, Hélène, ne me grondez pas. Nous ferons aujourd'hui une bonne séance.

HÉLÈNE.

Dieu le veuille!

LORD ALBERT, s'asseyant près de la table sur une chaise basse, mettant le carton sur ses genoux et se disposant ainsi à dessiner pendant qu'Hélène, restée debout près de lui, taille son crayon.

Mais vous me parliez de l'Opéra... Savez-vous que vous y avez obtenu hier... un grand succès?

HÉLÈNE, taillant le crayon.

Moi!... comment cela?

LORD ALBERT, le carton sur ses genoux et se tournant vers Hélène.

Succès d'autant plus flatteur, qu'on ne vous connaissait pas, que vous étiez dans une loge fort modeste, avec M. Crosby et sa sœur, et vous avez produit un effet à rendre folles toutes nos ladies.

HÉLÈNE, taillant toujours le crayon.

Mylord veut se moquer de moi.

LORD ALBERT, de même.

Je vous dis la vérité. Et vous avez dû être bien heureuse.

HÉLÈNE.

Heureuse... non; étonnée, oui. (Lui donnant le crayon qu'elle vient de tailler.) Tenez, mylord, c'était pour moi un coup d'œil si singulier, si nouveau! Quoique la sœur de M. Crosby m'eût beaucoup parlé de ce spectacle, de cette pompe, de ces toilettes éblouissantes, j'étais loin de m'en faire une idée; et tout cela, je vous l'avouerai, a produit d'abord sur moi une impression... triste.

LORD ALBERT, posant le carton sur la table et se levant.

En vérité!

HÉLÈNE.

Se dire qu'au milieu de cette foule immense et compacte on est comme seule, comme étrangère... qu'on n'a pas un ami... (Vivement.) Si!... je me trompais... et quand je vous ai aperçu... à l'avant-scène... dans cette loge que M. Crosby m'a dit être la loge de la cour... oh! je n'ai plus été seule... tout m'a paru bien mieux... et cependant quand vous m'avez vue et saluée si respectueusement, j'ai été si troublée... je me suis sentie rougir... je ne sais pourquoi... car c'était tout naturel.

LORD ALBERT.

D'autant plus que je n'étais pas seul à vous admirer, et que dans ce moment tous les yeux et toutes les lorgnettes étaient dirigés de votre côté... vous avez dû vous en apercevoir!...

HÉLÈNE, naïvement.

Non! je n'ai rien vu! je regardais à l'avant-scène!... un instant par exemple, où j'ai eu peur, mais grand'peur!... c'est à la fin du spectacle, quand nous avons voulu sortir de notre loge... il y avait là... une foule... tous jeunes gens... qui nous entouraient. Mistress Crosby, effrayée comme moi, avait saisi vivement le bras de son frère qu'elle ne quittait pas... et je me trouvais comme seule et abandonnée, quand je vous ai aperçu, mylord... Ah! que j'étais heureuse! J'ai couru à vous, me disant : Je suis sauvée! En effet, dès que j'ai eu pris votre bras, comme toute cette foule s'est écartée avec respect, et nous a fait passage! Et moi j'étais fière, et le cœur me battait de joie de me sentir protégée par vous!

LORD ALBERT.

Honneur que chacun m'enviait, je le lisais avec orgueil

dans tous les yeux, surtout dans ceux d'un jeune fat, lord Primerose Tressillyan, qui nous a suivis...

HÉLÈNE.

Je n'ai pas remarqué. Et en bas, sous le vestibule, quel était ce groupe de jeunes femmes si élégantes, devant qui nous avons passé? Vous m'avez entraînée si vite, qu'à peine ai-je eu le temps de les voir!... j'ai entendu seulement...

LORD ALBERT, vivement.

Quoi donc? qu'avez-vous entendu?...

HÉLÈNE.

Qu'elles se disaient à demi-voix en me regardant : « C'est elle! » Elles me connaissent donc?... comment cela? Et il y avait dans leurs figures je ne sais quoi de hautain et de dédaigneux... sans doute parce qu'elles sont des ladies, des grandes dames, et que je ne suis qu'une pauvre artiste... (Voyant le geste d'Albert.) Cela ne me fait rien, je vous le jure... je n'aurais pas troqué leur sort contre le mien, surtout hier... Oh! non certainement! être là... à votre bras... comme votre sœur... comme... (S'interrompant.) Eh bien! et votre leçon, mylord, et votre leçon?...

LORD ALBERT.

C'est vrai!... je n'y pensais plus.

(Il se rassied près de la table, reprend le carton sur ses genoux, et commence à dessiner. Hélène, debout près de lui et appuyée sur sa chaise, le regarde travailler, tout en continuant de causer.)

HÉLÈNE.

Je vous avouerai, cependant, que j'ai été enchantée quand nous avons été hors de la foule!

LORD ALBERT.

Quand vous avez respiré le grand air...

HÉLÈNE, avec gaieté et émotion.

Et comme vous avez été bon pour moi!... combien je vous ai donné d'embarras! ce M. Crosby que nous avions perdu! et vous m'avez fait monter dans votre voiture... et vous qui alliez au bal de la cour, vous vous êtes dérangé pour me reconduire jusqu'ici, au milieu de la nuit, à un mille de Londres!

LORD ALBERT, dessinant toujours.

C'était tout naturel!... je ne pouvais pas vous laisser seule à une pareille heure!...

HÉLÈNE.

Et pendant la route que de soins vous avez pris de moi! que d'attentions!... Vous aviez peur que je n'eusse froid!

LORD ALBERT, de même et sans la regarder.

Parbleu!... en robe de gaze et les bras nus!...

HÉLÈNE.

Et vous m'avez enveloppée de votre manteau... Ah! je n'oublie rien, mylord, je vous le jure, et vraiment... j'étais honteuse de tant de bontés... je me le disais encore hier en m'endormant... (Regardant le dessin de lord Albert.) Eh bien!... qu'est-ce que vous faites donc?... voilà un nez de travers...

LORD ALBERT.

C'est votre faute... je vous écoutais!

HÉLÈNE.

Mauvaise excuse... car bien souvent, même quand je ne dis rien... (S'interrompant.) Voilà l'œil maintenant qui n'est pas sur la même ligne que l'autre!...

LORD ALBERT.

Pour cela, vous vous trompez!

HÉLÈNE, prenant une chaise et s'asseyant près de lord Albert.

Comment? je me trompe! (Elle prend le crayon et mesure.) Voyez plutôt...

LORD ALBERT.

C'est ma foi vrai!...

HÉLÈNE, d'un air de triomphe.

Ah!... Attendez... attendez que je répare cela. (Elle donne quelques coups de crayon.) Car elle aurait louché horriblement, cette dame...

LORD ALBERT, souriant.

Et il ne doit y avoir rien de louche dans Pénélope !

HÉLÈNE, lui rendant le crayon.

Continuez maintenant et tâchez que les contours soient mieux accusés et plus fermes. (Guidant sa main.) On dirait que votre main tremble...

LORD ALBERT.

Mais, c'est qu'aussi vous me grondez toujours.

HÉLÈNE, souriant.

Mais c'est qu'en vérité, mylord, je suis fâchée de vous le dire, vous n'avez pas du tout de dispositions... et à votre place j'y renoncerais.

LORD ALBERT, vivement.

Non pas.

HÉLÈNE, souriant.

Vous y mettez du moins une obstination et une patience dignes d'un meilleur sort...

LORD ALBERT.

C'est ainsi qu'on arrive !

AIR : Du partage de la richesse. (*Fanchon la vielleuse.*)

Telle était l'épouse accomplie
Dont je retrace les contours,
Brodant une tapisserie
Qu'elle recommençait toujours.
Volontiers, suivant son exemple,
Content d'être ici, je voudrais
Que, pour moi, quand je vous contemple,
La leçon ne finît jamais !

HÉLÈNE, le menaçant du doigt.

Mylord, mylord... Vous espérez en vain me désarmer par des flatteries... Voilà un trait qui n'est pas correct... (Lui frappant sur les doigts avec un autre porte-crayon qu'elle tient.) pas ainsi, mylord, pas ainsi !...

LORD ALBERT, se frottant la main qu'elle vient de frapper.

Eh mais ! mon professeur... c'est plus que gronder...

HÉLÈNE.

Ah dame ! je veux qu'on m'écoute... et vous alliez toujours dans le même sens...

LORD ALBERT.

C'est-à-dire de travers...

HÉLÈNE.

Ce n'est pas ainsi qu'on fait des progrès... voilà un dessin que M. Crosby n'achètera certainement pas...

LORD ALBERT, posant son crayon, se levant.

Crosby !... Ah ! mon Dieu !...

HÉLÈNE.

Qu'est-ce donc ?

LORD ALBERT.

Il m'avait chargé pour vous d'une mission... que depuis une demi-heure, j'avais totalement oubliée.

HÉLÈNE.

Et laquelle ?...

LORD ALBERT.

Il m'a prié, miss Hélène... de parler pour lui... il veut... il désire vous épouser !

HÉLÈNE.

M'épouser !... moi !... ah ! mon Dieu !

LORD ALBERT.

Qu'avez-vous ?

HÉLÈNE.

Je ne sais... si c'est ce que vous venez de m'annoncer... ou la manière si brusque dont vous me l'avez dit... mais j'ai éprouvé là, comme un coup douloureux... et pénible !... et j'ai tort après tout... car M. Crosby est un honnête homme... un excellent homme...

LORD ALBERT, avec émotion.

Vous trouvez !...

HÉLÈNE.

Sa sœur, mistress Sarah, qui compose toute sa famille, est fort bien... du moins, elle m'a semblé telle... et malgré cela, j'aimerais mieux ne pas me marier et rester toujours comme je suis !

LORD ALBERT.

Est-il possible !...

HÉLÈNE.

Mon sort est si heureux ! c'est une si belle carrière que celle d'artiste ! être indépendant, n'avoir besoin de personne, ne devoir qu'à soi-même son existence ; et, dans cet art qui vous charme, trouver à la fois son bien-être et son plaisir, je ne connais pas de position plus désirable ! aussi, bien souvent, mylord, en pensant à vous, aux ennuis et aux obligations de votre fortune, de votre rang et de votre naissance, je vous plains... (Vivement.) Oui, il y a des moments où je me surprends à désirer que vous ne soyez comme moi... qu'un peintre... un artiste... (S'arrêtant et montrant en souriant le dessin de Pénélope.) ce qui, par malheur, n'est guère probable !

LORD ALBERT.

Vu mon peu de dispositions !...

HÉLÈNE.

C'est ce que je voulais dire...

LORD ALBERT.

Mais que répondrai-je à M. Crosby ?

HÉLÈNE.

Ce qu'il vous plaira !... pourvu qu'il ne m'en veuille pas, et qu'il me conserve son amitié... J'ai si peu d'amis, que je tiens à les garder, et je ne vous ai pas parlé d'une bonne fortune qui m'arrive aujourd'hui...

LORD ALBERT.

Non, vraiment.

HÉLÈNE.

C'est juste!... depuis que vous êtes ici, nous avons été si occupés! Vous savez bien... cela ne vous ennuiera pas? mon vieux maître de dessin, dont je vous ai parlé tant de fois...

LORD ALBERT, gaiement.

Ah! M. Durocher! ami de votre père, élève de Gros et de Guérin, qui vous a donné autrefois en France les premières leçons.

HÉLÈNE.

Eh bien! il est ici... en Angleterre!

LORD ALBERT.

Vraiment?

HÉLÈNE.

Hier, en allant à l'Opéra, un embarras de voitures arrêta la nôtre... et j'aperçois à deux pas de nous... c'était lui...

LORD ALBERT, regardant la pendule.

Ah! mon Dieu!

HÉLÈNE.

Qu'avez-vous donc?

LORD ALBERT.

Comme les heures sont rapides... ici, du moins! et ma séance du Parlement?... une proposition de lord Dumbar que je dois soutenir...

HÉLÈNE.

Quel dommage! mon vieux professeur, à qui j'avais donné mon adresse... doit venir ce matin, il n'y manquera pas, j'en suis sûre! vous l'auriez vu!

LORD ALBERT.

Impossible de l'attendre... adieu!

HÉLÈNE.

Déjà!... qui sait maintenant quand vous reviendrez?... (D'un air suppliant.) quand donc?...

LORD ALBERT.

Le plus tôt que je pourrai.

HÉLÈNE.

N'importe, dites-moi le jour... quand on le sait... cela fait prendre patience... et quand il approche... on est heureuse dès la veille...

LORD ALBERT, lui prenant la main avec reconnaissance.

Hélène!...

DUROCHER, en dehors.

Ce doit être ici...

HÉLÈNE, regardant vers le fond.

C'est lui! (Courant au-devant de M. Durocher.) Mon maître!... mon père!...

SCÈNE III.

Les mêmes; M. DUROCHER.

DUROCHER, embrassant Hélène sur le front.

Ma chère enfant!... quel plaisir de rencontrer une compatriote, une Française, une physionomie nationale, dans ce maudit pays où il n'y a que des... (Se tournant et apercevant lord Albert qui s'incline et à qui il rend son salut.) Pardon!

HÉLÈNE, à Durocher.

Lord Albert Clavering, mon cher maître, que je vous présente.

LORD ALBERT.

Et qui est bien contrarié, monsieur, de ne pouvoir rester avec vous. Je suis l'ami des talents, quel que soit leur pays, et je ne me console de vous quitter aussi brusquement, que par l'espoir d'une autre occasion.

HÉLÈNE.

Qu'il serait facile de faire naître, si vous vouliez tantôt... dîner ici.

DUROCHER, vivement.

Je ne demande pas mieux !

HÉLÈNE.

Et vous, mylord ?

LORD ALBERT.

Mais, je ne sais...

HÉLÈNE.

Bah! (Jetant les yeux du côté du carton où est la tête de Pénélope.) entre artistes !... à moins que votre seigneurie ne soit fière ou difficile, et ne craigne notre modeste repas !

LORD ALBERT, s'inclinant avec un sourire.

A quelle heure ?

HÉLÈNE, lui tendant la main.

Très-bien... après la séance du Parlement ; vous nous rendrez compte des discours qu'on y aura prononcés... (Avec intention et en souriant gracieusement.) Il y en a un... auquel je m'intéresse beaucoup.

LORD ALBERT.

Vous êtes trop bonne !... (Saluant.) Adieu, monsieur Durocher.

(Il sort par le fond.)

SCÈNE IV.

HÉLÈNE, DUROCHER.

DUROCHER, le suivant des yeux avec un air de défiance.

Voilà un jeune lord, qui est bien fait... et qui a bonne tournure.

HÉLÈNE.

N'est-ce pas ?

DUROCHER.

Et dis-moi, mon enfant... pardon, Hélène, de mes anciennes habitudes, je n'ai pas encore eu le temps de les oublier...

HÉLÈNE.

Et je veux que vous les conserviez toujours! je croirais que vous ne m'aimez plus... si vous cessiez de me tutoyer...

DUROCHER.

Eh bien! soit, tu n'es pas changé... ni moi non plus... mon amitié est toujours la même, et c'est pour cela que je te demanderai d'abord : comment connais-tu ce jeune seigneur?

HÉLÈNE.

C'était, comme vous, un ami de ma mère ; je lui donne des leçons de dessin.

DUROCHER.

Je comprends, toi qui en recevais autrefois, tu en donnes maintenant... c'est juste, il faut vivre! et tu es ici, sans doute, chez quelque lady, dont tu élèves les filles... triste condition!

HÉLÈNE, souriant.

Non, vraiment!

DUROCHER, se frappant le front.

C'est juste ; j'oubliais que tu nous a invités à dîner; tu es chez quelque parente, quelque vieille tante?

HÉLÈNE.

Non, mon cher maître, je suis chez moi!

DUROCHER.

Allons donc!... ce cottage délicieux, ce joli jardin, cette cour élégante où je n'osais entrer avec mon carrosse de place... tout cela est à toi?

HÉLÈNE.

Vous l'avez dit!

DUROCHER, regardant autour de lui.

Quoi! ces meubles... ce luxe qui t'entoure...

HÉLÈNE.

C'est à moi !

DUROCHER, stupéfait.

Ah! bah!... tu as gagné tout cela à donner des leçons?

HÉLÈNE.

Non, mais à faire des tableaux... qu'on m'a payés très-cher.

DUROCHER.

En vérité !

HÉLÈNE.

Et l'on m'en commande chaque jour... plus que je n'en puis composer.

DUROCHER, avec étonnement.

Ce serait possible !... ici, en Angleterre !... écoute-moi bien, Hélène, je n'aime pas les Anglais... c'est un goût comme un autre... mais s'il est vrai qu'ils estiment et encouragent les arts...

HÉLÈNE.

Je vous le jure.

DUROCHER.

Il n'y a donc pas longtemps!... ou alors, c'est par esprit de contradiction, et pour ne rien faire de ce qu'on fait en France... car là-bas, vois-tu bien, les arts et le goût n'existent plus. Nous autres, élèves de Gros et de Guérin, nous ne sommes plus bons à rien, qu'à peindre des dessus de portes... si toutefois encore il y a des portes qui s'ouvrent pour nous.

HÉLÈNE.

En vérité !

DUROCHER.

Il y a une nouvelle école, par brevet d'invention, qui a pris pour devise : « Rien n'est beau que le laid; rien n'est vrai que le faux! » Ils ont une nature à eux... de l'ultra-nature!... des chevaux verts... j'ai vu un cheval vert!

HÉLÈNE.

Allons donc !

DUROCHER.

Et ils appellent ça de l'imagination !... et il y a des sots qui les admirent et prétendent que cela se fond avec le paysage. Je l'ai lu dans un feuilleton. Que veux-tu que l'on fasse après cela?... des chevaux véritables, pour qu'on vous trouve commun et rococo!

HÉLÈNE.

Il faut réclamer.

DUROCHER.

Auprès de qui?... à moins d'être cousin d'un député, (et je n'en ai pas dans ma famille) on n'obtient rien! et cependant il y a quinze ans, lorsque j'ai remporté le grand prix de peinture, lorsque je suis parti pour Rome, c'est que mon père... mon pauvre père... avait tout sacrifié pour mon éducation... j'espérais, au retour, lui apporter la fortune... plus tard, au moins, entourer ses vieux jours de quelque aisance... Eh bien! non, et perdant patience, j'ai quitté la France, où je serais mort de colère... Je suis venu à l'étranger, dussé-je y mourir de faim!... c'est plus simple et plus facile... Je comptais, pour me pousser dans le monde, sur la protection d'une grande dame... la fille d'un ministre, lady Arabelle Dumbar, qui a été mon élève à Paris, dans un pensionnat du faubourg Saint-Honoré, où je donnais des leçons.

HÉLÈNE.

Eh bien! Est-ce qu'elle vous a mal accueilli?

DUROCHER.

Elle a été charmante! Elle allait monter en voiture : — « Revenez plus tard, m'a-t-elle dit... car le milieu de ma journée est toujours consacré à des visites ou à des emplettes. » J'y suis retourné un soir... elle allait au bal; je me suis présenté un matin... elle en revenait!

AIR nouveau de M. Numa *fils*.

J'ai dit : renonçons à jamais
Au grand monde, à ses grandes dames!

HÉLÈNE.

Mais pourtant...

DUROCHER.

Mon Dieu! je connais
Quelle est la bonté de leurs âmes;
Pour le malheureux qui gémit
Leur cœur serait sensible et tendre,
Si la polka, si le bal, si le bruit,
Ne les empêchaient pas d'entendre!

Aussi mon seul espoir maintenant est dans une dizaine de tableaux de ma composition que j'ai apportés avec moi.

HÉLÈNE.

Et que vous vendrez très-bien ici, je vous en réponds. Je vous promets d'avance gloire et fortune!...

DUROCHER.

Dieu le veuille!...

HÉLÈNE.

Et d'ici là... Vous rappelez-vous, mon cher maître, quand nous sommes parties pour disputer à Londres les derniers débris de notre fortune?... J'étais bien jeune alors... mais je vous vois encore, quand nous parlions des frais du voyage, me glisser dans la main un certain petit billet de cinq cents francs... que ma mère a accepté.

DUROCHER, d'un air bourru.

Et qu'elle m'a rendu quelques semaines après... ne voilà-t-il pas un grand service! Entre artistes!... l'un n'a rien, l'autre pas davantage.

HÉLÈNE, lui glissant un petit portefeuille dans la main.

Eh bien! la semaine prochaine, mon cher maître, vous me rendrez ce petit portefeuille...

DUROCHER.

Moi!...

HÉLÈNE.

Je le veux!... ou nous nous fâcherons... (Joignant les mains.) Ce n'est pas moi, c'est ma mère qui vous en prie!... Vous ne la refuserez pas, j'espère; vous ne refuserez pas l'argent que je dois à vos leçons... l'argent gagné par mon travail. Comme vous disiez : entre artistes! je vous en demanderais bien si je n'en avais pas.

DUROCHER, avec émotion.

Eh bien! soit... de toi, d'un artiste... j'accepte... et si tu savais, Hélène, ce que j'éprouve là... d'émotion et de reconnaissance! Ah! ça, mon élève, tu as donc fait de grands progrès depuis trois ans? (Regardant le tableau qui est à droite.) Pas mal... pas mal du tout, mon enfant! Du ton, du coloris... c'est chaud!

HÉLÈNE.

Vous trouvez?

DUROCHER.

Parbleu!... si tu n'étais qu'un amateur, ce serait délicieux! Si tu étais seulement une duchesse... lady Arabelle, par exemple... ce serait admirable. (Secouant la tête.) Mais pour une artiste, ce n'est pas encore assez fort. Vois-tu bien, il n'y a pas assez d'air dans ce ciel-là.

HÉLÈNE.

C'est vrai.

DUROCHER.

Ces eaux-là ne sont pas assez transparentes.

HÉLÈNE.

C'est vrai.

DUROCHER.

Voilà un torrent qui reste en place, qui ne court pas!...

HÉLÈNE.

Vous avez raison... je comprends.

DUROCHER, prenant le pinceau.

Ce ne sera rien!... Quelques coups de pinceau vont animer cela. (Peignant toujours.) Et qu'est-ce que tu peux vendre un tableau comme celui-là?

HÉLÈNE.

Dame!... Estimez vous-même...

DUROCHER.

Voyons!... Une centaine d'écus?...

HÉLÈNE.

Ah! grâce au ciel... mieux que cela!...

DUROCHER.

Diable!... tu as raison... Il paraît qu'ici on paie mieux que là-bas!

SCÈNE V.

CROSBY, HÉLÈNE, DUROCHER.

HÉLÈNE, bas à Durocher.

Justement, voici M. Crosby, mon marchand de tableaux... un homme immensément riche.

DUROCHER.

En vérité!... et il n'a l'air ni fier ni insolent... tandis que là-bas... (Voyant Crosby qui s'avance d'un air timide et salue Durocher.) mais, au contraire, il salue d'un air timide et honnête... Ah! çà, est-ce que décidément les Anglais l'emporteraient sur la France... par les marchands de tableaux?

CROSBY, s'approchant timidement d'Hélène et à demi-voix.

Je viens de voir mylord.

HÉLÈNE.

Vous, monsieur Crosby... où donc cela?

CROSBY.

Sur la route de Londres... où je le guettais... pour avoir une réponse... vous savez!... il m'a dit... que vous n'étiez pas encore décidée... que plus tard vous verriez!...

HÉLÈNE.

Moi!...

CROSBY, lui faisant signe de la main de ne pas parler.

C'est bien!... c'est bien! c'est tout ce que je demandais... A vos ordres, miss Hélène, j'attendrai... (Haut.) Vous m'avez dit de venir ce matin.

HÉLÈNE.

Pour un nouveau tableau que je viens d'achever... et que je veux vous proposer. (Lui montrant le chevalet.) Tenez, regardez...

DUROCHER, qui, pendant ce temps, est passé près de la table, à gauche et a ouvert le carton de lord Albert.

Voilà une Pénélope...

CROSBY, à demi-voix, montrant Durocher.

Quel est ce monsieur... qui a un air étranger?

DUROCHER, interrompant Hélène qui va répondre.

Un ami de la maison! (Regardant toujours.) Qui a fait cet œil-là?...

CROSBY.

Enchanté, monsieur, de faire votre connaissance!

DUROCHER, fermant le carton.

Pauvre Pénélope!... quel œil!...

CROSBY, s'arrêtant devant le tableau qu'il contemple quelques instants avec son lorgnon.

Eh mais... eh mais... permettez donc, voilà un petit paysage qui est divin... délicieux!...

DUROCHER.

Vous trouvez? (A part.) Encore un qui n'y entend rien!

10.

CROSBY.

C'est admirable de ton... et de couleur. (A Durocher.) Voyez plutôt, monsieur... voyez vous-même.

DUROCHER, à part.

A moins que ce ne soit les deux coups de pinceaux que je viens d'y donner... Je suis pour ce que j'en ai dit : les Anglais ne s'y connaissent pas...

CROSBY, à Durocher.

N'est-ce pas, monsieur, que c'est charmant?

DUROCHER, haut.

Vous avez raison... c'est très-bien.

CROSBY, à miss Hélène.

C'est-à-dire que c'est tout uniment un petit chef-d'œuvre! Vous n'avez encore rien fait de si fin, de si joli, de si délicat!

HÉLÈNE.

Vous êtes trop bon, monsieur Crosby... Mais trêve d'éloges, et voyons l'essentiel. (Souriant.) Combien me donnez-vous de ce petit chef-d'œuvre?

CROSBY.

Mon Dieu!... Il faudrait, pour être juste, le couvrir d'or... mais...

DUROCHER, à part.

Ah! voilà le *mais* comme là-bas.

CROSBY.

Les temps sont durs! le commerce va mal...

DUROCHER, à part.

Juste la même phrase dans les deux pays.

CROSBY.

Je ne puis guère vous donner de celui-ci... qu'une centaine de guinées!...

DUROCHER, étonné.

Cent guinées!... cent louis de France... est-il possible!...

HÉLÈNE.

Soit, monsieur Crosby... comme vous voudrez!...

DUROCHER, bas à Hélène.

Tu acceptes! (La prenant à part.) Pardon, pardon, mon enfant, je suis honnête homme avant tout... je crains que ce brave homme ne se ruine! Quoique Anglais, je m'y intéresse... et à ce taux-là... vrai...

HÉLÈNE.

C'est le prix! Je lui ai vendu près du double les trois derniers, qui ne valaient pas celui-ci.

DUROCHER, stupéfait.

Les trois derniers!

HÉLÈNE.

Oui vraiment!

DUROCHER.

Plus du double!

HÉLÈNE.

Eh mais, sans doute!

DUROCHER, prenant à part Crosby, qui, pendant ce temps, examine le tableau.

Monsieur, c'est fait... c'est vendu!... Mais dites-moi, non pas que ce ne soit charmant, délicieux... et comme vous l'avez très-bien apprécié, un vrai chef-d'œuvre... Mais enfin, je voudrais savoir comment, ici... à Londres... on peut s'en retirer à ce prix-là?

CROSBY.

Parfaitement. C'est pour moi une affaire excellente...

DUROCHER, à part.

Ce n'est pas possible... et, à moins d'en avoir la preuve de mes propres yeux...

UN DOMESTIQUE, annonçant.

Lord Tressillyan.

HÉLÈNE.

Je ne le connais pas!

SCÈNE VI.

CROSBY, LORD TRESSILLYAN, HÉLÈNE, DUROCHER.

TRESSILLYAN, saluant respectueusement.

Miss Hélène!... (A part.) C'est bien elle que j'ai vue hier à l'Opéra... plus jolie encore qu'aux lumières... c'est rare!...

HÉLÈNE.

Qui me procure, mylord, l'honneur de votre visite?

TRESSILLYAN.

Je vais vous le dire en peu de mots... J'ai vu de vous des tableaux charmants...

HÉLÈNE.

Où cela, monsieur?

TRESSILLYAN.

Mais... partout...

CROSBY, à part.

C'est bien étonnant, car ils sont tous chez moi!

TRESSILLYAN.

Je les ai vus... c'est vous dire que j'ai été ravi... enthousiasmé!

DUROCHER, à part.

Et lui aussi!

TRESSILLYAN.

J'adore les arts... mais je n'aime pas les artistes, c'est bizarre, n'est-ce pas?... A moins qu'ils ne soient comme vous, miss Hélène, adorables, enchanteurs! Et attendu qu'il manque à ma collection un ouvrage de vous... j'en veux un... il m'en faut un!

HÉLÈNE.

Je vous remercie, mylord, de l'honneur que vous voulez bien me faire... mais je n'ai pas de tableaux; je viens de vendre le dernier à monsieur Crosby.

CROSBY.

Le voici, mylord.

TRESSILLYAN, regardant le tableau avec son lorgnon.

Un paysage!... avec de l'eau, de la verdure et des arbres. C'est justement ce que je voulais. C'est ravissant! Et c'est monsieur Crosby, un marchand de tableaux... au fait, c'est son état... qui vient d'acheter celui-ci!... Combien avez-vous payé cela, mon cher?...

CROSBY.

Cent guinées, mylord.

TRESSILLYAN.

C'est pour rien.

DUROCHER, à part.

Ah! mon Dieu!...

TRESSILLYAN.

Je vous en donne cent cinquante.

CROSBY.

Non, mylord.

TRESSILLYAN.

Deux cents.

CROSBY.

Cela m'est impossible, sur mon honneur...

TRESSILLYAN.

Alors!... deux cent cinquante, et n'en parlons plus... il est à moi... (Appelant.) Holà!...

HÉLÈNE, bas à Durocher.

Vous voyez bien!

DUROCHER, à part.

C'est à confondre!

CROSBY, à part.

Ah! çà, est-ce que réellement ça vaudrait cela... Si ce n'était la défense de lord Clavering!...

TRESSILLYAN.

Que l'on porte cela dans ma voiture...

CROSBY, haut à Tressillyan.

Pardon, mylord... j'ai dit à votre seigneurie que cela ne se pouvait pas... c'est déjà vendu et d'avance pour l'Allemagne et pour la Russie...

(Il prend le tableau qui est sur le chevalet.)

DUROCHER, à part.

Ah bah!

TRESSILLYAN.

C'est différent... je n'insiste plus, je prierai seulement miss Hélène de vouloir bien, pour le même prix, m'en composer un dont je vais lui donner le sujet...

CROSBY, qui est passé près de Durocher.

Eh bien! monsieur, avez-vous peur encore que je ne m'en retire pas?

DUROCHER, à demi-voix.

Au contraire, monsieur... votre fortune est faite... et la mienne aussi.

CROSBY.

Que voulez-vous dire?

DUROCHER.

Ne retournez-vous pas à Londres?

CROSBY.

A l'instant... j'ai ma voiture qui m'attend.

DUROCHER.

J'y monte avec vous et en route nous parlerons affaires... et vous verrez... je ne vous dis que cela!

CROSBY.

A vos ordres, monsieur.

(Lord Tressillyan cause bas avec Hélène, et Crosby enveloppe le tableau dans une toile.)

DUROCHER, à part.

Quand il verra ma Niobé, ma bataille de la Moscowa, etc... en tout dix tableaux... dix chefs-d'œuvre!... à six mille livres seulement, l'un dans l'autre... (A Crosby.) Je suis à vous, monsieur. (A part.) Soixante mille francs de capital... je me retire des arts...

DUROCHER.

AIR nouveau de M. NUMA fils.

Venez, monsieur, et donnez-moi la main;
Vous allez être enchanté, je le jure,
Venez, monsieur, et dans votre voiture
Nous causerons tous les deux en chemin.
Oui, l'Angleterre et la France, heureux sort,
   Dont mon cœur accepte l'augure!
Toutes les deux vont être enfin d'accord.
   (A part.)
   Par malheur ce n'est qu'en peinture!

Ensemble.

DUROCHER.

Venez, monsieur, et donnez-moi la main;
Vous allez être enchanté, je le jure,
Venez, monsieur, et dans votre voiture
Nous causerons tous les deux en chemin.

CROSBY.

Allons, monsieur, et donnons-nous la main;
Vous le voulez, j'en accepte l'augure :
D'être enchanté, monsieur, je suis certain,
Nous causerons tous les deux en chemin.

TRESSILLYAN.

C'est bien heureux, ils s'éloignent enfin;
Et de grand cœur je bénis l'aventure :
C'est bien heureux, ils s'éloignent enfin,
Et que le ciel les conduise en chemin!

HÉLÈNE.

Que me veut-il? ah! je le cherche en vain
Et singulière est pour moi l'aventure;

Que me veut-il? oui, je le cherche en vain,
Nous voilà seuls, il va parler enfin?

(Durocher sort avec Crosby par la porte du fond.)

SCÈNE VII.

HÉLÈNE, LORD TRESSILLYAN.

HÉLÈNE, s'asseyant et faisant signe à lord Tressillyan de s'asseoir.
Je vous écoute, mylord.

TRESSILLYAN.

Je suis lord Primerose Tressillyan, marquis de Glenowal, le plus riche propriétaire du Northumberland... ce qui n'a pas empêché ma famille de m'envoyer à l'Université. Oui, j'ai fait d'excellentes études.

HÉLÈNE.

Cela ne m'étonne pas, mylord.

TRESSILLYAN.

Vous êtes trop bonne... J'ai passé trois ans à Oxford avec lord Albert Clavering... et ce qui vous étonnera peut-être... par un hasard... par une fatalité obstinée... il l'a toujours emporté sur moi!

HÉLÈNE.

Et le sujet du tableau dont vous vouliez me parler?

TRESSILLYAN.

M'y voici! Lancé dans le monde, je me suis bientôt fait un nom par mes jockeys, mes chevaux, mes paris... que j'ai souvent gagnés, moi-même en personne. Car vous saurez que je suis extrêmement fort et extrêmement adroit!...

HÉLÈNE.

Je n'en doute pas, mylord.

TRESSILLYAN.

Je n'ai pas besoin de vous dire qu'aux dernières courses d'Epsom... j'avais des chevaux pur sang, magnifiques... et

Atalante... qui jusqu'alors avait été favorite... engagée dans un dernier pari de six mille guinées... se laisse battre et distancer par qui? par miss *Babiole*... jument de lord Clavering! encore lui... la même fatalité !

HÉLÈNE.

Mais, mylord... ce tableau...

TRESSILLYAN.

Nous y arrivons!... je voulais, comme tout le monde... entrer à la chambre des Communes... j'avais un concurrent... un adversaire... vous le devinez, lord Clavering!... et quoique je sois plus riche et de beaucoup... quoique j'aie dépensé pour mon élection dix mille livres sterling, rien qu'en Porter et vin de Porto, nos électeurs, qui avaient perdu la tête... qui étaient ivres... l'ont nommé... lui!... c'est comme une gageure.

HÉLÈNE.

Mais, mylord...

TRESSILLYAN.

Plus qu'un mot et je conclus... il y a dans le monde une jeune et charmante lady... la reine de nos salons... une vivacité, une grâce, un esprit... je suis son chevalier... son partner habituel... et rien qu'en nous voyant danser ensemble, la polka, la redowa... chacun convient que nous sommes faits l'un pour l'autre... du reste, la fille d'un ministre, ce qui me permettrait de regagner la position politique que j'ai perdue, et quant à la préférence marquée... qu'elle daigne m'accorder, ce n'est pas moi, c'est l'opinion générale qui le proclame... aussi je croyais de ma délicatesse de la demander en mariage... et le père... (Riant.) Ici, miss Hélène... vous ne voudrez pas me croire... et c'est pourtant la vérité... le père me répond qu'il est engagé d'honneur!... avec qui?... avec lord Clavering !...

HÉLÈNE, se levant avec émotion.

Est-il possible !...

TRESSILLYAN, se levant aussi.

Vous n'en revenez pas?... je le vois!... ni moi non plus... d'une chance, d'une veine aussi constante, qui me vaut les railleries de tous nos gentlemen! Ils prétendent maintenant qu'il l'emportera toujours sur moi... il y a même des paris ouverts... Eh bien non!... me suis-je dit : c'est une lutte d'honneur, un combat désespéré; et ne fut-ce qu'une fois dans ma vie, je l'emporterai sur lui... n'importe comment!... J'étais poursuivi par cette idée... quand je vous ai aperçue hier à l'Opéra... où chacun vous regardait... où chacun se demandait : quelle est cette ravissante personne? (Pardon de citer le texte.) Nul ne vous connaissait, et moi, en faisant comme tout le monde, en vous admirant... je rêvais déjà aux moyens de fixer votre attention, et naturellement je me flattais de quelque espoir... lorsqu'à la sortie du spectacle, je vous aperçois au bras de qui?... de lord Clavering... (Avec colère:) Ah! pour le coup c'est trop fort!...

HÉLÈNE.

Comment, mylord?...

TRESSILLYAN, baissant la voix.

Je vous vois monter dans sa voiture... vous partez avec lui... cela ne me regarde pas... je n'ai rien à dire... (D'un air à moitié ironique.) Mais vous commencez peut-être à comprendre, maintenant, le sujet du tableau que je viens vous demander?

HÉLÈNE.

Non, monsieur! et je n'en dois accuser que mon peu d'intelligence, car j'écoute de toute mon attention, et ne peux deviner encore...

TRESSILLYAN.

Vous tenez, je le vois, à ce qu'on s'explique plus nettement.

HÉLÈNE.

Sans doute, car vous êtes venu ici pour me parler d'un tableau.

TRESSILLYAN.

Eh bien! soit... prenons un tableau de genre, vous en composez, je crois. (Hélène s'incline affirmativement.) Prenons Danaé... Danaé et la pluie d'or... Vous savez!... Supposons qu'un jeune lord immensément riche, et qui ne sait que faire de sa fortune, veuille, n'importe à quel prix, supplanter le roi des cieux... au lieu d'une pluie... il propose un orage... c'est le sujet du tableau... qu'en dites-vous?

HÉLÈNE.

Que je n'en ai jamais composé de semblables! Et s'il faut vous l'avouer, mylord, il y a dans votre ton, dans votre air, dans vos regards même, quelque chose que je ne peux m'expliquer, et dont je n'ai pas l'habitude. Excusez-moi si je suis peu faite aux manières et au langage du grand monde; mais, avec tout le respect qu'une artiste doit à un lord, je vous dirai que ces manières et ce langage me font éprouver un sentiment de gêne et de malaise que vous ne voudriez pas prolonger, et vous me permettrez, mylord, de me retirer.

TRESSILLYAN, à Hélène qui lui fait la révérence et qui veut sortir.

Non, non, vous avez trop bien compris que je vous aime...

HÉLÈNE.

Monsieur...

TRESSILLYAN.

Et que je veux mettre ma fortune à vos pieds.

HÉLÈNE, avec fierté.

Mylord, je suis chez moi, et je vous prie de sortir!

TRESSILLYAN.

AIR de la polka du *Diable à quatre*.

Dans les beaux-arts,
Moi, j'ai vu d'ordinaire
Qu'on était moins fière,
Surtout moins sévère :
Ah! plus d'égards!

Calmez votre colère,
Modérez le feu de vos regards !
Adieu, je pars !

HÉLÈNE.

A vos regards
Si je parais sévère,
C'est que ma colère
Ne saurait se taire !
Oui, sans retards,
Veuillez donc me complaire
(Avec ironie.)
Et montrer du moins quelque égards
Pour les beaux-arts.

TRESSILLYAN.

Mais je saurai d'un rival si tenace
Me venger mieux !... j'en connais les moyens :
(A Hélène qui fait un pas pour sonner.)
Ah ! n'allez pas, je vous en prie en grâce,
Sonner vos gens... je veux dire les siens !
(Nouveau geste d'Hélène.)
Vous l'ordonnez !... vous voulez que je sorte,
Votre humble esclave obéit à vos lois !
(A part.)
Nouvel échec !... encor lui qui l'emporte !
Mais ce sera pour la dernière fois !

Ensemble.

TRESSILLYAN.

Dans les beaux-arts, etc.

HÉLÈNE.

A vos regards, etc.

(Il salue et sort.)

SCÈNE VIII.

HÉLÈNE, seule.

Qu'est-ce que cela signifie?... cet air de dédain et d'insulte... chez moi... j'en ai le cœur gros, et je me sens prête à pleurer!...

DUROCHER, entrant par le fond.

Non ! je ne m'en serais jamais douté. C'est à confondre !...

SCÈNE IX.

HÉLÈNE, DUROCHER.

HÉLÈNE.

Ah ! mon ami, vous voilà !... venez à mon secours !

DUROCHER, brusquement.

C'est bien ! c'est bien ! mademoiselle !

HÉLÈNE.

Et lui qui me repousse !... D'où venez-vous donc ?

DUROCHER.

De chez M. Crosby... cet ami des arts, qui n'a pas craint de m'offrir de mes tableaux... de dix chefs-d'œuvre... je n'ose le dire, moins que d'une seule de vos esquisses.

HÉLÈNE.

Ah! je conçois votre colère, votre indignation...

DUROCHER.

Non... ce n'est pas cela... rien ne m'étonne à présent.

HÉLÈNE.

Qu'est-ce donc... alors ?

DUROCHER.

Je voulais partir, m'éloigner... et si je suis revenu... c'est pour vous rendre ce portefeuille... et ce qu'il contient.

HÉLÈNE.

Mais plus que jamais... vous en avez besoin !

DUROCHER.

C'est possible !... mais c'est égal... reprenez-le.

HÉLÈNE.

Je n'en ai que faire... et plus encore, si vous voulez...

DUROCHER.

Merci, merci... je sais que l'or ne vous coûte rien... mais à moi il me coûterait trop !...

HÉLÈNE.

Que voulez-vous dire ?...

DUROCHER.

Que je l'avais accepté... mais d'une artiste, entendez-vous? d'une artiste seulement !... Adieu !

(Il jette le portefeuille sur la table et veut sortir.)

HÉLÈNE, courant après lui.

Vous ne me quitterez pas ainsi !... Vous m'expliquerez ce que signifient votre air... et vos discours...

DUROCHER, avec indignation.

Vous me le demandez?

HÉLÈNE.

Oui... je le demande... je l'exige !

DUROCHER.

Regardez seulement où vous êtes! ce luxe qui vous entoure... cette maison... ces gens... A qui le devez-vous?...

HÉLÈNE.

Vous le savez! je vous l'ai dit!

DUROCHER.

Ah! ce n'est pas à moi qu'on en fait accroire... et j'aurais préféré votre franchise... Il y en a comme vous qui en conviennent et ne s'en cachent pas, cela vaut mieux! A tous leurs torts, du moins, elles n'ajoutent pas celui d'une estime usurpée !

HÉLÈNE.

AIR : Époux imprudent, fils rebelle. (M. Guillaume.)

Qui? moi! monsieur, usurper votre estime!
Je le jure, cela n'est pas.

DUROCHER, voulant sortir.

Adieu!

HÉLÈNE.

Mais quel est donc mon crime?

DUROCHER.

Adieu!... ne me retenez pas!

HÉLÈNE, avec indignation.

Non, non, monsieur, je m'attache à vos pas!
Pour m'absoudre ou pour me défendre
J'aurais compté sur votre cœur;
Et c'est vous, mon seul protecteur,
Qui me condamnez sans m'entendre!

DUROCHER, s'arrêtant.

Au fait! si jeune!... sans appui... sans un ami... sans un conseil!... (La regardant avec pitié.) C'est égal, c'est dommage...

HÉLÈNE.

Mais que voulez-vous dire?

DUROCHER.

Je veux dire qu'ici comme chez nous tout finit par se savoir, et dans ce lieu où j'étais entré pour lire les papiers publics, on parlait à voix haute d'un grand seigneur... lord Albert Clavering, s'il faut vous le nommer, que des liens de reconnaissance et de politique attachent à la fille d'un ministre son bienfaiteur, ce qui ne l'empêche pas, disait-on, de se ruiner pour une jeune artiste, pour une Française... avec laquelle il n'a pas craint de se montrer en public hier soir à l'Opéra...

HÉLÈNE.

O ciel!

DUROCHER.

Et si j'avais pu douter encore... la manière dont parlait de vous ce jeune fat, qui vous quittait, et que je viens de rencontrer... ce lord Tressillyan...

HÉLÈNE, poussant un cri d'indignation, et portant la main à son front.

Lui!... qui tout-à-l'heure... Ah! je comprends!

DUROCHER, se jetant dans un fauteuil, à gauche, près de la table.

Vous voyez, comme je vous le disais, qu'il eût mieux valu tout m'avouer!

HÉLÈNE.

Eh! que vous avouerais-je? mon Dieu! que tout tourne contre moi, et cependant, je le jure devant Dieu et devant vous... je le jure devant ma mère qui m'entend!... on m'a calomniée... moi... et lui!... lord Clavering!

DUROCHER, assis près de la table, et haussant les épaules.

Allons donc!... quand ce matin encore il était ici!

HÉLÈNE.

Eh bien, oui! c'est vrai!... De temps en temps, bien rarement il venait me voir; et quand, par malheur, il ne le pouvait pas, il m'écrivait... mais comme un ami, comme un frère, comme vous l'auriez fait vous-même! Ce matin encore il me pressait d'épouser M. Crosby, qui me demande en mariage... oui... M. Crosby, qui est un honnête homme, qui me connaît... et qui m'estime... lui!

DUROCHER, avec étonnement.

M. Crosby!

HÉLÈNE.

Eh! oui, monsieur, croyez-moi... je ne vous dis que la vérité!... Mais pour vous convaincre, je n'ai que mes paroles... et si le ciel, si mon bon ange pouvait m'envoyer quelque preuve. (Poussant un cri.) Ah! les lettres de mylord... il n'en manque pas une seule!... je les gardais toutes... (Prenant dans le secrétaire, à gauche, un paquet de lettres qu'elle jette sur la table.) Voyez vous-même, monsieur; voyez, il m'exhorte à me bien conduire ; il me parle de vertu et d'honneur. A chaque page il est question de ma mère !... Et à celle qu'on veut séduire et déshonorer, est-ce qu'on lui parle d'honneur et de vertu ? est-ce qu'on lui parle de sa mère ?...

DUROCHER, avec émotion, se levant.

Non ! non !

HÉLÈNE.

Ah ! vous me croyez donc, enfin !

DUROCHER.

Eh bien ! oui... eh bien ! oui... je te crois !...

HÉLÈNE, se jetant dans ses bras.

Merci, merci ! mon père ! (Essuyant ses larmes.) Ah ! je respire. A présent, le reste m'est bien égal !

DUROCHER, vivement.

Non, non... il ne faut pas parler ainsi. Et l'opinion ?

HÉLÈNE.

Eh ! que m'importe ! puisque je n'ai rien à me reprocher !

DUROCHER.

Mais le monde ?

HÉLÈNE.

Est-ce que je vais dans le monde... est-ce que je le connais ?

DUROCHER.

Et ta réputation... et ton honneur, que toute femme doit défendre ? T'est-il permis d'en disposer ainsi ?... Ta mère a été une honnête femme, non-seulement à ses yeux, mais aux yeux des autres ; et si elle vivait encore... elle rougirait donc de son enfant !

HÉLÈNE.

Non, non, jamais... Parlez, que faut-il faire ? je suivrai vos conseils.

DUROCHER.

Dis-tu vrai ?

11.

HÉLÈNE.

Je vous le jure !

DUROCHER.

A cette condition-là, je te promets de te sauver. Mais il faut de la force, du courage !

HÉLÈNE.

J'en aurai !

DUROCHER.

Pour faire tomber sur-le-champ tous ces bruits, toutes ces calomnies... il faut trancher dans le vif, ne plus voir mylord.

HÉLÈNE, avec douleur.

Ne plus le voir... et qu'est-ce que je deviendrai ?... car à tous les instants, voyez-vous...

DUROCHER.

Eh bien !...

HÉLÈNE.

AIR : Sans murmurer.

Je l'attendais,
Et tremblante, agitée,
Comptant les jours... à lui seul je pensais,
Il arrivait !... et j'étais enchantée,
Et puis, hélas ! dès qu'il m'avait quittée...
Je l'attendais !

DUROCHER.

Qu'entends-je, ô ciel !... mais insensée, tu l'aimes donc ?...

HÉLÈNE.

Je n'en sais rien ! mais je souffre, je suis malheureuse... et depuis un instant, je me sens là dans le cœur... un vide... un désespoir affreux... tout me semble fini pour moi !

DUROCHER.

Miséricorde !... le danger est maintenant bien plus grand que je ne le croyais... et que tu ne le penses toi-même !...

Hélène, tu m'as juré de m'obéir, tu me l'as juré au nom de ta mère...

HÉLÈNE, avec émotion.

Eh bien ! parlez donc !... que voulez-vous de plus ?

DUROCHER.

Tu m'as dit que M. Crosby demandait ta main.

HÉLÈNE.

C'est vrai...

DUROCHER.

Il faut la lui accorder !

HÉLÈNE.

Moi !

DUROCHER.

Il faut l'épouser... sur-le-champ... sans raisonner... sans réfléchir... c'est le seul moyen de salut qui te reste.

HÉLÈNE.

Mais que dira lord Clavering ?

DUROCHER, avec impatience.

Et qu'est-ce que cela fait ? c'est lui d'ailleurs qui t'a proposé et conseillé ce mariage. Je retourne moi-même chez M. Crosby... pour lui dire que tu consens...

HÉLÈNE.

Déjà !

DUROCHER.

Quand on a pris une bonne résolution, on ne saurait trop tôt l'exécuter...

HÉLÈNE.

Mais lui... lord Albert... sans le consulter...

DUROCHER.

Tu le mêles toujours à tout cela, et cela ne le regarde en rien !

HÉLÈNE, écoutant.

Le voici... j'entends sa voiture, le galop de ses chevaux !

DUROCHER.

Tu te trompes!

HÉLÈNE, vivement.

Oh! non! je le connais si bien!

DUROCHER.

Tant mieux alors... il faut lui avouer la vérité tout entière et le prier de ne plus revenir... Allons, songe à ta mère qui te regarde!

HÉLÈNE.

Elle doit voir alors que je suis bien malheureuse.

DUROCHER, continuant.

A ta mère... qui, comme moi, te conseillerait de l'éloigner...

HÉLÈNE.

AIR : Faut l'oublier, disait Colette. (ROMAGNESI.)

Je tâcherai qu'il y consente!

DUROCHER.

Dis-lui que c'est de ton plein gré...
Un ton ferme... un air assuré.

HÉLÈNE.

C'est que je suis toute tremblante!

DUROCHER.

Et s'il accepte...

HÉLÈNE.

Ah! j'en mourrai!...

DUROCHER.

C'est là ce qu'il ne faut pas dire;
Du calme... tu me l'as juré!...
Si tu peux même... il faut sourire...

HÉLÈNE, essuyant une larme.

Je tâcherai... je tâcherai...

DUROCHER, avec colère.

Allons, courage! il faut sourire!

HÉLÈNE.

Ne grondez pas! je tâcherai!

(Il sort par la porte à gauche.)

SCÈNE X.

LORD ALBERT, HÉLÈNE.

LORD ALBERT, entrant par la porte du fond.

Jamais séance de la Chambre ne m'a paru aussi longue... à moi qui parlais... jugez de ceux qui écoutaient!... et le plus singulier, c'est que lord Dumbar, dont je soutenais le projet de loi... n'était pas là pour me seconder!... chacun s'en étonnait... mais enfin, et puisqu'il y a un discours auquel vous vous intéressez... je vous dirai, miss Hélène, que ce discours a eu, sinon un succès d'éloquence... au moins un succès de vote... la proposition que je défendais a été adoptée.

HÉLÈNE, froidement.

J'en suis charmée, mylord.

LORD ALBERT.

Eh! mon Dieu! comme vous me dites cela! quel air grave!

HÉLÈNE, avec émotion.

Il ne doit pas vous étonner, mylord.

LORD ALBERT.

Eh mais! voilà que je ne ris plus... D'où vient le trouble et l'émotion que vous cherchez vainement à me cacher?

HÉLÈNE, avec émotion.

Peu de mots vous l'expliqueront : je sais tout, mylord... toute la vérité... un ami vient de me la faire connaître... et de m'éclairer sur ma véritable position !

LORD ALBERT, avec colère.

Quoi! malgré ses promesses, ce Crosby aurait eu l'indiscrétion..

HÉLÈNE.

Ce n'est pas lui... c'est un ami à moi, M. Durocher, qui m'a tout révélé!

LORD ALBERT.

Qui a pu l'instruire de notre secret? je l'ignore; mais après tout, que trouve-t-il donc de si condamnable dans une conduite qui porte avec elle son excuse?

HÉLÈNE, étonnée.

Comment?...

LORD ALBERT, vivement.

Eh bien oui!... vous n'auriez, ainsi que votre mère, rien voulu accepter, même d'un ami; je vous y ai obligée... je vous ai forcée de recevoir de la main de Crosby, ce que vous auriez refusé de la mienne...

HÉLÈNE.

O ciel!

AIR du vaudeville de Turenne.

La vérité m'apparaît tout entière :
Cette maison... cet or... cette splendeur...

LORD ALBERT.

Mais je l'atteste, on exagère
Ce que j'ai fait!...

HÉLÈNE.

Ah! pour mon déshonneur
Je vous dois tout...

LORD ALBERT.

Non, non, c'est une erreur!
Si quelque temps vous fûtes abusée,
Cette fortune, qu'un instant
J'osai rêver pour vous, votre talent
L'aurait bientôt réalisée!

(Continuant avec chaleur.)

Oui, bientôt vous pourrez vous acquitter et me rendre ce que vous croyez me devoir.

HÉLÈNE.

Et pourrais-je jamais dissiper ou détruire les odieux soupçons... auxquels chaque jour, et sans le savoir, je fournissais de nouveaux prétextes?

LORD ALBERT.

Que voulez-vous dire?

HÉLÈNE.

Que tout le monde se croit le droit de m'outrager, et que ce matin ici, lord Tressillyan n'a pas craint de venir m'offrir à moi... sa fortune...

LORD ALBERT.

Oser vous insulter!... (Avec désespoir.) Ah! je suis coupable, bien coupable, je le vois... votre réputation était un bien que mon amitié devait protéger et défendre, et c'est moi qui l'ai compromise... ce sera mon regret, mon remords éternel, et croyez, Hélène, qu'au prix de ma vie...

HÉLÈNE, froidement et cherchant à cacher son émotion.

Je ne vous fais aucun reproche, mylord... car il ne m'est pas permis de douter de votre amitié. Le reste est involontaire et peut encore se réparer... on dit que vous devez épouser miss Arabelle, la fille de lord Dumbar votre tuteur et votre ami... hâtez-vous, je vous en supplie, de conclure ce mariage, qui mettra fin de lui-même à toutes ces honteuses suppositions.

LORD ALBERT.

Mais vous, Hélène, vous!...

HÉLÈNE, de même.

Moi!... je choisirai le mari que vous m'avez proposé... M. Crosby.

LORD ALBERT, vivement.

Vous l'aviez refusé.

HÉLÈNE, de même.

J'avais tort; je viens de lui envoyer dire que j'accepte. Mon honneur à moi, et l'estime de tous en dépendent; mais pour cela, vous le comprenez comme moi, mylord, il ne faut plus nous voir. Je l'ai promis, je l'ai juré devant Dieu, devant ma mère !

LORD ALBERT.

Et ce serment-là, vous aurez le courage de le tenir ?

HÉLÈNE, avec émotion.

Vous m'y aiderez, mylord, et généreusement, en cessant de vous-même... vos visites...

LORD ALBERT.

C'est vous qui me congédiez... c'est vous, Hélène, qui me dites : va-t'en !

HÉLÈNE, se soutenant à peine.

Ce n'est pas moi... c'est l'honneur, c'est le devoir, et le devoir avant tout.

LORD ALBERT.

Et mon amitié à moi... et l'affection si tendre et si pure que je vous portais...

HÉLÈNE.

Je ne l'ai pas oubliée... je ne l'oublierai jamais... je le jure... mais... (Se sentant prête à se trahir.) Adieu, mylord !

(Elle fait quelques pas en chancelant pour sortir.)

LORD ALBERT, la voyant s'éloigner.

Elle s'éloigne !... (Avec douleur.) et moi qui croyais en elle !... Ah ! je n'aimais qu'une ingrate !...

HÉLÈNE, revenant vivement près de lui.

Moi !... une ingrate !... moi qui me sentais mourir en vous disant adieu !... moi qui, au prix de tout mon sang, voudrais qu'il me fût permis de vous aimer !

LORD ALBERT.

Eh ! si tu m'aimais, renoncerais-tu à notre amitié pour ce monde dont les arrêts devraient t'être indifférents ?

AIR : Un jeune Grec assis sur des tombeaux.

Si tu m'aimais... sans crainte et sans remord,
Tu braverais pour moi son anathème.

HÉLÈNE, froidement.

Ordonnez donc, disposez de mon sort.
Oui, pour prouver à quel point je vous aime,
S'il faut à vous, que par d'autres liens
　　J'enchaîne mon âme éperdue...
Commencez donc par reprendre vos biens,
　Pour que je puisse, à vos yeux comme aux miens,
　　M'être donnée et non vendue !

LORD ALBERT, hors de lui.

Non, non, je n'accepte pas un pareil sacrifice... (Tombant à genoux.) Je te respecte et m'humilie devant toi !

SCÈNE XI.

LORD ALBERT, aux pieds d'HÉLÈNE, DUROCHER, entrant par le fond.

DUROCHER.

Que vois-je ?
(Hélène à sa vue pousse un cri et s'enfuit dans l'appartement à droite.)

DUROCHER, s'avançant vers lord Albert.

Vous, mylord, dont on me vantait la loyauté... vous, aux pieds de cette jeune fille ! mais je saurai m'opposer...

LORD ALBERT.

Et qui vous a donné ce droit ?

DUROCHER, brusquement.

Parbleu ! je le prends !... C'est une Française... une compatriote... je me regarde ici comme son protecteur, comme son père... et je ne souffrirai pas...

LORD ALBERT.

Vous vous trompez, monsieur, sur mes intentions... et quand vous les connaîtrez mieux...

DUROCHER.

Quelles sont-elles donc ?

LORD ALBERT.

Je vais vous les dire.

(Entre un jockey.)

LE JOCKEY, tenant une lettre et s'adressant à lord Albert.

Une lettre que lord Dumbar envoie à mylord par un exprès.

LORD ALBERT.

Pour savoir le résultat de la séance... (Faisant signe au jockey de poser la lettre sur la table.) Je répondrai tout à l'heure, laissez-nous... (Le jockey se retire. S'adressant à Durocher.) Écoutez-moi, monsieur ; des promesses, des engagements me liaient avec lord Dumbar.

DUROCHER.

Je le sais, mylord, vous devez épouser sa fille, mon ancienne élève.

LORD ALBERT.

Lord Dumbar est un galant homme à qui je vais confier tout ce qui vient de se passer, et quand il saura que j'ai compromis, par mon imprudence, une jeune fille qui mérite les respects du monde entier... quand il saura ce que je viens de découvrir à l'instant, que je suis aimé de miss Hélène et que je l'adore...

DUROCHER.

Vous !

LORD ALBERT.

Lord Dumbar me rendra ma parole.

DUROCHER.

Le croyez-vous possible ?

LORD ALBERT.

Je l'espère, du moins ; et alors à vous, monsieur, qui êtes le protecteur et le père d'Hélène, je demanderai la permission de l'épouser.

DUROCHER, poussant un cri.

L'épouser... vous !... (S'avançant vers lord Albert.) Mylord...

je peux vous l'avouer... je n'aimais pas les Anglais... mais vous, c'est différent... Me permettez-vous d'annoncer vos intentions à miss Hélène?

LORD ALBERT.

Sans doute.

DUROCHER.

Je ne vous demande qu'un instant et je reviens!... (Il fait quelques pas et revient.) Entre honnêtes gens, on se comprend toujours... quel que soit le pays... et ce que vous faites-là, mylord, c'est bien... c'est très-bien ! en anglais comme en français...

(Il sort et entre dans la chambre d'Hélène à droite.)

SCÈNE XII.

LORD ALBERT, seul.

Musique. — Il ouvre la lettre qu'il parcourt avec une surprise mêlée d'effroi ; puis il relit une seconde fois et reste assis près de la table, la tête baissée, dans l'attitude de l'accablement et de la douleur.)

SCÈNE XIII.

LORD ALBERT, DUROCHER, sortant de l'appartement d'Hélène.

DUROCHER, s'essuyant les yeux et s'adressant à Albert qui est assis près de la table, et qui lui tourne le dos.

Ah! mylord ! si vous aviez vu cette pauvre jeune fille pendant que je lui annonçais cette bonne nouvelle... j'ai cru qu'elle allait devenir folle de saisissement et de joie... enfin, par bonheur elle a fondu en larmes et elle s'est jetée à genoux en priant Dieu pour vous... je l'ai laissée parce que dans ce moment arrivait ce pauvre monsieur Crosby à qui j'avais promis sa main. Elle va lui adoucir le coup et arrangera cela pour le mieux... mais elle était encore tout émue et toute pâle... (S'avançant et regardant lord Albert.) Ah ! mon Dieu ! comme vous, mylord ; qu'avez-vous donc?

LORD ALBERT.

Ecoutez ce que m'écrit lord Dumbar. (Lisant avec émotion.) « Mon ami, mon fils ! Quand vous recevrez cette lettre, « j'aurai quitté Londres ; de malheureuses spéculations « ont anéanti une grande partie de ma fortune et m'ont mis « dans une position telle, que je suis obligé d'envoyer ma « démission. Quant à ma fille, votre fiancée, je suis tran- « quille, je vous la lègue et je renonce avec moins de re- « grets à la fortune et aux honneurs en pensant que votre « générosité lui rendra tout ce que lui enlève mon impru- « dence. Je désire que ce mariage ait lieu promptement, « secrètement, avant que mon désastre et ma fuite soient « connus. Ma fille, à qui j'ai caché la raison de mon départ, « mais à qui j'ai fait connaître ma volonté, est toute dispo- « sée à s'y conformer, et vous attendra ce soir à mon châ- « teau de Dumbar. »

DUROCHER.

Je n'en puis revenir. (S'avançant vers lord Albert.) Quoi ! mylord !...

LORD ALBERT, sans l'écouter et plongé dans ses réflexions.

Quand il perd son pouvoir, son titre, sa fortune... refuser d'épouser sa fille !... choisir ce moment-là pour lui avouer que j'en aime une autre !...

DUROCHER.

Ah ! vous avez raison !...

LORD ALBERT.

Lord Dumbar exilé et fugitif ne le croira pas !... personne ne le croira !... je serai un indigne, un infâme... perdu à jamais de réputation.

DUROCHER.

Mais Hélène !... Hélène...

SCÈNE XIV.

Les mêmes; LORD TRESSILLYAN.

LORD ALBERT, se levant vivement.

Lord Tressillyan!

TRESSILLYAN, paraissant à la porte du fond.

J'aurais gagé, mylord, vous trouver ici, certain, moi qui perds tous mes paris... de gagner celui-là ! et comme j'avais à vous parler...

LORD ALBERT.

Moi de même!...

TRESSILLYAN.

Enchanté de la rencontre!

LORD ALBERT.

Au sujet de votre visite de ce matin à miss Hélène.

TRESSILLYAN.

Ça... c'est une autre question que je vous demande la permission de traiter plus tard. Nous sommes destinés, vous le savez, à nous trouver en contact sur tous les points; et je venais vous dire en confidence... (A Durocher, qui fait un pas pour sortir.) Monsieur peut rester; je ne suis pas fâché qu'on m'entende.

DUROCHER, brusquement.

Pourquoi pas? (A demi-voix.) S'il parle bien.

LORD ALBERT, avec ironie.

Mylord a fait ses preuves!...

TRESSILLYAN.

En tout cas, mylord, si je parle mal... je me bats bien.

LORD ALBERT, avec impatience, et faisant un pas pour sortir.

Eh bien! mylord, battez-vous et ne parlez...

TRESSILLYAN, l'interrompant.

Je comprends... c'était d'abord mon idée; mais, malgré

moi, et par ordre supérieur, je dois d'abord (Montrant Durocher.) vous apprendre, devant monsieur, que lady Arabelle, que vous devez épouser, ne vous aime pas.

DUROCHER, brusquement.

N'est-ce que cela? (Montrant lord Albert.) Ni mylord non plus, et cela n'empêche pas!

LORD ALBERT.

Oui, ce mariage doit se faire, et il se fera.

TRESSILLYAN.

Eh bien! mylord, je dirai plus. J'ai des raisons de croire qu'elle en aime un autre!

DUROCHER, de même.

N'est-ce que cela? Et mylord aussi, et ça n'y fait rien.

TRESSILLYAN.

Et si elle est malheureuse?

LORD ALBERT, avec impatience.

Eh! qui vous dit, monsieur, que je ne suis pas plus malheureux qu'elle!

TRESSILLYAN.

Vous! c'est douteux! tandis qu'elle, c'est certain... je la quitte à l'instant. Connaissant votre générosité... elle vous supplie d'intercéder auprès de son père... ou, ce qui est plus facile encore, de vouloir bien, aux yeux de lord Dumbar et aux yeux du monde, prendre sur vous la rupture du mariage...

LORD ALBERT.

Moi!

TRESSILLYAN, d'un air hautain.

Votre réponse?

LORD ALBERT, après un instant de silence et d'hésitation.

Vous répondrez à lady Arabelle... qu'en toute autre occasion... qu'hier encore, j'aurais fait avec empressement ce qu'elle me demande... mais qu'aujourd'hui... dans ce moment, cela m'est impossible!

TRESSILLYAN.

Parce qu'elle m'aime... parce qu'il s'agit de moi.

LORD ALBERT.

Peut-être !

TRESSILLYAN.

Et parce que vous avez eu constamment jusqu'ici... le bonheur ou plutôt le hasard de l'emporter sur moi, vous croyez qu'il en sera toujours ainsi ?... Vous vous trompez... ce mariage ne se fera pas.

LORD ALBERT.

Il se fera ! ma parole est donnée, mon honneur y est engagé.

TRESSILLYAN.

Soit, mylord ; mais avant cela...

LORD ALBERT.

Non pas *avant*... mais *après*, je verrai quel parti j'aurai à prendre contre celui qui s'est fait le chevalier de lady Arabelle. Je n'ai plus que quelques mots à vous dire, mylord : ce soir, à neuf heures, dans la petite église du village de Padington, j'épouserai, ainsi que je l'ai promis à son père, lady Arabelle Dumbar. En sortant de l'autel... je serai à vos ordres...

TRESSILLYAN.

J'y compte !... adieu, mylord.

LORD ALBERT.

Adieu...

(Lord Tressillyan sort.)

SCÈNE XV.

DUROCHER, LORD ALBERT.

DUROCHER, suivant lord Albert qui se promène avec agitation.

Est-il possible... quoi ! vous voulez ?...

LORD ALBERT.

Remplir mon devoir... tenir mes promesses, et après... me faire tuer!

DUROCHER.

Vous!

LORD ALBERT.

Je l'espère bien!... voulez-vous donc que je reste enchaîné à une femme qui ne m'aime pas, qui honore de son choix un fat tel que celui-là!

DUROCHER.

Et se battre pour l'épouser!...

LORD ALBERT.

Pardon, monsieur Durocher... je n'ai pas ma tête à moi, rendez-moi un service.

DUROCHER.

Tous ceux que vous voudrez, mylord!

LORD ALBERT.

Eh bien!... comme tout cela doit se passer entre nous... veuillez vous rendre au presbytère, dont on voit d'ici le clocher... c'est à deux pas... prévenez le ministre; priez-le de tout disposer pour ce mariage et de nous attendre.

AIR : Dans ce castel dame de haut lignage.

Pour nos desseins, que chacun les ignore.
De vous ce soir, de vous, j'aurai besoin
Pour cet hymen!... et puis après encore!...

DUROCHER.

Merci, mylord! me choisir pour témoin
De ce duel et de ce mariage,
C'est double honneur!...

LORD ALBERT.

    Il vous était acquis!
Dans mes dangers, moi, j'ai toujours l'usage
De m'adresser d'abord à mes amis!

Peine ou danger, moi, j'ai toujours l'usage
De m'adresser d'abord à mes amis!

(Durocher sort.)

SCÈNE XVI.

LORD ALBERT, HÉLÈNE.

HÉLÈNE, à la cantonade.

Oui, monsieur Crosby... mon bon monsieur Crosby, toujours votre amie... toujours! (A part.) Pauvre homme! il part, il s'éloigne!... (Se retournant et poussant un cri de joie.) Ah! mylord!... (Courant à lui.) Vous êtes seul!... je puis vous remercier... vous dire tout ce que j'éprouve!...

LORD ALBERT.

Mon Hélène!...

HÉLÈNE.

Oh! oui... votre Hélène! bien à vous!... car, lorsque je parlais ce matin d'épouser M. Crosby... je me trompais... je n'aurais pas pu... je viens de le lui dire, et il l'a compris... il a bien vu que s'il avait fallu vous quitter... j'en serais morte!

LORD ALBERT, à part.

O ciel!

HÉLÈNE, gaiement.

Rassurez-vous! toutes mes souffrances sont oubliées! je suis si heureuse qu'il me semble toujours que c'est un rêve... et je tremble de m'éveiller!... moi! mylord, moi! votre femme!... comprenez-vous!... votre femme!...

LORD ALBERT, à part.

Et la détromper!...

HÉLÈNE, gaiement et avec émotion.

Mais je vous environnerai de tant de reconnaissance, de bonheur et d'amour, que vous vous direz parfois : pauvre fille! j'ai bien fait de l'épouser... il n'y a pas de marquise, ou de duchesse, qui m'aurait aimé autant qu'elle!...

LORD ALBERT, sanglotant.

Ah! je ne puis y résister...

HÉLÈNE, de même.

Voilà que vous pleurez de joie!... et moi aussi. (Se détournant pour essuyer une larme.) Mais ça ne fait pas de mal... au contraire!

LORD ALBERT, à part.

Et détruire tant de bonheur! Et, comme elle le disait, l'éveiller au milieu de son rêve!

HÉLÈNE, le regardant avec étonnement.

Qu'est-ce donc? qu'avez-vous? parlez...

LORD ALBERT.

Je n'en aurai jamais la force... (Lui donnant la lettre de lord Dumbar.) Tenez, prononcez vous-même!

HÉLÈNE, parcourant la lettre, et portant la main à son cœur.

Ah! (Elle chancelle et s'appuie contre un fauteuil. Lord Albert s'élance pour la soutenir. Elle se relève, et rassemblant toutes ses forces.) Ne vous effrayez pas, mylord, j'ai du courage!... Vous m'avez vue faible et désarmée contre la joie; mais j'aurai des forces contre la douleur, quoiqu'elle m'ait prise sans défense et à l'improviste. Oui, oui, rassurez-vous sur le coup qui vient de me frapper!... Quand on n'en perd pas sur-le-champ la raison, on y résiste!... Et puis, je me dirai que vous êtes aussi à plaindre que moi!... (Lui prenant la main.) Je le crois! je le vois!

LORD ALBERT.

Ah! cent fois plus encore!

HÉLÈNE, reprenant un ton ferme et encourageant.

Allons!... allons, mylord, c'est votre honneur qui le veut, qui l'exige... votre honneur que vous m'aviez confié, et qui un instant a été le mien!... Oui, je n'oublierai jamais ce que vous vouliez faire ; ce que vous avez fait ; vous m'avez nommée votre femme.

AIR : Muses des jeux et des accords champêtres.

Ces nœuds si purs, et que nul ne soupçonne,
Brisés pour vous, ne le sont pas pour moi !
Je vous promets, moi, de n'être à personne,
De vous garder et mon cœur et ma foi !
Oui, de l'honneur la voix impérieuse
Sous d'autres lois doit enchaîner vos jours !
Ne m'aimez plus ! Moi, mylord, plus heureuse,
Il m'est permis de vous aimer toujours !
Je jure ici de vous aimer toujours !

LORD ALBERT.

Ah ! maintenant, je n'ai plus qu'à mourir !

(Il fait quelques pas pour sortir.)

SCÈNE XVII.

LES MÊMES ; DUROCHER, paraissant à la porte du fond et l'arrêtant.
— Musique.

DUROCHER.

Non, vous ne mourrez pas !

LORD ALBERT et HÉLÈNE.

Qu'est-ce donc ?

DUROCHER.

Silence... N'entendez-vous pas cette voiture qui s'éloigne?... (Écoutant.) Oui, oui, le bruit diminue... il a cessé ! (Prenant les deux jeunes gens par la main.) Écoutez-moi, maintenant ! En vous quittant, mylord, j'ai rencontré M. Crosby : il sortait d'ici, et tout en me racontant sa peine, il m'a accompagné jusqu'au presbytère où nous avons vu le ministre, et nous l'avons laissé disposant tout pour la cérémonie. Je venais vous en prévenir, lorsqu'en passant près des murs du parc de Dumbar, nous avons aperçu une voiture de voyage, quatre chevaux et un postillon qui attendaient.

LORD ALBERT.

Qu'est-ce que cela signifie?

DUROCHER.

C'est justement ce que nous nous sommes demandés! Au même moment sortaient de la petite grille du parc un jeune homme et une femme enveloppée d'une mante. « Mon ancienne élève! m'écriai-je; qu'est-ce que cela veut dire? — Que j'enlève lady Dumbar, répondit son cavalier, et malheur à qui oserait s'y opposer! » Les arrêter n'était pas mon intention, j'en atteste le ciel! Je m'écriai seulement : — « Partir ainsi, jeune fille, oubliant votre père et votre honneur! — Et quel autre moyen, dit-elle en tremblant, d'échapper au mariage qui me menace? — Par une autre union, répondis-je, contractée au pied des autels, devant Dieu, devant un ministre. Lord Tressillyan ne peut s'y refuser. — Eh par Saint-Georges! murmura le jeune lord avec impatience; quand le temps nous presse... où trouver tout cela? — Là, devant vous, à l'église du village. — Mais le ministre? — Il est prévenu. — Et des témoins? — Nous voici, M. Crosby et moi... et il me semble, mylord, qu'enlever d'un seul coup à votre rival son chapelain, sa fiancée et ses témoins... — Admirable! s'est-il écrié en poussant un éclat de rire; une revanche aussi brillante répare tous mes échecs! »

LORD ALBERT et HÉLÈNE, avec impatience.

Eh bien?...

DUROCHER, froidement.

Eh bien! dix minutes après... ils étaient devant nous, unis et bénis!

HÉLÈNE et LORD ALBERT, à Durocher.

Mon sauveur! mon ami!

DUROCHER.

Et lord Tressillyan me criait du marchepied de sa voiture:

« Dites à lord Clavering que j'emmène ma femme ce soir à ma terre, et que demain matin, s'il le veut absolument, je l'attendrai. »

HÉLÈNE, vivement à lord Albert.

Vous n'irez pas!

LORD ALBERT, avec amour.

Oh non! ce soir, son mariage. (A Hélène.) Demain le nôtre, milady.

HÉLÈNE, à Durocher.

Et vous à qui je dois tout, vous ne nous quitterez pas?

LORD ALBERT.

Vous serez notre témoin.

DUROCHER.

Le témoin de tout le monde!

TOUS.

AIR de la polka du *Diable à quatre*.

O jour charmant
Dont l'aurore se lève!
Aimable et doux rêve
Qu'un rival achève!
Plus de tourment!
Gaîment
Il nous l'enlève,
Et, dans sa fureur,
Fait par erreur
Notre bonheur.

HÉLÈNE, au public.

AIR du vaudeville de *l'Héritière*.

Pour moi plus de crainte importune!
Tout semble sourire à mes yeux,
L'amitié, l'amour, la fortune
S'entendent pour combler mes vœux
Et rendre mon sort glorieux;

Pour qu'il soit à son apogée,
Il me manque encore un appui;
Permettez que sa protégée,
Messieurs, soit la vôtre aujourd'hui.

MAITRE JEAN

ou

LA COMÉDIE A LA COUR

COMÉDIE-VAUDEVILLE EN DEUX ACTES

EN SOCIÉTÉ AVEC M. H. DUFIN

THÉATRE DU GYMNASE. — 14 Janvier 1847.

PERSONNAGES. ACTEURS.

CHARLES AUGUSTE, prince héréditaire de
Saxe-Weimar . . . . MM. Tisserant.
LE COMTE DE STEINBERG, ministre . . . . Klein.
DE MULDORF, surintendant des finances du du-
ché de Saxe-Weimar . . . . Landrol.
GOETHE, jeune poète . . . . J. Deschamps.
JEAN WOLFGAND, aubergiste, son grand-père. Numa.
UN HUISSIER . . . . —

LA DUCHESSE DE STADION . . . . Mmes E. Sauvage.
MARGUERITE, demoiselle de compagnie de la
duchesse . . . . Melcy.

Au château de Tiefurth dans le duché de Weimar.

MAITRE JEAN
ou
LA COMÉDIE A LA COUR

ACTE PREMIER

Un salon, ouvert sur un jardin, dans le palais de Tiefurth, aux environs de Weimar.

SCÈNE PREMIÈRE.

LA DUCHESSE, près d'une table, écrivant des lettres, GOETHE ; UN HUISSIER.

UN HUISSIER, précédant Gœthe.

Monsieur Wolf Gœthe.

LA DUCHESSE.

Très-bien... je suis à lui. (Achevant d'écrire et se levant.) Je vous ai écrit, monsieur...

GOETHE.

C'est à madame la duchesse de Stadion que j'ai l'honneur d'être présenté...

LA DUCHESSE.

Moi-même, première dame d'honneur de la duchesse de Saxe-Weimar, et c'est en son nom, ou plutôt en celui de son neveu Charles-Auguste, le prince héréditaire, que je vous ai prié de vouloir bien vous rendre au château de Tiefurth.

GOETHE.

Me voici aux ordres de Son Altesse, et aux vôtres, madame.

LA DUCHESSE.

Monsieur Gœthe, ici, à la cour de Weimar, nous aimons beaucoup les arts, la littérature... surtout la littérature dramatique; nous avons lu, comme toute l'Allemagne, *Goëtz de Berlichingen*, que vous avez composé pour la lecture, plutôt que pour le théâtre...

GOETHE.

C'est vrai, madame.

LA DUCHESSE.

Eh bien! monsieur, le prince héréditaire qui s'est passionné pour cet ouvrage, a le vif désir de le voir représenter... Est-ce possible?

GOETHE.

Oui, madame, en supprimant quelques développements... et puis cela dépendra des acteurs.

LA DUCHESSE.

Ah! pour cela, ne vous inquiétez pas, nous en avons d'excellents : le prince lui-même, moi, le premier chambellan mon mari, jusqu'au surintendant des finances, M. de Muldorf, qui apporte une lettre... et puis, toutes les plus jolies femmes de la cour pour actrices... Vous distribuerez vous-même les rôles.

GOETHE.

Le difficile sera de choisir.

LA DUCHESSE.

Ainsi, vous acceptez l'offre de Son Altesse...

GOETHE.

Pour un pauvre jeune homme à peine connu... c'est un grand honneur !...

LA DUCHESSE.

Et peut-être une source de fortune... Le prince héréditaire veut créer, je le sais, une place de directeur des spectacles de la cour... cela vous revient de droit, à vous, qui aurez dirigé nos premières répétitions... Je vais donc lui annoncer votre arrivée... il est ce matin très-occupé...

GOETHE.

En vérité !

LA DUCHESSE.

De notre concert de ce soir, et de notre représentation de demain... Nous donnons un ouvrage de vous : *les Caprices d'un Amant*, votre premier ouvrage, je crois ?...

GOETHE.

Oui, madame, et malgré mon père qui en a été furieux, je l'ai fait jouer il y a quelques mois à Francfort.

LA DUCHESSE.

Et puis, une petite pièce où il y a un rôle d'ingénue... Le prince s'intéresse beaucoup à ce rôle... Je vous expliquerai cela... je vous dirai ses idées, à lui... et les miennes, à moi... vous n'aurez qu'à vous laisser guider... du reste, je vous l'ai dit, vous êtes entièrement libre... je tiens seulement à ce que votre principal rôle soit bien joué... c'est l'essentiel !...

GOETHE.

Vous êtes trop bonne...

LA DUCHESSE.

Voilà pourquoi je vous le demanderai...

Ensemble.

AIR : Bon voyageur. (*Le Serment*)

GOETHE, s'inclinant.

En vérité c'est trop d'honneur !
(A part.)
Sur l'avenir qui m'inquiète
(Haut.)
Vous avez rassuré mon cœur,
Et désormais je n'ai plus peur.

LA DUCHESSE.

Comptez toujours sur ma faveur.
(A part.)
Dans ce rôle, je suis parfaite !
(Haut.)
J'aime les arts avec ardeur
Et les servir est mon bonheur !

Je vois le prince et reviens à l'instant.
(A part.)
De ce monsieur je suis fort satisfaite.
(Haut.)
Moi j'ai toujours protégé le talent.
(A part.)
Il n'est vraiment pas mal... pour un poète

Ensemble.

GOETHE.

En vérité... c'est trop d'honneur ! etc.

LA DUCHESSE.

Comptez toujours sur ma faveur, etc.

(La duchesse sort par la gauche.)

SCÈNE II.

GOETHE, seul.

Moi, appelé par le prince !... moi, installé à la cour !... Est-ce une illusion... ou plutôt mes rêves de jeunesse et de poésie, ces rêves inspirés par Marguerite commenceraient-ils donc à se réaliser?... O mon ange gardien!... ô mon seul guide! Marguerite, c'est toi qui as décidé de mon sort, et quand mon esprit hésitait incertain sur vingt sentiers différents où allaient s'égarer mes pas... un seul de tes regards a illuminé la route, et m'a montré celle qu'il fallait prendre... Poëte!... m'as-tu dit, lève-toi et marche!... Oui, tu m'as fait poëte... car ton image, toujours présente à mes yeux et à mon cœur, anime tous les tableaux que crée mon imagination... oui, dans ces ouvrages que j'ai là... (Portant la main à son front.) que je vois... qui existent... c'est toi, Marguerite... toujours toi...

AIR : Un jeune Grec assis sur des tombeaux.

Portrait divin, ô doux reflet des cieux,
    Toi que je trace en traits de flamme,
Pour t'admirer chacun aura mes yeux,
    Et pour t'aimer ils auront tous mon âme!
Oui, Marguerite, oui, bientôt contemplant
    Tant de beauté, d'amour et d'innocence,
Ils s'écriront : Ah! quel tableau charmant,
Ah! quel chef-d'œuvre!... et moi te regardant,
    Je dirai : Quelle ressemblance!

SCÈNE III.

GŒTHE, JEAN.

JEAN, parlant à un huissier qui veut l'empêcher d'entrer.

Vous voyez bien, mon cher ami... la signature... le caissier de la cour... qui m'invite à venir toucher à la caisse...

GŒTHE, sortant de sa rêverie.

Cette voix...

JEAN.

Et si vous m'empêchez de passer... comment voulez-vous que je touche?

GOETHE.

Maître Jean... mon grand-père!...

JEAN.

Wolf... mon garçon!...

GOETHE, à l'huissier.

Laissez passer ce bon vieillard, monsieur.

JEAN.

Suis-je heureux de te rencontrer!... Moi, ça me faisait peur de venir ici... parce que j'ai toujours entendu dire que la cour était un endroit terrible... un endroit de perdition... mais quand on a un bon sur le Trésor... Est-ce que tu as aussi un bon sur le Trésor?

GOETHE.

Non, mon grand-père... pas encore.

JEAN.

Alors, comment te trouves-tu donc à Weimar? Ton père m'avait écrit que tu faisais ton droit... Bon! que j'ai dit, cela mène à la fortune, témoin mon fils aîné, ton cher père, que j'ai fait étudier, et qui est devenu docteur et conseiller honoraire à Francfort-sur-le-Mein... tandis que mon père, à moi, qui n'était qu'un maréchal-ferrant, ne m'a rien appris... rien de rien.... ce qui fait que je suis resté la moitié de ma vie les bras... ou plutôt les jambes croisées... tailleur... j'ai été tailleur; et, au bout de quarante ans, j'en avais assez...

GOETHE.

Je crois bien, mon grand-père... vous étiez fatigué...

JEAN.

D'être assis... et pour me dégourdir les jambes, je viens de prendre un état qui demande de l'activité... toujours sur pied... toujours monter et descendre... je viens de me faire aubergiste... j'ai trouvé à trois lieues de Weimar, près de la grande route, et sur la lisière du bois, une hôtellerie bien achalandée... « *Au Docteur Faust!* » Une belle enseigne, grande comme ça... le docteur Faust et le diable qui l'emporte... tu sais... cette histoire de marionnettes que je te racontais quand tu étais petit ?

GOETHE.

Oui, mon grand-père... et j'y ai bien pensé depuis...

JEAN.

La maison n'était pas chère... j'avais des économies... une fortune honnête... quoique tailleur.

GOETHE.

Je le sais, mon grand-père... vous êtes d'une probité sévère... irréprochable...

JEAN.

J'ai acheté l'hôtellerie... je bois avec l'un, je bois avec l'autre... je cause avec tout le monde, et mes affaires iraient rondement et loyalement... si ce n'étaient les crédits...

GOETHE.

Qui vous ruinent...

JEAN.

Au contraire... qui m'enrichissent d'une manière étonnante et suspecte... et dont je tiens à avoir le cœur net.

GOETHE.

Qu'est-ce que vous me dites donc là ?

JEAN.

Imagine-toi que l'avant-dernière semaine, le lundi... non... le mardi... si, c'était le lundi... le jour où il y avait une chasse dans la forêt...

GOETHE.

Peu importe, mon grand-père, allez toujours...

JEAN.

Voilà trois jeunes gens... ou trois pandours... je ne sais lesquels... non pas qu'ils n'eussent bonne mine... un surtout... mais la mine et le physique ne sont rien pour un hôtelier... l'essentiel... c'est le moral.

GOETHE.

Les florins... et les leurs n'étaient pas nombreux...

JEAN.

Pas un seul!... à eux trois!... de sorte qu'après avoir causé avec moi... mangé comme des affamés, bu à ma santé et à celle de mes deux servantes, qui sont gentilles... mais honnêtes... parce que chez moi, la vertu d'abord...

GOETHE.

Oui, mon grand-père...

JEAN.

Qu'est-ce que je te disais donc?... Ah! je disais que mes trois gaillards sont partis d'un éclat de rire... en s'écriant : « Maître Jean, avez-vous confiance?... voulez-vous nous faire crédit?... » Franchement, je n'en avais guère envie... tant ils avaient l'air de mauvais sujets, mais j'ai pensé à toi...

GOETHE.

Comment, mon grand-père!...

JEAN.

Ça m'a attendri... Je me suis dit: mon pauvre Wolf... qui est étudiant, et qui a plus de science que d'écus... peut se trouver dans une position pareille... et je les ai laissés partir avec un mémoire de vingt florins... « Bien, m'a dit l'un, je te les rendrai, et de plus je te rendrai à dîner, je te le promets, » et hier seulement, j'ai reçu un bon de cent florins, payable chez le caissier de la cour ; voilà la chose, et je veux savoir d'où cela vient.

GOETHE.

De quelque grand seigneur, sans doute.

JEAN.

Tout grands seigneurs qu'ils sont, je ne reçois que ce qui m'est dû...

AIR du vaudeville de *Turenne.*

Je n'entends pas fair' des prêts usuraires.
Je fus tailleur! c'est vrai, mais rien de plus ;

Et mes ciseaux intègres et sévères
Du bien d'autrui s'sont toujours abstenus,
Et que de fats à crédit j'ai vêtus !
Si tant d'faquins qui vous en font accroire,
N'ont ici-bas d'esprit que par l'habit,
Combien de gens me doivent leur esprit
Et n'ont pas payé le mémoire !

Mais toi, j'espère que tu paies les tiens ?

GOETHE.

Oui, mon grand-père...

JEAN.

Dis-moi alors pourquoi tu as été si longtemps sans nous donner de tes nouvelles... j'ai su que tu avais commencé ton droit à Leipsick, et que tu l'avais quitté pour te mettre graveur à Dresde, et qu'au même moment où tu commençais à gagner quelque chose, tu avais abandonné la gravure pour reprendre ton droit et l'achever à Strasbourg... est-ce vrai ?

GOETHE.

Oui, mon grand-père...

JEAN.

Tant pis !... tant pis !... pierre qui roule n'amasse pas de mousse... regarde-moi, moi qui pendant quarante ans... (s'interrompant.) Enfin, tu as bien fait d'obéir à ton père... Il commençait à se fâcher... et c'est pour lui que tu t'es remis à ton droit ?...

GOETHE.

Non, mon grand-père...

JEAN.

Ce n'est pas pour lui que tu as passé toute une année à Strasbourg ?

GOETHE.

Du tout !

JEAN.

Et pourquoi donc?

GOETHE.

Parce que Marguerite y était!...

JEAN.

Marguerite!... qu'est-ce que c'est que cela?

GOETHE.

La plus jolie fille d'Allemagne... et la plus vertueuse... la plus sage!

JEAN.

A la bonne heure!... Ah! ça, c'est pour le mariage? (Gœthe fait un signe affirmatif.) Alors ça regarde les grands parents!

GOETHE.

Mais vous êtes fatigué... asseyez-vous donc...

JEAN.

Là-dessus... j'ose pas...

GOETHE.

Allons... allons...

JEAN, s'asseyant.

Tu disais donc que c'était pour le mariage...

GOETHE.

A Strasbourg où j'étais venu vendre des gravures pour le compte de mon patron de Dresde, il y avait à la fenêtre en face de la mienne... une jeune fille assise à côté de sa grand'mère... elle était toute la journée occupée de son aiguille, et quand par hasard elle quittait un instant son ouvrage et levait les yeux, elle apercevait les miens attachés sur elle...

JEAN.

Ça ne devait pas avancer la gravure.

GOETHE.

Je n'y pensais déjà plus, je ne pensais qu'à Marguerite...

Que vous dirai-je... pendant une année entière, je m'enivrai du bonheur de l'aimer !...

JEAN.

Pour l'épouser ?

GOETHE.

Mais pour l'épouser, elle qui n'avait rien... il fallait au moins quelque fortune, que, de longtemps encore, je ne pouvais espérer dans ma carrière d'étudiant... j'en choisis une autre plus incertaine, mais plus prompte. Je partis pour Francfort, j'avais en portefeuille deux comédies, deux pièces de théâtre.

JEAN, avec bonhomie.

Qu'est-ce que c'est que ça ?

GOETHE.

Comment ! vous ne savez pas ce que c'est que le théâtre ?

JEAN.

J'en ai entendu parler, mais je n'y suis jamais allé.

GOETHE.

Eh ! bien, mon grand-père, j'aurai plus tôt fait de ne pas vous l'expliquer ; qu'il vous suffise de savoir que j'ai obtenu un succès qui m'a donné audace et courage, et *Goëtz de Berlichingen*, un autre ouvrage de moi...

JEAN.

Une comédie...

GOETHE.

Non, un drame... tableau horrible et fidèle des temps féodaux...

JEAN.

Un drame ?

GOETHE.

Oui, mon grand-père... oui, ne vous fatiguez pas à comprendre... un drame qui s'est répandu dans toute l'Allemagne !... il est tombé entre les mains de mon père, qui, en le lisant, s'est écrié : « Je lui pardonne, qu'il fasse ce qu'il voudra... » mais une chose m'inquiète ! Trois fois j'ai écrit à Strasbourg, et pas de réponse... Je me suis adressé à un ancien ami, à un étudiant qui m'a répondu que la grand'-mère de Marguerite était morte et que Marguerite avait quitté la ville.

JEAN.

Sans te donner de ses nouvelles, c'est bien étonnant !

GOETHE.

Silence ! c'est la duchesse.

SCÈNE IV.

Les mêmes; LA DUCHESSE.

LA DUCHESSE.

Monsieur Gœthe, (Gœthe s'approche d'elle.) Son Altesse vous attend... dans son cabinet. L'ordre est donné de ne laisser entrer que vous... vous seul... (A Gœthe qui fait un pas pour sortir.) Permettez : je dois vous prévenir... moi qui vous protége, qu'il s'agit de faire répéter à Son Altesse quelques-uns des rôles qu'il doit jouer...

GOETHE.

Je ferai de mon mieux... madame... Adieu, mon grand-père.

LA DUCHESSE, à part.

Son grand-père !... Est-ce qu'il serait venu à la cour en famille ?

JEAN.

Eh bien ! tu me laisses, moi qui dois aller chez le trésorier !

GOETHE.

Venez, je vais vous y conduire.

(Ils sortent tous deux par la droite.)

SCÈNE V.

LA DUCHESSE, STEINBERG.

LA DUCHESSE.

Eh bien! cher comte, quelles nouvelles?

STEINBERG.

Je ne sais plus où donner de la tête...

LA DUCHESSE.

Quoi, vraiment?... le vieux grand-duc persiste...

STEINBERG.

Il veut toujours marier son neveu; c'est son idée fixe: or, le prince héréditaire qui, jusqu'ici, jusqu'à trente ans, ne s'est guère occupé que de plaisir, était facilement gouverné par nous...

LA DUCHESSE.

Et maintenant ce ne sera plus que par sa femme.

STEINBERG.

Le moyen de l'empêcher?

LA DUCHESSE.

Silence! M. de Muldorf.

STEINBERG.

Le surintendant des finances.

LA DUCHESSE.

Maintenant notre seul espoir...

STEINBERG.

Comment cela?

LA DUCHESSE.

Vous le saurez...

SCÈNE VI.

Les mêmes; M. DE MULDORF.

STEINBERG.
Arrivez donc, mon cher... je parlais de vous...

LA DUCHESSE.
Comme tout le monde!

MULDORF.
C'est vrai... c'est vrai... je fais un peu parler de moi... j'ose le dire... c'est le privilège de la richesse...

AIR de Marianne. (DALAYRAC.)

De notre prince l'on s'apprête
A charmer encor les loisirs.
Eh bien! comment va notre fête,
Eh bien! comment vont les plaisirs?
    La comédie
    Qu'on étudie...

LA DUCHESSE.
Celle qui va servir à vos débuts.

MULDORF.
    Rien qu'une lettre
    Qu'il faut remettre...
J'en suis vraiment révolté... quel abus!
Qu'un riche banquier se dérange
Pour apporter, comme un valet,
Une lettre!... encor si c'était
Une lettre de change!

LA DUCHESSE.
Rassurez-vous!... il y a une autre comédie... une seconde où vous jouerez le principal rôle.

MULDORF.
Et c'est?...

LA DUCHESSE.

Un à-propos, une pièce de circonstance... Pour commencer, dites-nous, vous qui arrivez de la cour de Darmstadt, ce que vous pensez de la princesse, notre future souveraine?

MULDORF.

Je l'ai vue pendant un mois entier, et c'est la plus aimable, la plus gracieuse, la plus charmante princesse...

STEINBERG, à part.

O ciel!

MULDORF.

Et des talents... de l'esprit...

LA DUCHESSE, à part.

C'est fait de nous...

MULDORF.

J'en suis ravi... cela va produire à la cour du mouvement... du changement.

LA DUCHESSE.

Comme vous dites... de grands changements se préparent... le vieux duc, qui, à propos de ce mariage, s'est épris de réformes et d'économies, a ordonné devant moi de réviser tous les comptes.

MULDORF, effrayé.

Qu'est-ce que c'est?...

LA DUCHESSE.

Attendu que les finances vont être organisées dans le grand-duché de Weimar, sur un nouveau plan proposé par M. de Krudener, banquier de la cour de Hesse...

MULDORF.

Mon ennemi mortel, avec qui je viens d'avoir ce procès... Et ce mariage se ferait, et vous y consentiriez!...

LA DUCHESSE.

Eh! non sans doute... c'est pour contrecarrer cette union, résultat d'une intrigue, que nous en combinions une autre, où nous vous destinons un rôle.

MULDORF.

Lequel ?

LA DUCHESSE.

Emploi d'une grande utilité... vous avancez deux cent mille florins dont nous avons besoin...

MULDORF.

Moi, par exemple !...

LA DUCHESSE.

A moins que vous n'aimiez mieux que M. de Krudener réussisse...

MULDORF.

Non... non... vous dis-je... j'accepte mon rôle.

LA DUCHESSE.

A merveille ! Commencez d'abord par prévenir adroitement le prince, que sa fiancée est sans grâce, sans esprit... qu'elle est affreuse...

MULDORF.

C'est juste !...

STEINBERG.

Et son portrait... que le vieux grand-duc a fait faire en secret, et qu'un courrier du cabinet doit lui apporter aujourd'hui...

LA DUCHESSE.

Il ne parviendra pas... ou bien, l'on trouvera moyen d'y faire d'heureux changements...

STEINBERG.

Et comment ?

LA DUCHESSE.

Je l'ignore... mais M. de Muldorf paie, et avec son argent... courriers et peintres seront à nos ordres... l'essentiel est de surveiller notre acteur principal.

STEINBEBG.

Lequel ?

LA DUCHESSE.

Le prince! Ce mariage échouera s'il a le courage de refuser...

STEINBERG.

L'aura-t-il?

LA DUCHESSE.

Peut-être... cela commence déjà.

STEINBERG.

Que dites-vous?

LA DUCHESSE.

Le prince est amoureux, la tête est partie, la raison aussi. Vous rappelez-vous, monsieur le comte, mon dernier voyage en France et mon passage à Strasbourg?

STEINBERG.

L'anecdote si touchante que vous m'avez racontée... cette jeune fille... cette Allemande...

LA DUCHESSE.

Dont l'aïeule venait de mourir.

STEINBERG.

Et qui se trouvait, à dix-sept ans... sans appui sur la terre étrangère!... noble et généreuse action...

LA DUCHESSE.

J'étais seule... je m'ennuyais à périr... et il me sembla qu'une demoiselle de compagnie... c'était bien... non pas qu'à ma place une autre n'eût hésité, car cette petite était charmante...

STEINBERG.

Mais vous, madame, vous pouviez braver la comparaison...

LA DUCHESSE, souriant avec ironie.

Vous croyez?... C'est donc cela que dès la première visite que me fit Son Altesse, ses regards ne quittèrent point Marguerite, et que depuis, presque tous les jours...le prince m'honore de sa présence et, en vérité, tout semble augmenter la passion de Son Altesse... le mystère même qui l'entoure, et la naïveté, l'innocence de cette jeune fille, qui ne se doute ni de son pouvoir ni de l'amour qu'elle lui inspire... C'est pour elle que le prince donne toutes ces fêtes... c'est pour elle qu'il s'est tout à coup trouvé ce grand amour de comédie... parce que dans toutes les pièces il joue le rôle d'amoureux et elle d'amoureuse... et que les répétitions surtout le ravissent et l'enchantent... Voilà, messieurs, ce qui me fait espérer que ce mariage ne se fera pas.

MULDORF.

C'est évident! c'est certain!

LA DUCHESSE.

Pas encore... mais, nous aidant, c'est probable !... D'abord, il est utile que cette passion ait un peu plus de retentissement...

MULDORF.

Je dirai ce secret à tout le monde.

STEINBERG.

Je n'appellerai plus votre demoiselle de compagnie que la favorite.

MULDORF.

La maîtresse du prince.

TOUS TROIS.

Bravo!

LA DUCHESSE.

AIR : Amis, voici la riante semaine. (Le Carnaval.)

On habitue ainsi la foule oisive
Aux doux projets qu'on se plaît à rêver :
Et proclamer que telle chose arrive
C'est le moyen de la faire arriver.
Que d'accidents dont j'ai tenu registre
Prouvent qu'ainsi nous pouvons réussir !

STEINBERG.

En répétant que je serai ministre,
Moi, j'ai fini par le devenir !

LA DUCHESSE.

Silence! on vient!...

SCÈNE VII.

LES MÊMES; JEAN.

JEAN, entrant d'un air attendri.

C'est touchant! c'est admirable! j'en suis encore tout ému!

(Il essuie une larme.)

LA DUCHESSE.

C'est le grand-père de M. Gœthe, qui vient de chez le trésorier.

MULDORF, étonné.

Et il pleure!

JEAN.

Imaginez-vous que c'était le prince... le prince lui-même qui, pour un dîner qu'il avait fait incognito dans mon auberge... le jour de la chasse... m'avait envoyé ce bon de cent florins... et ce n'était rien...

MULDORF.

Vous trouvez?... (A part.) Il faut que ce soit un aubergiste millionnaire...

JEAN.

Il avait ajouté, ce bon prince : « Quand le père Jean viendra toucher, dites-lui que je veux le voir... et lui parler »; ce qui fait qu'on m'a conduit vers lui...

LA DUCHESSE.

Et il vous a reçu?

JEAN.

Non... l'on m'a fait attendre dans son antichambre parce qu'il était occupé... et en effet... malgré moi et sans vouloir écouter... je l'entendais qui parlait à voix haute dans son cabinet.

LA DUCHESSE, bas à Steinberg.

C'est vrai... je l'ai laissé répétant son rôle.

JEAN.

Et ici, messeigneurs, et madame, il faut que je vous avoue à quel point j'étais coupable... j'avais toujours cru, parce qu'on me l'avait appris d'enfance, que la cour était un endroit de perdition.

STEINBERG, se récriant.

Par exemple !

JEAN, de même.

Je croyais ça tout bonnement... bien plus... on disait que la vertu et les mœurs... y étaient tournées en ridicule.

LA DUCHESSE, riant.

Voyez-vous la calomnie...

JEAN, avec chaleur.

Oui, madame, une indigne calomnie : jusqu'au prince, notre futur souverain, qu'on accusait d'être un mauvais sujet!... un libertin qui, au lieu de s'occuper des affaires, ne songeait qu'aux amours et aux plaisirs... aussi je n'en revenais pas de surprise et d'admiration... j'ai entendu Son Altesse s'écrier ces propres paroles... je ne les oublierai jamais, je ne sais pas s'il parlait de moi, mais voilà ce qu'il disait :

Ce n'est qu'un paysan ! mais fût-il moins encore,
Dès qu'il est honnête homme, il suffit : je l'honore !
Et qu'il soit riche ou pauvre, ou bien ou mal vêtu
Il brille de l'éclat qu'il doit à sa vertu.

LA DUCHESSE, *retenant un éclat de rire et faisant signe à Steinberg de se taire.*

Vous avez retenu cela?

JEAN.

Je crois bien, il l'a dit deux fois... et une voix a répondu : « Bravo, mon prince... très-bien, très-bien... » et cette voix, vous ne le croiriez jamais... c'était celle de Gœthe... mon petit-fils, à qui le prince disait tout cela en particulier... et en confidence...

STEINBERG, *riant.*

C'est charmant!...

MULDORF, *de même.*

C'est admirable!

LA DUCHESSE.

Monsieur Jean, vous êtes un homme précieux...

JEAN.

Vous êtes bien bonne, madame.

LA DUCHESSE.

Et n'avez-vous rien entendu de plus?

JEAN.

Une foule d'autres choses que je ne peux pas vous dire... mais c'était si bien... si pur, si honnête... enfin c'était le prince lui-même qui faisait la morale à mon fils.

LA DUCHESSE, *s'efforçant de cacher son envie de rire.*

Ah! c'est trop fort!

JEAN.

Oui, c'est trop fort, n'est-ce pas? et ça vous fait rire... moi ça m'a touché... que j'en avais les larmes aux yeux... surtout vers la fin de leur conversation, quand Gœthe, quand ce brave garçon... ah! j'en aurais bien fait autant que lui... s'est écrié avec chaleur :

Par vos nobles conseils mon cœur purifié
Ne désire qu'un bien... un seul, votre amitié!

STEINBERG.

Il a dit cela?...

JEAN.

Mot pour mot, je l'ai bien entendu, et le prince a répondu :

Mon amitié... c'est moi qui demande la tienne !
Que mon cœur tout entier désormais t'appartienne,
Ainsi, nous n'aurons plus qu'un seul et même sort,
Et c'est entre nous deux à la vie, à la mort.

LA DUCHESSE, craignant d'éclater.

Assez... assez... je suis comme vous dans le ravissement !...

JEAN.

Le prince s'est arrêté et a dit : « Ici, je crois... que nous nous embrassons?... » Mon fils a dit : « Oui, mon prince... »

STEINBERG, gaiement.

Et ils se sont embrassés?...

JEAN.

Je présume que oui... Mon fils alors a dit d'un air attendri : « Mon prince, nous allons recommencer tout cela... »

STEINBERG.

Et il a recommencé?

JEAN.

Et il a recommencé... Ma foi, je n'ai pas pu y tenir... j'ai frappé en m'écriant : « Ouvrez... ouvrez... c'est moi... c'est le père Jean... » la porte s'est ouverte après quelques instants...

MULDORF.

Et vous êtes entré?

JEAN.

Non, c'est un page qui est sorti et m'a dit : « Maître Jean... Son Altesse, retenue par une importante affaire, est très-contrariée de ne pas vous recevoir en ce moment... elle vous prie de vouloir bien, tantôt sur les trois heures, venir faire la collation avec elle en tête à tête... » C'est vrai, il me l'avait promis.

STEINBERG.

Un pareil honneur !

MULDORF, bas à la duchesse avec indignation.

A ce manant !... je ne ris plus.

LA DUCHESSE, bas et souriant.

C'est être bien égoïste ! pourquoi vouloir priver le prince du plaisir que nous venons d'avoir ? (Haut.) Je suis fâchée, maître Jean... de ne pouvoir rester plus longtemps avec vous... des affaires graves me réclament.

STEINBERG, riant.

Et moi désolé... c'est un véritable sacrifice.

LA DUCHESSE, à Muldorf et à Steinberg.

Et nous aussi, messieurs, nous aurons besoin de nous concerter.

MULDORF, riant.

Et de répéter nos rôles...

LA DUCHESSE.

Pour notre drame sérieux !... A deux heures, à l'orangerie...

STEINBERG.

L'orangerie... soit... à deux heures... je n'y manquerai pas.

MULDORF.

Ni moi non plus. (A Jean.) Adieu, monsieur Jean.

STEINBERG.

Mes compliments à M. Gœthe, votre petit-fils.

MULDORF.

Le nouveau favori...

LA DUCHESSE, à Jean.

Je me charge de raconter au prince... qui en sera trèsflatté, votre émotion et votre attendrissement, que je voudrais partager... (Riant aux éclats.) mais ça m'est impossible.

STEINBERG et MULDORF, riant plus fort.

Ah! ah! ah! ah!
(Ils sortent tous par la porte à gauche en riant aux éclats et en saluant Jean.)

SCÈNE VIII.

JEAN, seul.

A qui en ont-ils donc? Est-ce que c'est honnête de rire ainsi au nez des personnes? et si ce n'était la collation de Son Altesse, que j'ai acceptée... je m'en irais.

SCÈNE IX.

JEAN, GOETHE, sortant de la porte à droite.

GOETHE, qui est entré en rêvant, aperçoit Jean et court à lui.
Ah! c'est vous, mon grand-père!...

JEAN.

Moi-même, qui ne suis qu'à moitié satisfait de la cour.

GOETHE.

Et moi j'en suis ravi... enchanté!...

JEAN.

Je crois bien...

GOETHE.

J'étais avec le prince dans son cabinet.

JEAN, souriant avec satisfaction.

Je le sais, mon garçon!

GOETHE.

Quand vous avez frappé à sa porte, j'ai tremblé un moment qu'on ne vous fît jeter dehors...

JEAN, naïvement.

J'y étais !

GOETHE.

En dehors du palais... ce qui n'aurait pas manqué avec un autre prince qui aurait pris cela au sérieux... mais le nôtre est si gai et si aimable...

JEAN.

Ne pas vouloir me laisser partir... sans me voir... m'inviter à la collation avec lui... c'est bien... c'est paternel...

GOETHE.

Oui... cette idée-là l'amuse beaucoup, il en a ri aux éclats...

JEAN.

Et lui aussi !... tout le monde ici aime à rire... c'est une cour très-gaie !...

GOETHE.

Infiniment gaie... je vous le disais... et puis un secret que j'ai cru découvrir ou plutôt deviner... je crois que le prince est amoureux !

JEAN.

Et tu ne lui as pas demandé ?

GOETHE.

Y pensez-vous !... une telle indiscrétion...

JEAN, levant les épaules.

Allons donc !... je sais tout... et il pouvait bien te confier ce secret-là... puisque son cœur tout entier t'appartient désormais...

GOETHE.

Qu'est-ce que vous dites donc ?...

JEAN.

J'ai tout entendu moi-même... entendu de la bouche de Son Altesse que vous n'aviez plus qu'un seul et même sort... et qu'entre vous c'était à la vie, à la mort.

GOETHE, qui l'a écouté avec étonnement part d'un éclat de rire.

Ah! ah!

JEAN.

Et l'émotion que j'ai eue quand il t'a embrassé...

GOETHE, riant toujours.

Ah! ah! ah!... Pardon, mon grand-père...

JEAN, s'arrêtant étonné.

Comment! et lui aussi... lui comme les autres... je ne peux pas leur dire mon émotion sans que cela les fasse rire!...

GOETHE.

Non, non... ne vous fâchez pas... cela a été plus fort que moi et vous ne m'en voudrez plus... quand vous saurez, mon pauvre grand-père, que ce qui vous a ému et attendri n'était qu'une comédie que l'on joue demain... que nous n'en pensions pas un mot...

JEAN.

Comment! Son Altesse elle-même se permettrait de mentir à ce point-là?

GOETHE.

Mais non, grand-père!

JEAN.

Alors c'était donc vrai?... et tous ces sentiments d'honneur et de vertu qui m'avaient charmé...

GOETHE.

Ils existent, mon grand-père, dans le cœur du poète qui les a créés, non dans la bouche de celui qui les récite, mais qu'importe, s'ils passionnent, s'ils corrigent, s'ils émeuvent ceux qui les écoutent?... et vous voyez bien que vous-même cela vous a touché. Eh bien! mon grand-père, vous me demandiez mon état, le voilà! je n'en ai pas d'autre.

JEAN.

Ton état!...

GOETHE.

AIR du vaudeville du *Baiser au Porteur.*

Flétrir le vice, ou bien élever l'âme,
Corriger l'homme et le rendre meilleur,
Et l'animer aux rayons de la flamme
    Dont le principe est dans son cœur!
Tel est le but, le devoir de l'auteur.
Soudain la foule attentive, oppressée,
Écoute, admire, applaudit la leçon,
Et bien souvent une noble pensée
A fait éclore une noble action!

Et, pour vous réconcilier avec la comédie, il y aura peut-être moyen, tantôt, de vous faire assister, sans qu'on vous voie, à une répétition.

JEAN.

Qu'est-ce que ça?

GOETHE.

Ce que déjà vous avez entendu ce matin, entre le prince et moi...

JEAN.

Des gens qui causent entre eux d'affaires qui n'existent pas?

GOETHE.

Précisément... ils essaient le matin ce qu'ils doivent réciter et faire le soir.

JEAN.

Juste ce que disait tout à l'heure cette grande dame... cette duchesse qui en est aussi...

GOETHE.

Oui... mon grand-père... elle joue dans cette comédie, elle y a un rôle.

JEAN.

C'est cela même, répéter son rôle et se concerter pour le drame dont il s'agit, ils ont parlé de cela!...

GOETHE.

Or il n'est permis à personne d'étranger de paraître à une répétition... mais en vous tenant bien caché...

JEAN.

A la bonne heure !

GOETHE.

Surtout n'allez pas vous montrer ou parler et faire des réflexions tout haut, parce qu'on vous renverrait.

JEAN.

Sois donc tranquille !

GOETHE.

Mais je ne sais encore ni à quelle heure, ni dans quel lieu elle se fera.

JEAN.

Eh bien ! moi, je le sais... à deux heures...

GOETHE.

Vraiment ?

JEAN.

Dans l'orangerie...

GOETHE.

On ne m'a pas prévenu encore... et d'où êtes-vous si savant ?

JEAN.

C'est cette grande dame qui l'a dit tantôt devant moi... à deux seigneurs... Tiens, les voilà !

GOETHE, à part, voyant Steinberg.

Le ministre... alors c'est officiel... il n'y a plus à en douter...

SCÈNE X.

LES MÊMES; STEINBERG et DE MULDORF.

STEINBERG, à Muldorf, en entrant.

Vous êtes un homme de parole... et grâce à vos subsides...

MULDORF, riant.

Je paie la guerre à bureau ouvert...

STEINBERG, à Gœthe qui remonte la scène.

Eh bien! monsieur Gœthe, où allez-vous?

GOETHE.

Exécuter les ordres du prince... je suis déjà en retard... Son Altesse m'a prié de m'entendre avec l'intendant du mobilier de la couronne, pour les décors.

STEINBERG.

Eh mais! vous n'avez pas de temps à perdre.

GOETHE, se disposant à sortir.

C'est ce que je vois.

JEAN, le suivant.

Eh bien!... pour que tu puisses me conduire, où te trouverai-je?

GOETHE, qui s'est approché de la coulisse à gauche pendant que Steinberg
et Muldorf ont gagné la droite en entrant.

O ciel!...

JEAN.

Où faut-il que j'attende?

GOETHE, troublé, regardant à gauche.

Ce n'est pas possible... mais si, vraiment, mes yeux ne me trompent pas, c'est elle... c'est bien elle!...

JEAN, à Gœthe.

Mais réponds-moi donc... où me prendras-tu?

GOETHE, dans le plus grand trouble.

Ici... là-bas... (Montrant le fond.) Où vous voudrez...

JEAN.

Dans la grande allée de marronniers.

GOETHE, vivement.

Précisément... je vous y rejoins... (Montrant Steinberg et Muldorf.) Deux mots à dire à ces messieurs...

II. — XXXI.   14

JEAN.

Pour la répétition générale... Je t'ai dit à deux heures dans l'orangerie. (Le regardant.) A-t-il un air agité... (A Gœthe.) Ah çà! dis-moi... ça ne commence pas déjà?

GOETHE, avec impatience.

Eh! non, mon père.

JEAN.

Ne commencez pas sans moi, au moins. (Voyant le geste d'impatience de Gœthe.) Je m'en vas... je m'en vas.

(Il sort par le fond.)

SCÈNE XI.

GŒTHE, STEINBERG, MULDORF.

GŒTHE, s'approchant de Steinberg tout en regardant toujours à gauche.

Pardon, monseigneur; quelles sont ces deux dames qui se promènent près du bassin octogone?

STEINBERG.

Eh! mais je croyais que vous aviez déjà vu ce matin la belle duchesse de Stadion, la première dame du palais?

GOETHE.

Oui, sans doute... mais cette jeune fille si fraîche et si jolie qui est près d'elle?

STEINBERG.

Ah! vous la trouvez jolie?

MULDORF.

Monsieur Gœthe est un homme de goût.

STEINBERG.

Et un homme habile... qui, comme bien d'autres, adore le soleil levant.

GOETHE.

Que voulez-vous dire?

STEINBERG.

Que je vous conseille, en ami, de vous mettre bien avec cette jeune fille.

MULDORF.

Et de vous soumettre, pour tous ses rôles, à toutes ses exigences... à tous ses caprices.

GOETHE.

Pourquoi?

STEINBERG.

Votre fortune à la cour... en dépend.

GOETHE.

Comment cela?

STEINBERG.

C'est la favorite!

MULDORF.

La maîtresse du prince!

GOETHE.

Sa maîtresse! c'est impossible!

MULDORF.

Tout le monde vous le dira...

SCÈNE XII.

LA DUCHESSE, MARGUERITE, entrant par la gauche, GOETHE; STEINBERG et MULDORF, à droite.

AIR nouveau de M. COUDER.

LA DUCHESSE, à Marguerite.

Oui, voici l'heure, il faut nous rendre
Chez le prince qui nous attend.

GOETHE, à part.

Ah! grand Dieu! que viens-je d'entendre?
Et comment douter à présent!

MARGUERITE, à la duchesse.

Hâtons-nous donc !

GŒTHE, à part.

Ah ! l'infidèle !

MARGUERITE, faisant un pas, aperçoit Gœthe et jette un cri de surprise.

Monsieur Gœthe !

(Allant à lui.)

Je vous revois...

LA DUCHESSE, STEINBERG, MULDORF, étonnés.

Vous connaissez mademoiselle ?

GŒTHE.

Oui, je crois bien l'avoir vue autrefois ;
Mais dans un temps si loin de ma pensée,
Et c'est d'ailleurs un si grand changement...

MARGUERITE, stupéfaite.

D'un tel accueil je reste immobile et glacée.

GŒTHE, la saluant de nouveau.

Pardon ! le prince vous attend.

Ensemble.

GŒTHE.

Méprisons celle qui m'outrage :
L'aimer encor c'est m'avilir ;
Et mon cœur aura le courage
De l'oublier et de la fuir.

MARGUERITE.

C'est lui qui m'insulte et m'outrage,
Et qui s'empresse de me fuir ;
Par dépit j'aurai du courage,
Gardons-nous bien de nous trahir.

LA DUCHESSE.

Pourquoi ce trouble et ce langage ?
Je les ai vus tous deux frémir.
J'en conçois un mauvais présage ;
Observons tout sans nous trahir.

STEINBERG et MULDORF.

Oui, de l'audace et du courage ;
Gardons-nous bien de nous trahir !
Par elle plus de mariage ;
Notre complot doit réussir.

ACTE DEUXIÈME

Un des appartements du prince héréditaire; porte au fond, deux portes latérales.

SCÈNE PREMIÈRE.

LE PRINCE, assis dans un fauteuil à droite et rêvant, STEINBERG, sortant de l'appartement de gauche.

LE PRINCE, se levant au bruit des pas.

Oui, oui, mon cher comte, vous me voyez dans une agitation...

STEINBERG.

C'est tout simple! j'ai deviné l'inquiétude... je veux dire la contrariété de Votre Altesse...

LE PRINCE.

Vous?

STEINBERG.

Certainement... la répétition devait avoir lieu ce matin chez votre auguste tante qui se trouve avoir la migraine.

LE PRINCE.

C'est jouer de malheur, elle n'en a jamais.

STEINBERG, avec chaleur.

C'est une princesse si extraordinaire et si remarquable!... tellement en dehors de son sexe...

LE PRINCE.

Je le sais... je le sais... mais c'est souverainement ennuyeux... décommander une répétition quand nous étions tous réunis chez Son Altesse, vous, Muldorf, la duchesse et cette jeune fille...

STEINBERG.

La belle Marguerite d'Heineberg !...

LE PRINCE.

Qui venait d'arriver... et que ce contre-ordre avait l'air de contrarier...

STEINBERG.

C'est vrai... elle en était toute triste et pensive.

LE PRINCE, vivement.

Ah! vous l'avez remarqué comme moi?

STEINBERG.

C'était si évident... aussi j'ai pris sur moi d'arranger cette affaire... je suis convenu de tout à voix basse avec la duchesse, qui prolonge en ce moment sa visite... mais en sortant de l'auguste migraine... je veux dire de la migraine sérénissime... elle viendra ici avec sa demoiselle de compagnie.

LE PRINCE.

Marguerite... ici!... chez moi!

STEINBERG.

Où nous serons bien mieux... où nous pourrons répéter aussi longtemps que nous le voudrons... et sans crainte d'être dérangés... c'est ce que je leur ai fait comprendre...

LE PRINCE.

Ah! Steinberg... ah! mon cher comte, je conçois que mon oncle apprécie ton habileté et tes talents!

STEINBERG, s'inclinant.

Mon prince!...

LE PRINCE.

Et qu'il ne puisse se passer d'un ministre tel que toi... il me le disait encore hier... c'est son opinion!...

STEINBERG.

Puissiez-vous la partager!... et puisse surtout ce mariage qui se prépare...

LE PRINCE.

Ce mariage, vois-tu bien, me désespère...

STEINBERG.

Est-il possible?... et pourquoi?

LE PRINCE.

D'abord parce qu'on me l'ordonne, parce qu'on me l'impose. Plus le grand-duc, mon oncle, avance en âge, et plus il devient jaloux de son autorité; il ne m'en laisse aucune, et moi qui dois lui succéder, je n'ai en vérité rien à faire... qu'à attendre!... je ne m'en plaignais pas...

STEINBERG.

C'est déjà beaucoup!

LE PRINCE.

Je m'y résignais, parce que cette inaction forcée ne m'obligeait après tout qu'à m'amuser; mais aujourd'hui qu'il s'agit de me marier... ce n'est plus cela...

STEINBERG.

Raisonnement plein de justesse et de vérité.

LE PRINCE.

Eh bien! puisque tu es de mon avis... trouve les moyens d'ajourner indéfiniment ce mariage...

STEINBERG.

Cela dépend de vous... (Bas.) en vous prononçant avec énergie, en refusant positivement...

LE PRINCE.

Tu crois?

STEINBERG.

Ne dites pas surtout que c'est moi qui ai eu l'audace de vous donner ce conseil bien simple!...

LE PRINCE.

Sans doute! je suis toujours maître de ne pas me marier; mais mon grand-oncle est aussi le maître de se fâcher... sérieusement...

STEINBERG.

Il n'oserait! il vous a désigné pour son héritier présomptif.

LE PRINCE.

Je ne suis pas son seul neveu... j'ai un cousin...

STEINBERG.

Qui est si loin d'avoir votre mérite...

LE PRINCE.

C'est possible! mais s'il avait ma place, cela lui en donnerait beaucoup!... Du reste, nous avons du temps devant nous, on ne peut pas songer à ce mariage avant deux ou trois mois et, d'ici là, livrons-nous à toutes les joies... à tous les plaisirs, et comme dirait M. de Muldorf, notre estimable banquier, escomptons le bonheur...

STEINBERG.

Votre Altesse a raison...

LE PRINCE.

A commencer par cette répétition de ce matin... dont je me fais une idée ravissante... car vous ne croiriez pas, mon cher comte, qu'il y a une personne au monde à qui je brûle de dire : je vous aime... vous m'aimerez, vous serez à moi... Eh! bien, moi qui du reste suis assez conquérant, assez mauvais sujet...

STEINBERG.

Toutes les qualités d'un grand prince.

LE PRINCE.

Je n'ai pas encore osé!... Hein! qui vient là?

SCÈNE II.

Les mêmes; UN HUISSIER, entrant par la porte de droite.

L'HUISSIER.

Son Altesse sérénissime, le grand-duc, fait prier monseigneur de vouloir bien passer à l'instant même dans son cabinet, où il l'attend.

LE PRINCE, avec dépit.

Mon oncle !

STEINBERG, regardant vers la gauche, bas au prince.

Et ces dames qui vont arriver...

LE PRINCE, avec colère.

Quand je te le disais... c'est comme une gageure... Excusez-moi auprès de ces dames... je serai de retour dans un instant... Ah ! je suis d'une humeur, d'une colère...

STEINBERG.

Raison de plus pour refuser... de vous-même...

AIR des Souvenirs de Bade.

LE PRINCE.

Je suivrai, si je puis...
  Ton avis.
  Pas un mot !
  Ce complot
  Doit se taire !
Un propos indiscret
  Nous perdrait,
Et sur notre projet
  Sois muet !

STEINBERG.

Je jure, dussé-je en trembler,
De ne rien dire en cette affaire ;
Ayez l'audace de parler,
Moi j'aurai celle de me taire !

Ensemble.

LE PRINCE.

Je suivrai, si je puis,
Ton avis, etc.

STEINBERG.

Que, par vous, mes avis
Soient suivis! etc.

(Le prince s'élance avec l'huissier par la porte à droite au moment où la duchesse et Marguerite entrent par la porte à gauche.)

SCÈNE III.

MARGUERITE, LA DUCHESSE, STEINBERG.

LA DUCHESSE.

Nous voici exactes au rendez-vous.

STEINBERG.

Son Altesse, qui vient d'être appelée chez le grand-duc... ne tardera pas à nous rejoindre...

MARGUERITE.

Bon! je vais repasser mon rôle.

STEINBERG, bas à la duchesse.

Il est dans les dispositions les plus heureuses.

LA DUCHESSE de même, pendant que Marguerite a été s'asseoir à gauche.

En vérité!

STEINBERG, de même.

Furieux contre son mariage et contre son oncle...

LA DUCHESSE, de même.

C'est bien! veillez seulement à l'exécution du plan...

STEINBERG.

Dont nous sommes convenus tantôt à l'orangerie!...

LA DUCHESSE.

C'est l'essentiel !

STEINBERG.

C'est déjà commencé... tout marche... (Haut.) Je vais prévenir M. de Muldorf que la répétition a lieu ici... chez le prince, et je reviens avec lui !

LA DUCHESSE.

Bien... hâtez-vous !...

(Steinberg sort.)

SCÈNE IV.

MARGUERITE, LA DUCHESSE.

LA DUCHESSE.

Eh bien! Marguerite, savez-vous votre rôle?

MARGUERITE.

Oui, madame la duchesse, je l'ai répété ce matin sans me tromper d'une parole.

LA DUCHESSE.

Ah! ce n'est pas la mémoire qui m'inquiète... c'est l'âme, c'est l'expression... Il y a des phrases qui devraient être à effet, et qui n'en produiront aucun.

MARGUERITE.

Vous trouvez?

LA DUCHESSE.

Parce que c'est froid... parce que vous n'y mettez pas de chaleur.

MARGUERITE.

Je fais comme je peux.

LA DUCHESSE.

Cet endroit surtout : « Ah! si vous pouviez lire au fond « de mon cœur, vous verriez que vous êtes bien injuste, et

« je n'aime que vous... que vous ! » Vous dites cela en baissant les yeux...

MARGUERITE.

Il faut donc les lever ?

LA DUCHESSE.

Mais sans doute... vers celui à qui l'on parle... et d'un air ému... un peu de tremblement dans la voix... et puis de l'agitation...

MARGUERITE.

C'est trop de choses à la fois, c'est trop difficile !

LA DUCHESSE.

Mais vous n'avez donc jamais aimé ?...

MARGUERITE.

Oh ! si, madame !

LA DUCHESSE.

Comment, si ?...

MARGUERITE.

Oui...

LA DUCHESSE, riant.

Qu'est-ce que vous dites donc là !... et vous ne m'en avez jamais parlé !

MARGUERITE.

Pour rien au monde je n'aurais osé... car je sentais bien que c'était mal... très-mal...

LA DUCHESSE, avec bonté.

Et pourquoi donc ? quand on est aimée... adorée...

MARGUERITE.

Et quand on ne l'est pas... quand tout vous sépare à jamais !...

LA DUCHESSE.

Peut-être est-ce une erreur... Voyons, mon enfant, racontez-moi cela... C'est depuis peu... très-peu, sans doute ?

MARGUERITE.

Non, madame, il y a bien longtemps... c'était l'autre année...

LA DUCHESSE, avec effroi.

Comment! avant notre arrivée à la cour?

MARGUERITE, naïvement.

Oh! bien avant!

LA DUCHESSE.

Qu'est-ce que j'apprends là!... et vous avez osé...

MARGUERITE.

Vous disiez que ce n'était pas un mal...

LA DUCHESSE, troublée.

Je n'ai pas dit cela... j'ai dit que si quelqu'un vous aimait avec ardeur... avec passion...

MARGUERITE, pleurant.

C'est que dans ce temps-là... il m'aimait comme cela... lui... tandis que maintenant...

LA DUCHESSE.

Lui! et qui donc?...

MARGUERITE, vivement.

M. Wolf... ce jeune homme que nous avons rencontré ce matin ici dans le palais.

LA DUCHESSE, avec dépit.

M. Gœthe... que j'ai fait venir ici... à la cour!...

MARGUERITE, avec chaleur.

Et vous avez vu avec quelle froideur, avec quel dédain il m'a accueillie... vous en avez été témoin... et quand il ose dire, madame, qu'il me connaît très-peu, que c'est à peine s'il se rappelle mon souvenir... ce n'est pas vrai... ce n'est pas possible... lui qui, pendant une année entière, me disait : Je vous aime!... et moi aussi...

LA DUCHESSE.

Grand Dieu!...

MARGUERITE.

Oui, madame... je ne m'en cache pas... je le dirais à vous, à tout le monde...

LA DUCHESSE, vivement.

Gardez-vous-en bien!...

MARGUERITE.

Car c'est pour m'épouser qu'il était parti, qu'il voulait faire fortune... et quand, orpheline et sans appui, vous m'avez emmenée avec vous, je me suis empressée de lui écrire à Francfort, chez son père... où il devait être... tous les jours je lui écrivais... sans vous le dire... je m'en accuse... cela n'était pas bien... mais ce qui est beaucoup plus mal encore... il ne m'a pas répondu une seule fois... pas une seule... et je comprends maintenant pourquoi.

LA DUCHESSE.

C'est évident!...

MARGUERITE.

Il m'a oubliée, il en aime d'autres!...

LA DUCHESSE.

C'est possible!... c'est probable!...

MARGUERITE.

C'est sûr! l'infidèle! et moi, madame... je l'aime toujours!...

LA DUCHESSE.

Allons donc!...

MARGUERITE.

Plus que jamais!

LA DUCHESSE.

Je ne peux pas le croire... et si j'étais à votre place, par fierté... par honneur... je mourrais plutôt que de laisser voir de pareils sentiments.

MARGUERITE.

Vous avez bien raison!...

LA DUCHESSE.

Je les oublierais!...

MARGUERITE.

Oh! certainement!...

LA DUCHESSE.

Et même pour me venger j'en aimerais un autre...

MARGUERITE, en pleurant.

J'y pensais, et à coup sûr... si je peux...

LA DUCHESSE.

On essaie toujours!...

MARGUERITE.

Comme vous dites, j'essaierai!...

LA DUCHESSE.

Silence! c'est le prince!...

SCÈNE V.

MARGUERITE, LA DUCHESSE, LE PRINCE, sortant de l'appartement à gauche.

LE PRINCE, apercevant les deux dames qui le saluent, et jetant sur la table à droite une boîte à portrait qu'il tenait à la main.

Pardon, mesdames, de vous avoir fait attendre. (A la duchesse.) Je suis heureux de vous voir, duchesse...

LA DUCHESSE.

Qu'y a-t-il donc?

LE PRINCE, à demi-voix.

Je quitte mon oncle; plus inflexible, plus absolu que jamais, il veut que ce mariage ait lieu.. non pas dans trois mois, comme je l'espérais, mais cette semaine...

LA DUCHESSE, de même.

Ce n'est pas possible!

LE PRINCE, de même.

C'est ainsi!... un courrier de cabinet vient de lui apporter le portrait de la princesse Christine, ma prétendue, qu'il m'a remis.

(Montrant la boîte qu'il a jetée sur la table.)

LA DUCHESSE, de même.

Et vous ne le regardez pas?

LE PRINCE, de même.

Rien ne presse... j'ai le temps... mais si vous et M. de Steinberg ne venez pas à mon aide, duchesse, ce mariage... ce maudit mariage...

LA DUCHESSE, à voix basse.

N'en parlez pas devant Marguerite...

LE PRINCE, de même.

Et pourquoi donc?

LA DUCHESSE, de même.

Je lui en ai dit deux mots tout-à-l'heure, et depuis ce moment, elle est toute pensive, préoccupée...

LE PRINCE, vivement.

En vérité!

LA DUCHESSE, souriant.

Je ne serais pas étonnée que son rôle n'allât tout de travers...

LE PRINCE, de même.

Ah! dans mon bonheur... dans ma reconnaissance, que pourrais-je donc faire pour elle?

LA DUCHESSE.

Rompre cette union... C'est, j'en suis sûre, tout ce qu'elle désire... elle ne vous le dira pas; mais c'est à vous de le deviner.

LE PRINCE.

Ah! si vous dites vrai... s'il en est ainsi... un seul de ses regards...

LA DUCHESSE.

Prenez donc garde.

LE PRINCE, apercevant Steinberg et Muldorf, introduits par un huissier.

Voici ces messieurs.

SCÈNE VI.

DE MULDORF, STEINBERG, MARGUERITE, LA DUCHESSE, LE PRINCE; Un Huissier.

TOUS.

AIR : Signora Amalata. (*La Part du diable.*)

On sait son rôle à ravir :
Pour s'amuser, se divertir,
Nous arrivons,
Nous accourons.
Mes chers amis, vive Thalie !
Sa gaîté, son entrain,
Ses mots joyeux et sa folie
Éloignent soudain
De cette vie
Et les ennuis et le chagrin !

LE PRINCE, à l'huissier.

Maintenant, Herman, et sous aucun prétexte, vous ne laisserez entrer personne.

L'HUISSIER, avec embarras.

Mais...

LE PRINCE.

Personne au monde... excepté M. Gœthe...

LA DUCHESSE et MARGUERITE, faisant un mouvement.

Comment?

LE PRINCE.

Je l'ai fait prévenir... ses conseils peuvent nous être utiles... surtout pour la seconde pièce... qui est de lui... *les Caprices d'un Amant*, dont il m'a offert ce matin un exem-

plaire, une seconde édition avec de nombreux changements...
nous les verrons en répétant... (A l'huissier.) Vous m'avez
compris...

L'HUISSIER.

Parfaitement, Altesse; mais la personne qui s'était déjà
présentée ce matin... maître Jean...

LE PRINCE, se frappant le front.

Ah ! mon Dieu !

L'HUISSIER.

Que monseigneur avait invité à prendre la collation à
trois heures... il est là qui demande à entrer...

LE PRINCE.

Le pauvre homme... je l'avais oublié ! Aussitôt la répétition finie, tu feras entrer...

L'HUISSIER.

Oui, monseigneur...

(Il s'incline et sort.)

LA DUCHESSE.

Je promets alors du plaisir à Votre Altesse...

STEINBERG.

Ce sera la petite pièce après la grande.

LE PRINCE.

Comment cela ?

MULDORF.

De l'antichambre voisine il avait ce matin entendu répéter Votre Altesse...

STEINBERG.

Et il avait pris au sérieux... les phrases d'honneur... de
probité... que vous récitiez...

LA DUCHESSE.

Quel noble... quel excellent prince ! disait-il...

STEINBERG.

Comment ne pas aimer... admirer tant de vertus !

MULDORF.

C'était à mourir de rire !...

STEINBERG, riant.

Et de souvenir, encore... Ah! ah! ah!

LA DUCHESSE, de même.

Ah ! ah! ah!

MULDORF.

Son erreur et sa bonhomie étaient du dernier comique.

LE PRINCE, embarrassé.

Assez, messieurs, assez... je ne trouve pas cela si ridicule... Ce brave homme a droit à vos égards et à ma reconnaissance; il honore le prince par les vertus qu'il lui suppose, et quant aux paroles de mon rôle, ces paroles de bienfaisance et de bonté...

AIR de *La Sentinelle*.

Puisqu'il suffit pour me faire bénir
Qu'un seul instant on me les attribue,
Au fond du cœur je veux les retenir
Pour que plus tard mon rôle continue.
Si je régnais... ces mots si généreux...
   Je voudrais, en cette province,
   Les dire à tous les malheureux...

MARGUERITE, qui a écouté avec émotion.

   Le public serait plus nombreux,
   Et le succès digne d'un prince...

LE PRINCE, vivement.

Vous croyez, Marguerite ?

MARGUERITE.

Oui, monseigneur, chacun vous bénira et vous aimera.

LA DUCHESSE, bas au prince.

Vous l'entendez?...

LE PRINCE.

Quoi!

LA DUCHESSE, à voix haute.

Eh bien ! puisque nous voilà tous réunis... si nous répétions?

TOUS.

Oui, répétons...

LE PRINCE.

Et M. Gœthe ?

LA DUCHESSE.

On commencera sans lui la première pièce.

LE PRINCE.

A la bonne heure !

STEINBERG.

Son Altesse a raison... commençons toujours la première scène; c'est à moi.

LA DUCHESSE.

Et la seconde est à nous deux... elles sont sues et parfaitement...

STEINBERG.

Oui sans doute... mais...

LA DUCHESSE, à voix basse.

Hâtons-nous... je vous dirai pourquoi...

MULDORF, vivement.

Alors, c'est à moi... la lettre que j'apporte... (Cherchant sur la table.) Où y a-t-il une lettre?...

LA DUCHESSE.

Eh ! non, pas encore !

MULDORF, prenant un livre.

Alors, je soufflerai en attendant.

LA DUCHESSE.

C'est Albert et Louise qui entrent ensemble... la scène essentielle.

LE PRINCE, à Marguerite.

Je suis à vos ordres, mademoiselle...

MARGUERITE.

C'est moi qui suis aux vôtres, monseigneur.

(La duchesse et Steinberg s'assoient à droite, Muldorf à gauche tenant un livre et soufflant le prince et Marguerite qui remontent la scène et simulent une entrée.)

LE PRINCE.

Pouvons-nous commencer ?

TOUS.

Oui, oui.

LE PRINCE.

« Oui, je suis le plus heureux des hommes... »

MULDORF, soufflant.

Le plus malheureux...

LE PRINCE.

« Oui, je suis le plus malheureux des hommes...

MARGUERITE.

« En vérité, monsieur Albert, on ne s'en douterait pas...
« vous le fils d'un riche fermier, propriétaire un jour de
« cette belle métairie... et mieux encore...

LE PRINCE.

« Que signifie ce sourire ?

MARGUERITE.

« Ne dit-on pas que M. Joseph Saldorf, le meunier, vous
« destine sa fille Marianne ?...

LE PRINCE.

« Voilà ce qui me désespère !...

MARGUERITE.

« Pourquoi donc ? une si jolie blonde... la beauté du
« village !... ne vous en êtes-vous pas aperçu ?... vous n'a-
« vez donc pas d'yeux, monsieur Albert ?

LE PRINCE.

« C'est vous, Louise, qui n'en avez pas... »

LA DUCHESSE, avec approbation.

Très-bien !

LE PRINCE.

« Ne voyez-vous pas que je vous aime, que c'est là mon
« unique pensée, ma vie entière, et que de tous les tour-
« ments qui m'accablent, le plus cruel pour moi, c'est vo-
« tre indifférence ?... »

MARGUERITE.

« Moi indifférente... monsieur Albert... qui vous a dit
« cela ? »

STEINBERG, avec approbation.

Bravo ! bravo !...

LE PRINCE.

« Ce qui me l'a dit ?... vos yeux qui sans cesse se détour-
« nent des miens... votre calme, votre sang-froid... ce sou-
« rire même qui, dans ce moment, semble errer sur vos
« lèvres... »

MARGUERITE.

« Ingrat ! »

LA DUCHESSE.

Très-bien !... elle a dit ingrat à merveille.

MULDORF.

C'est senti !

STEINBERG.

Cela part du fond de l'âme.

MARGUERITE.

« Dans cette ferme où je ne suis qu'une humble et pau-
« vre servante... que puis-je faire de mieux que d'éviter
« vos regards... que de cacher au fond de mon cœur les
« sentiments que j'éprouve !... mais si vous pouviez y lire
« au fond de ce cœur... »

LA DUCHESSE.

Plus haut !

MARGUERITE.

« Vous verriez, monsieur Albert... que vous êtes bien
« injuste (Baissant les yeux et la voix.) et que je n'aime que
« vous... (Avec crainte, regardant autour d'elle.) que vous !...

LE PRINCE.

« Ah ! Louise... Louise !... »

LA DUCHESSE.

Je crois qu'il doit se jeter à ses pieds.

LE PRINCE, s'y jetant.

C'est juste !...

STEINBERG.

Il prend sa main qu'il couvre de baisers.

LE PRINCE.

Sans contredit...

MARGUERITE, voulant retirer sa main.

Mon prince... Monseigneur... il me semble que ce n'est pas nécessaire...

LE PRINCE.

C'est dans le rôle.

TOUS.

C'est dans le rôle.

LE PRINCE.

C'est l'intention de l'auteur.

SCÈNE VII.

LA DUCHESSE et STEINBERG, assis à droite du théâtre, MUL-DORF, assis à gauche, MARGUERITE, debout, au milieu de la scène, LE PRINCE à ses genoux, couvrant sa main de baisers, GOE-THE, entrant par la porte à droite précédé d'UN HUISSIER qui se retire.

GŒTHE, apercevant le prince aux pieds de Marguerite et à part.

O ciel ! qu'ai-je vu !

LE PRINCE, gaiement.

Vous arrivez à propos, monsieur Gœthe, nous répétons ; et si vous voulez bien nous mettre en scène...

GŒTHE, troublé.

Eh! mais... monseigneur... il me semble que l'on ne peut y être ni mieux, ni plus naturellement que Votre Altesse...

LE PRINCE.

N'est-ce pas? c'est ce que je disais... il faut que je me jette à ses pieds et que je baise sa main... vous le voyez, mademoiselle, M. Gœthe en convient lui-même.

MARGUERITE, avec dépit.

Et je n'ai rien à répondre... M. Gœthe doit s'y connaître mieux que personne...

STEINBERG.

Quant à moi, je trouve que c'était divin, délicieux !

MULDORF.

C'est un tableau charmant et la scène est parfaitement rendue !...

LA DUCHESSE.

Moi, je suis plus difficile, et je trouve que la scène n'a pas été assez montée... que les dernières lignes ont été débitées avec trop de froideur... il n'y a pas là d'entraînement.

STEINBERG.

C'est ce que je pensais...

MULDORF.

J'allais le dire...

LE PRINCE.

Eh! mon Dieu, ces dernières lignes, nous pouvons les recommencer... nous ne sommes ici que pour ça...

MARGUERITE.

Je crains que cela ne fatigue Votre Altesse.

LE PRINCE, gaiement et galamment.

Nullement !... je passerais ma vie à vos genoux... comme

bien d'autres ; du reste, et puisque monsieur Gœthe n'a pas entendu cette dernière phrase... nous pouvons la recommencer devant lui... il nous dira franchement son avis... je le lui demande, dût-il nous trouver détestables. (Lui donnant le livre que tenait Muldorf.) Tenez, c'est là... si vous voulez suivre.

LA DUCHESSE, bas à Marguerite.

C'est l'instant de vous venger !... De la fierté et du courage...

LE PRINCE, à Marguerite.

Permettez-moi de vous donner la réplique ; qu'est-ce que je disais donc... « Votre calme, votre sang-froid... ce sou-
« rire même qui dans ce moment semble errer sur vos
« lèvres...

MARGUERITE, avec bien plus d'expression que la première fois.

« Ingrat !... Dans cette ferme où je ne suis qu'une humble
« et pauvre servante, que puis-je faire de mieux que d'é-
« viter vos regards, que de cacher au fond de mon cœur
« les sentiments que j'éprouve... mais si vous pouviez lire
« au fond de ce cœur, (Avec une chaleur toujours croissante.) vous
« y verriez, monsieur Albert, que vous êtes bien injuste,
« et que je n'aime que vous... (Avec passion.) Que vous !... »

LE PRINCE, hors de lui, se jetant à ses genoux, pendant que la duchesse, Steinberg et Muldorf applaudissent de toute leur force en criant bravo.

Ah ! Louise... Louise... ou plutôt... Marguerite...

GŒTHE, jetant le livre et s'élançant vers le prince qui presse la main de Marguerite sur son cœur.

Arrêtez !...

LE PRINCE, LA DUCHESSE, STEINBERG, MULDORF.

Qu'est-ce que c'est ?

GŒTHE, à part.

Qu'allais-je faire ? me perdre de ridicule ! et pour qui !...

LE PRINCE, toujours à genoux et tournant la tête en riant.

Est-ce que ce n'est pas ça? Parlez! parlez! et quoique vous soyez à la cour... nous voulons avant tout de la franchise, vous nous l'avez promis...

GOETHE, avec beaucoup d'émotion, cherchant à cacher son dépit.

Très-bien... mon prince... à merveille... je trouve que Votre Altesse est parfaitement dans son rôle... mais avec tout le respect que je dois à mademoiselle et au risque de paraître bien sévère... je dirai...

LA DUCHESSE, STEINBERG et MULDORF.

Par exemple!

LE PRINCE.

Laissez dire.

STEINBERG.

Je trouve que c'est parfait...

LA DUCHESSE.

Bien mieux que la première fois.

MULDORF.

Et que si nous recommencions une troisième, je ne sais pas où ça irait.

LE PRINCE, lui faisant signe de se taire.

Écoutons-le, messieurs, écoutons-le... moi, je ne me fâche pas de sa franchise.

MULDORF.

Son Altesse est trop bonne.

LE PRINCE, à Gœthe.

Parlez!

GOETHE.

Je comprends qu'aimée, adorée par une personne au-dessus d'elle, une jeune fille se laisse facilement enivrer... que l'éclat de la fortune l'éblouisse... que sa raison s'égare... Mais dans cet égarement même, il me semble que cette jeune fille, naguère encore si humble... si modeste...

si innocente... ne doit pas, en un instant, abdiquer tout son passé... qu'elle doit au moins laisser deviner quelques traces, quelques souvenirs de sa pureté primitive.

MARGUERITE, avec dépit.

Et moi, monsieur, je vous dirai...

GOETHE, avec chaleur.

Vous me direz qu'on peut oublier, dans l'excès de sa passion... les égards... la retenue... les convenances ; mais je ne pense pas que mademoiselle recherche de tels modèles ou ambitionne de pareils succès.

STEINBERG.

Eh ! mais, monsieur Gœthe, vous y mettez une chaleur...

LE PRINCE, gaiement.

Permise à un poète... Les opinions sont libres... on s'éclaire en discutant.

MARGUERITE.

Chacun s'exprime d'après sa manière de sentir, et si monsieur Gœthe ne comprend pas un amour vrai et durable...

GOETHE.

Et moi, je crois, mademoiselle, puisque Son Altesse laisse à chacun ici le droit de dire ce qu'il pense... je crois que ce genre de rôle vous convient moins bien... que tout autre que je pourrais citer.

MARGUERITE.

Monsieur me trouverait peut-être mieux dans l'autre pièce qui est de lui, je crois : *les Caprices d'un Amant !*

GOETHE, avec chaleur.

A coup sûr... il y a là une scène... celle de l'infidélité et des reproches... que vous rendriez à merveille.

LE PRINCE, vivement.

La scène troisième ?...

GOETHE.

Oui, mon prince... Mademoiselle doit la connaître...

MARGUERITE.

Je la relisais encore tout à l'heure...

LE PRINCE.

Eh bien! monsieur Gœthe, si vous voulez lui donner la réplique... je serais curieux de l'entendre.

MARGUERITE.

Ah! bien volontiers.

LE PRINCE.

D'autant plus que c'est moi qui, demain, dois remplir votre rôle. (Cherchant sur la table.) J'ai là le volume que vous m'avez offert ce matin, la dernière édition corrigée par vous... c'est ça... n'est-ce pas ?...

MARGUERITE, à Gœthe.

Je vous attends, monsieur.

GOETHE.

Me voici, mademoiselle.

MARGUERITE, commençant vivement et avec chaleur.

« Je ne peux revenir, monsieur, de votre air... de votre
« ton, de vos manières...

GOETHE, de même.

« Ils vous étonnent, mademoiselle? »

LE PRINCE, prenant le volume sur la table, qu'il se met à feuilleter.

Eh bien! vous commencez déjà... Attendez donc... que je puisse vous suivre.

MARGUERITE, continuant.

« Dans ce salon, aux yeux de tous, un emportement qui
« ne tendait à rien moins qu'à me compromettre...

GOETHE, de même.

« Ah! c'était là votre seule crainte... vous n'éprouviez pas
« d'autres sentiments ?... »

LE PRINCE, feuilletant toujours.

Vous dites la scène troisième... (Répétant les dernières paroles de Gœthe.) « Pas d'autres sentiments...

MARGUERITE.

« Si, monsieur... il y en avait un autre, celui de la pitié...
« jaloux par amour-propre... jaloux sans amour... et les
« reproches vous vont bien... à vous qui le premier avez
« trahi vos serments.

GOETHE.

« Moi !

MARGUERITE.

« Oui, vous ! »

MULDORF.

Bravo !... il y a une chaleur... un entrain...

STEINBERG.

Tout naturels !... quand c'est l'auteur lui-même.

LE PRINCE, qui a feuilleté.

Ah ! m'y voilà... « Trahi vos serments !...

GOETHE.

« Moi infidèle !... quand je n'ai pas cessé un instant de vous
« aimer, de penser à vous... de vous écrire... »

MARGUERITE, oubliant son rôle.

M'écrire... si on peut dire une chose pareille ? Quand c'est
moi qui, chaque jour, je vous le jure, monsieur !...

GOETHE, de même.

Espérez-vous qu'un tel mensonge puisse vous justifier,
lorsque tout vous accable et vous accuse ?

LE PRINCE, à la duchesse.

Ah ! çà... il y a donc là des changements ?

MARGUERITE.

Et qui pourrait m'accuser ?...

GOETHE.

Le lieu même où vous êtes... la faveur et l'éclat qui vous
entourent...

MARGUERITE.

Expliquez-vous, de grâce... Que voulez-vous dire?... parlez...

LE PRINCE.

J'aurai sauté une page... car je ne me retrouve pas...

GOETHE, à demi-voix.

Éclat dont je rougis pour vous... car il est la preuve non de l'honneur, mais de l'infamie...

MARGUERITE, hors d'elle-même.

Ah! c'est trop fort... écoutez-moi, monsieur.

MULDORF, écoutant de bonne foi.

Bravo!...

LA DUCHESSE, bas à Steinberg.

Elle nous perd!

MARGUERITE.

Après un mot pareil... tout est fini entre nous... mais vous saurez auparavant que je vous aimais...

GOETHE.

Mensonge et trahison!

MARGUERITE.

Je l'atteste devant Son Altesse elle-même.

LE PRINCE, se levant ainsi que tous les autres excepté Muldorf.

Qu'est-ce à dire?

GOETHE.

Oui, mon prince, ce fut mon premier, mon seul amour, et trahi par elle... je l'aime encore...

MARGUERITE, poussant un cri et courant à lui.

Ah! s'il était vrai!

MULDORF.

Bravo!

LE PRINCE, en colère.

Assez... assez...

Ensemble.

AIR : Finale de *Sémiramis.*

LE PRINCE.
Non, non, non,
Pour une telle audace,
Non, point de grâce,
Point de pardon !
En ces lieux,
Ah ! quel délire !
S'aimer, se le dire !
Tu trahis mes feux !...

GOETHE.
Non, non, non,
Pour une telle audace,
Non, point de grâce,
Point de pardon !
Sous mes yeux,
Ah ! quel délire !
S'aimer, se le dire !
Je suis furieux !

LA DUCHESSE, STEINBERG et MULDORF.
Non, non, non,
Pour une telle audace,
Non, point de grâce,
Point de pardon !
Sous ses yeux,
Ah ! quel délire !
S'aimer, se le dire !
Il est furieux !

MARGUERITE.
Monseigneur...

LE PRINCE.
Laissez-moi !

GOETHE.
Elle a trahi sa foi.

LE PRINCE.

Sortez tous, oui, sortez...
Et vous, Steinberg, restez.

La répétition est finie.

TOUS.

Non, non, non,
Pour une telle audace, etc...

(Gœthe et Muldorf sortent par le fond, la duchesse et Marguerite par la porte à droite; l'huissier vient de la gauche.)

L'HUISSIER.

Monsieur Jean, aubergiste.

SCÈNE VIII.

JEAN, en arrière, L'HUISSIER, s'approchant du prince, LE PRINCE, STEINBERG.

LE PRINCE, à part, en colère.

Au diable la visite!...

L'HUISSIER.

Il vient pour cette collation.

LE PRINCE, bas à l'huissier.

Qu'est-ce que tu as fait là?

L'HUISSIER.

Votre Altesse m'avait dit après la répétition.

LE PRINCE.

C'est juste... donne des ordres!...

L'HUISSIER, à voix haute.

De plus, pour Votre Altesse, une lettre de l'envoyé de Hesse-Darmstadt.

LE PRINCE.

Il suffit. (L'huissier sort.) Pardon, monsieur Jean, de vous faire encore attendre.

JEAN.

Ne vous inquiétez pas, mon prince... je sais ce que c'est... depuis ce matin je ne fais que cela.

LE PRINCE.

Asseyez-vous, monsieur Jean... asseyez-vous. (Jean s'asseoit au fond; le prince prend la boîte qu'il a jetée en entrant, et fait signe à Steinberg d'approcher.) Dans mon dépit, dans ma fureur... je suis capable de tout... je me marierai!

STEINBERG, à part.

Nous sommes perdus!

LE PRINCE, ouvrant le médaillon.

Et après tout, puisqu'on dit la princesse Christine si jolie... (Regardant le portrait.) O ciel! des traits pareils...

STEINBERG.

Et ce nez!...

LE PRINCE.

Il n'y a pas moyen de se venger à ce prix-là.

STEINBERG, à part.

Nous sommes sauvés!

LE PRINCE, ouvrant la lettre.

Je verrai ce soir au concert l'envoyé de Hesse qui m'écrit, et je lui dirai à lui-même... (Jetant les yeux sur la lettre.) Allons, il n'y viendra pas... une indisposition grave le retiendra au lit pendant quelques jours...

STEINBERG, à part.

Bravo!... (A demi-voix.) Si Votre Altesse, décidée à rompre, n'ose l'avouer au grand-duc, son oncle... il y a un moyen bien simple... c'est d'écrire en secret à la princesse elle-même.

LE PRINCE.

Tu as raison... de loin... c'est moins effrayant... compose toi-même cette lettre et apporte-la moi.

STEINBERG.

Oui, mon prince.

LE PRINCE, toujours bas.

Que Gœthe ne quitte pas ce palais avant que je ne l'aie vu... quant à Marguerite, auprès de qui je n'étais que trop timide, maintenant, je le jure... Pas un mot sur ce qui vient de se passer... que rien ne soit décommandé et qu'on soit gai... très-gai... je l'ordonne...

STEINBERG.

Tous vos ordres seront exécutés! (A part.) Courons dire à la duchesse que, malgré la tempête, notre vaisseau est arrivé au port!

SCÈNE IX.

JEAN, LE PRINCE.

LE PRINCE, affectant un air joyeux et dégagé.

Eh bien! monsieur Jean, vous avez donc bien voulu accepter la collation que je vous offrais?...

JEAN, avec embarras.

Certainement... mon prince... c'était trop juste!...

LE PRINCE.

En effet, j'ai dîné chez vous... vous m'avez reçu... c'est à mon tour.

JEAN.

Ce qui est cause... que depuis ce matin, et pour faire honneur à Monseigneur, je n'ai rien pris... rien du tout....

LE PRINCE.

Pauvre homme!... (A part, regardant la table servie.) Je n'ai pas appétit; mais ce n'est pas une raison pour qu'il meure de faim. (Haut.) Asseyons-nous, monsieur Jean, et dites-moi, car on m'a déjà parlé de vous, s'il est vrai que, ce matin, vous ayez entendu, de la porte de mon cabinet, une répétition ?

JEAN, à table avec le prince.

Que j'ai eu la simplicité de prendre pour une chose véritable... Oui, mon prince, quand on est tout neuf à la cour... quand on ne sait rien de rien... mais cela ne m'arrivera plus maintenant...

LE PRINCE.

Eh bien ! pour vous dédommager, je vous garde jusqu'à demain, et veux vous faire assister à la comédie.

JEAN.

Oh ! non, mon prince !... le ciel m'en préserve !

LE PRINCE.

Et pourquoi donc ?... je veux que vous soyez non loin de moi... cela m'amusera...

JEAN.

Votre Altesse est trop bonne... mais avec tout le respect que je lui dois... je lui avouerais... si je l'osais...

LE PRINCE.

Parle toujours ?

JEAN.

Que j'ai assez de comédie comme ça, j'en sors...

LE PRINCE.

Toi ?

JEAN.

C'est-à-dire il y a trois quarts d'heure à peu près...

LE PRINCE.

Et où donc ?

JEAN.

Dans l'orangerie où je m'étais caché.

LE PRINCE.

Dans l'orangerie... qu'est-ce à dire ?...

JEAN, lui faisant signe de se taire.

Il ne faut pas en parler, monseigneur, car Gœthe qui est mon petit-fils...

LE PRINCE, fronçant le sourcil.

Gœthe le poète?

JEAN.

Lui-même !... m'avait prévenu qu'on me renverrait de la répétition générale, si on me voyait ou si je prononçais le moindre mot... aussi et bien avant deux heures, qui était l'heure fixée, je me suis glissé dans l'orangerie.

AIR du vaudeville de *La Famille de l'Apothicaire.*

Discrètement je me blottis
Derrière un massif de feuillage
Et de fleurs de tous les pays
Qui me prêtaient un doux ombrage ;
Respirant un parfum charmant,
A mon plaisir rêvant d'avance,
Et n'entendant rien... c'fut l'moment
L'plus agréabl' de la séance.

LE PRINCE.

Je t'avoue, maître Jean, que tu piques ma curiosité... à un point !...

JEAN.

Il n'y a pas de quoi... allez, monseigneur ! j'ai attendu d'abord quelques instants, et le spectacle ne commençait pas, ce qui m'impatientait, lorsqu'enfin ils sont arrivés... c'était d'abord un gros monsieur et une dame... qui, ce matin, se sont moqués de moi !

LE PRINCE.

M. de Muldorf et la duchesse?

JEAN.

Et puis ce grand avec qui Votre Altesse causait tout-à-l'heure... qui faisait dans la pièce un rôle de ministre...

LE PRINCE, étonné.

En vérité !...

JEAN.

La dame jouait une dame du palais, une dame d'honneur, et le gros un surintendant des finances.

LE PRINCE, riant.

Voilà qui est amusant!...

JEAN.

Pas trop... ils se sont mis à parler comme des gens qui causent naturellement ; mais pour moi qui ne suis plus aussi simple que ce matin, et qui suis au fait maintenant... il était bien aisé de voir que c'était un jeu, un semblant, enfin que ce n'était pas là une dame d'honneur et un ministre pour de vrai...

LE PRINCE, riant.

Et qui t'a fait si bien deviner?

JEAN.

Dame! tout ce qu'ils disaient... et d'abord le sujet de la pièce... un prince dont ils se moquaient, un prince, leur souverain...

LE PRINCE, à part avec colère.

Par exemple!... (Reprenant son calme et essayant de sourire.) Raconte-moi tout ce que tu as entendu... je veux dire le sujet de la pièce... cela me divertira infiniment.

JEAN.

Ma foi non... ça n'est pas divertissant du tout... au contraire...

LE PRINCE.

C'est égal... va toujours...

JEAN.

Voici donc la chose... c'est d'abord un prince que tout le monde mène... comme qui dirait par le bout du nez...

LE PRINCE.

Hein?

JEAN, vivement.

Comme si c'était possible, comme si un prince n'était pas

maître chez lui... et n'avait pas sa volonté... que tout le monde doit respecter?

LE PRINCE.

Après... après?

JEAN.

Après, il s'agissait d'un mariage que ce prince doit faire et qui contrariait les autres, parce qu'on veut lui faire épouser une femme qui a de l'esprit et de la tête... et qui ferait voir clair à son mari; alors, et pour empêcher ce mariage, voilà ce qu'on imagine...

LE PRINCE.

C'est là l'intrigue...

JEAN.

Oui... vous allez voir... La dame d'honneur veut rendre le prince amoureux d'une jeune fille... qui ne pense même pas à lui... je vous demande si c'est là une chose convenable et décente?... et pendant ce temps le surintendant qui a gagné des millions, on ne sait pas comment, et qui a peur qu'on ne revise ses comptes...

LE PRINCE, vivement.

Le surintendant?

JEAN.

Oui, le financier a prêté de l'argent, et voilà comme on l'emploie : il y a un courrier de cabinet, comme ils ont dit, qui doit apporter à la cour le portrait de la princesse, laquelle est belle et charmante comme les amours ; moyennant trente mille florins, le courrier qu'on a gagné confie le portrait à la grande dame pour une heure...

LE PRINCE, à part.

O ciel!...

JEAN.

Et un peintre de la cour a pendant ce temps et pour le prix de mille florins... changé le joli nez aquilin de la princesse contre un nez camard.

LE PRINCE.

Il serait possible !

JEAN.

C'est la seule chose qui m'ait amusé un peu... parce qu'une princesse avec un nez camard... et le prince qui croit ça...

AIR du vaudeville de *Fanchon.*

Ce nez de la princesse,
Ce nez camard le blesse,
Et son cœur indigné
Rompt cet hymen funeste !
Et quand l'ouvrage est terminé,
C'est le prince qui reste
Avec un pied de né !

C'est là, la morale de la pièce !

LE PRINCE, éclatant.

C'est une indignité !

JEAN.

N'est-ce pas ? c'est pitoyable ! (Se frappant le front.) Ah ! j'oubliais !

LE PRINCE.

Comment, encore !

JEAN.

Il y a un ambassadeur qui doit le soir venir à la cour au concert et qui pourrait découvrir la ruse du portrait...

LE PRINCE.

Eh bien ?

JEAN.

Eh bien ! cet ambassadeur, qui se croit toujours malade, ne voyage jamais sans son médecin, et moyennant cinquante mille florins donnés à celui-ci, il fait accroire à l'autre qu'il ne peut sans danger sortir de huit jours...

LE PRINCE, se levant.

Ah ! c'en est trop !...

JEAN, achevant son verre.

J'étais bien sûr que ça ne vous amuserait pas... ni moi non plus... et si c'est là ce qu'on appelle de la comédie, (se levant.) je ne conçois pas qu'il y ait des gens comme il faut qui choisissent et jouent de pareils rôles...

LE PRINCE, se promenant agité.

Tu as raison...

JEAN.

N'est-ce pas ?... une grande dame qui trafique de l'honneur d'une jeune fille, un financier qui vole l'État... et un ministre qui pour garder le pouvoir trahit son maître... est-ce que cela s'est jamais vu ?... et je me demandais comment vous, monseigneur, qui êtes un bon et noble prince, vous laissiez représenter à votre cour de pareilles choses.

LE PRINCE.

C'est vrai...

JEAN.

C'est... c'est d'un mauvais exemple !

LE PRINCE.

C'est vrai...

JEAN.

Et si cela allait donner à quelqu'un l'idée de prendre cela au sérieux... voyez quel danger !...

LE PRINCE, lui prenant la main.

Maître Jean, vous êtes un honnête homme.

JEAN.

Certainement, je n'entends rien aux comédies, quoique j'aie un garçon qui en fait son état... mais ce n'est pas ainsi que j'aurais arrangé celle-là !

LE PRINCE.

Et comment auriez-vous fait ?...

JEAN.

J'aurais fait... que le prince... je ne sais pas comment, aurait découvert tout cela !

16.

LE PRINCE, vivement.

Eh bien!... soit, le prince a découvert, il sait tout!

JEAN.

Qu'il aurait mis tout le monde à la porte!... donné la jeune fille à quelqu'amant de son choix... et qu'il aurait gardé pour lui la gentille princesse au nez aquilin, une femme d'esprit qui l'aurait rendu heureux... comme un bourgeois!... et qui l'aurait aidé à être prince!...

LE PRINCE.

Très-bien!

JEAN.

C'est peut-être uni comme bonjour, mais au moins c'est moral... ça fait plaisir à voir, et tous les honnêtes gens crieraient bravo!...

LE PRINCE.

Maître Jean, voilà des idées qui ne sont pas à dédaigner... restez ici une heure encore... ne fût-ce que pour voir la fin de la comédie que vous m'avez racontée.

JEAN.

Je vous avouerai, monseigneur, que pour mon goût et mon agrément particulier, j'aimerais autant...

LE PRINCE.

Ne pas la revoir... mais je vous en prie...

JEAN.

Votre Altesse connaît mon dévouement...

LE PRINCE.

Je vous accorderai en revanche ce que vous voudrez...

JEAN.

Franchement, ça vaut bien cela...

LE PRINCE.

Et chaque fois que vos affaires vous appelleront à Weimar... vous viendrez me voir... je le veux.

JEAN.

A condition que quand Votre Altesse passera devant l'auberge du *Docteur Faust*, elle s'y arrêtera...

LE PRINCE, lui tendant la main.

C'est dit... touchez là !

JEAN, lui secouant la main.

Ah! vous n'êtes pas fier, et ce que je disais ce matin avant de vous connaître...je le répète maintenant, vous êtes un bon prince ! un vrai prince !

LE PRINCE.

Pas encore, mais bientôt peut-être.

(Il sort par la droite.)

SCÈNE X.

JEAN, puis GOETHE.

JEAN.

Allons, Goethe avait raison... il y a du bon à la cour, je commence comme lui à m'y faire, et à m'y trouver bien.

GOETHE, entrant vivement par le fond.

Me retenir dans ce palais... ah! cela n'a pas de nom... c'est indigne !

JEAN, avec bonhomie.

Quoi donc ? quoi donc ?...

GOETHE.

Vous disiez vrai, mon grand-père, c'est ici un endroit de perdition... un séjour funeste où rien n'est respecté...

JEAN.

Dans tes comédies, je ne dis pas... mais ici à la cour... c'est différent... et le prince surtout...

GOETHE.

Le prince!... mais c'est lui... lui que j'accuse...

JEAN.

Et moi je le défends... Voyons! que lui reproches-tu?

GOETHE.

Ce que je lui reproche!... je ne le dirai ni à vous ni à personne; mais Marguerite est perdue pour moi, c'est sur le prince que je dois me venger...

JEAN.

Le prince...

GOETHE.

Qui prétend me retenir dans ce palais.

JEAN.

Ce n'est pas vrai!

GOETHE.

C'est en son nom qu'on attente à ma liberté!...

JEAN.

Ce n'est pas vrai!...

SCÈNE XI.

Les mêmes; MARGUERITE.

MARGUERITE.

AIR : Il faut quitter Golconde.

Ah! grand Dieu! que viens-je d'apprendre!
(A Goethe.)
Je n'ai que vous pour me défendre ;
On me retient dans ce palais,
Du prince tel est l'ordre exprès.

GOETHE, à Jean.

Eh bien ! devant de pareils faits
Que dites-vous ?...

JEAN.

Qu'ils n'sont pas vrais !

GOETHE, à Marguerite.

Vous ne l'aimiez donc pas?

MARGUERITE.

Jamais.

Et ces lettres que je vous écrivais à Francfort, chez votre père...

GOETHE.

Chez mon père... ah!... retenues, interceptées par lui...

SCÈNE XII.

Les mêmes; LA DUCHESSE, DE MULDORF, puis STEINBERG.

Ensemble.

LA DUCHESSE et MULDORF.

Eh! mon Dieu! que viens-je d'apprendre?
Dans ce salon il faut nous rendre;
Du prince tel est l'ordre exprès.
(A Steinberg qui entre par la droite.)
Savez-vous quels sont ses projets?

STEINBERG.

Rassurez-vous! je les connais,
Et je vous réponds du succès.

TOUS.

Le voici...
Nous allons savoir ses projets.

SCÈNE XIII.

Les mêmes; LE PRINCE, tenant plusieurs papiers à la main.

LE PRINCE.

Ah! je vous vois tous réunis comme pour une répétition... cela se rencontre à merveille, car depuis ce matin je me suis occupé de notre représentation (Souriant.) qui n'allait pas très-bien ; mais j'ai consulté... j'ai recueilli des avis sévères et judicieux... (Jean s'incline.) et je me suis décidé à faire quelques changements à notre comédie...

LA DUCHESSE.

Laquelle ?

JEAN, naïvement.

Eh ! mais... celle que je vous ai entendu répéter tantôt dans l'orangerie.

MULDORF.

Comment ?

STEINBERG, riant.

Il a encore pris cela pour une répétition.

LA DUCHESSE, de même.

L'imbécile !

LE PRINCE, sévèrement.

Quoi donc ! est-ce que ce n'était pas une comédie, messieurs ?

STEINBERG.

Pardonnez-moi, mon prince... c'était en secret... entre nous...

LA DUCHESSE.

Un petit à-propos, une surprise que nous vous ménagions, et dont le sujet...

LE PRINCE.

Je le connais... M. Jean m'a donné l'analyse de la pièce.

JEAN.

Le plus exactement que j'ai pu...

LA DUCHESSE, à part.

C'est fait de nous...

LE PRINCE.

J'ai trouvé cela... entre autres l'incident du portrait, un peu hardi... mais fort original, fort bien joué surtout... et cela marchait à merveille, sauf, comme je vous l'ai dit, le dénouement que je viens de changer : (Sévèrement.) le prince se marie!

TOUS.

O ciel!

JEAN.

Bravo! voilà ce que j'appelle une fin, et tout le monde approuvera.

LE PRINCE.

Mais ce changement-là a nécessité dans tous les rôles... ce que nous appelons en style de théâtre, des corrections... n'est-ce pas, Gœthe?

MULDORF, bas à Steinberg.

Je ne suis pas à mon aise!...

STEINBERG.

Ni moi non plus.

LE PRINCE.

Du reste, me défiant de moi-même, j'ai consulté le grand-duc mon oncle...

STEINBERG, à part.

C'est encore pis!...

LE PRINCE.

Qui est encore, malgré son âge, de fort bon conseil... et qui a même écrit quelques notes de sa main. (Parcourant les papiers.) Le rôle de la dame d'honneur.

JEAN, montrant la duchesse.

C'est madame!

LE PRINCE, lui remettant un papier.

Voici... puis le rôle du ministre...

JEAN, montrant Steinberg.

Monsieur qui est là-bas...

(Le prince lui remet un papier.)

LA DUCHESSE, lisant le papier.

Exilée dans mes terres!

JEAN, au prince.

C'est mieux !

STEINBERG, lisant.

La démission de tous mes emplois !

JEAN, au prince.

Il n'y a pas de comparaison... c'est bien plus moral!...
(A Steinberg.) et plus satisfaisant, n'est-ce pas ?

LE PRINCE.

Quant au financier...

JEAN, à M. de Muldorf.

C'est vous que cela regarde...

LE PRINCE, lui donnant un papier.

Il n'y a rien de changé !... dans le rôle du financier... il est seulement obligé de verser au trésor deux ou trois millions... fruit de ses premières dilapidations.

MULDORF.

Deux millions !

JEAN, à Muldorf en riant.

Ou trois... eh bien ! c'est juste, et en même temps c'est drôle.

LE PRINCE.

Si mieux il n'aime qu'on revise ses comptes.

MULDORF, vivement.

Non, monseigneur, je préfère la première manière. (A part.) J'y gagne encore...

JEAN.

Et la jeune fille... monseigneur ?...

LE PRINCE.

Le prince signera son contrat de mariage avec celui qu'elle aime ; mais pour cette dernière scène, je demanderai les avis de M. Gœthe... qui plus tard, je l'espère... après mon mariage, viendra se fixer à la cour de Weimar... près de moi, comme secrétaire... et surtout comme ami... nous ferons ensemble de la politique et des drames...

GOETHE.

Jamais d'aussi noble que celui d'aujourd'hui, mon prince.

LE PRINCE.

Il n'est pas de moi, mais de M. Jean... demandez-lui plutôt.

GOETHE.

Comment.... mon grand-père, vous qui ne saviez pas ce matin ce que c'était qu'une comédie... vous en faites maintenant?

JEAN.

Que veux-tu... il paraît que c'est dans le sang.

TOUS.

AIR : Parmi ces guerriers. (*Les Mousquetaires.*)

Ne méprisons pas
Les nobles ébats
Offerts par Thalie;
Car la comédie
Flatte notre goût,
Se donne partout,
Et, sages et fous,
Nous la jouons tous!

IRÈNE

ou

LE MAGNÉTISME

COMÉDIE-VAUDEVILLE EN DEUX ACTES

EN SOCIÉTÉ AVEC M. LOCKROY

Théatre du Gymnase. — 2 Février 1847.

| PERSONNAGES. | ACTEURS. |

M. LE COMTE DE BRIENNE, vice-amiral . . MM. FERVILLE.
LE VICOMTE HENRI DE CLERMONT, officier . . . . BRESSANT.
LE COMTE ANNIBAL DE BOUTTEVILLE. . . . . } amis de Clermont. TISSERANT.
LE CHEVALIER DE MONTARAN. J. DESCHAMPS.
UN VALET. . . . . BORDIER.

IRÈNE, fille de M. de Brienne. . . . . Mlles ROSE-CHÉRI.
LA BARONNE DE SAINT-SAVIN. . . . . EUG. SAUVAGE.
TÉRÉZINE, aubergiste de la Croix-d'Or. . . . ANNA CHÉRI.

DOMESTIQUES. — VALETS D'AUBERGE. — OFFICIERS. — MARINIERS, etc.

A Toulon, à l'auberge de la *Croix-d'Or,* au premier acte. — A Paris, au ministère de la Marine, au deuxième acte.

IRÈNE
ou
LE MAGNÉTISME

ACTE PREMIER

Une salle de l'auberge de la *Croix-d'Or* à Toulon. — A droite, sur le second plan, une chambre portant le n° 13. A gauche, en face, la porte d'un corridor conduisant à d'autres chambres. Au fond du théâtre, à droite, un escalier conduisant à une galerie intérieure au premier étage, avec une rampe en bois, tenant toute la largeur du théâtre et donnant sur d'autres chambres et sur de grandes croisées. La galerie continue à droite et à gauche du spectateur et est censée donner sur d'autres appartements qu'on ne voit pas. Au fond du théâtre et sous la galerie du premier étage, une porte conduisant à la salle à manger et à toutes les pièces du rez-de-chaussée.

SCÈNE PREMIÈRE.

TÉRÉZINE, descendant par l'escalier du fond de la galerie du premier étage; M. DE BRIENNE et IRÈNE, assis à droite, près de la table; DES DOMESTIQUES attendant derrière eux, tenant des malles et des cartons.

M. DE BRIENNE, s'adressant à Térézine.

Eh bien! madame l'aubergiste, qu'est-ce que ma sœur a définitivement choisi?

TÉRÉZINE.

Elle s'est décidée pour le numéro 8, au bout de cette galerie. (Montrant celle du premier étage.) La dernière chambre vacante, un appartement charmant!

M. DE BRIENNE, brusquement.

Parbleu! ils le sont tous!

TÉRÉZINE.

Comme vous dites, monsieur, à *la Croix-d'Or*, à Toulon... toutes les chambres sont commodes, les lits élégants, la cuisine *idem*... et moi et mon mari, monsieur Jacquemart...

M. DE BRIENNE, l'interrompant.

C'est bien! (Aux domestiques qui se tiennent au fond.) Portez ces malles et ces cartons chez madame la marquise, ma sœur... au numéro 8.

(Les domestiques portant les malles et les cartons montent l'escalier à droite, traversent la galerie du fond au premier étage, et disparaissent par la gauche.)

TÉRÉZINE, à M. de Brienne.

Ces dames y seront à merveille! Ce sont les chambres que tout le monde me demande, parce qu'elles donnent sur une grande terrasse par laquelle on descend dans notre jardin! des bosquets d'orangers et de citronniers! sans compter que de la terrasse on aperçoit la pleine mer, la rade de Toulon... rien que cela!

M. DE BRIENNE, avec impatience.

C'est bien!

TÉRÉZINE.

Et l'escadre sur le point d'appareiller! On n'attend plus que le commandant qui descend toujours chez nous!

IRÈNE, souriant.

En vérité!

M. DE BRIENNE, avec humeur.

Cela suffit!... ma sœur vient-elle souper?

TÉRÉZINE, se frappant le front.

Ah! j'oubliais!... elle m'a chargée de vous dire qu'elle n'a pas faim, qu'elle est fatiguée, et qu'elle a des lettres à écrire avant de se coucher.

M. DE BRIENNE, brusquement.

Comme elle voudra!... mais ma fille et moi nous soupons! n'est-ce pas, Irène?

IRÈNE.

Oui, mon père!... ne fût-ce que pour vous tenir compagnie en l'absence de ma tante.

TÉRÉZINE.

Ce sera prêt dans un instant. (Présentant un registre à M. de Brienne.) Si monsieur voulait s'inscrire sur le registre des voyageurs? cela nous est prescrit.

M. DE BRIENNE, écrivant.

C'est juste! Vous nous servirez dans mon appartement à moi... celui que vous voudrez. (Lui rendant le registre.) Je ne suis pas comme ma sœur, je ne suis pas difficile!... De quel côté est ma chambre?

TÉRÉZINE.

Nous en avons de fort convenables là-haut!... (Jetant les yeux sur le registre, à part.) Monsieur le comte de Brienne, vice-amiral, avec sa fille, et madame la marquise de Villiers, sa sœur! (Haut, vivement.) Monsieur... monsieur le vice-amiral, nous avons là de ce côté... (Montrant le corridor, à gauche.) au rez-de-chaussée, la chambre d'honneur donnant sur le jardin.

IRÈNE, vivement.

Ce sera celle de mon père!

TÉRÉZINE, allant à un meuble à gauche.

Et puis il y a là des lettres et des paquets arrivés de Paris à l'adresse de M. le vice-amiral, comte de Brienne, ce qui m'avait fait penser naturellement, ainsi qu'à mon mari, qu'il nous ferait l'honneur de descendre chez nous!

M. DE BRIENNE, l'interrompant.

C'est bien! notre souper?

TÉRÉZINE.

Dans l'instant, monseigneur! (A part, en s'en allant.) Un vice-amiral chez nous!

(Elle sort par la porte à gauche.)

SCÈNE II.

M. DE BRIENNE, IRÈNE.

M. DE BRIENNE.

Cette femme est bavarde!

IRÈNE.

Elle est aubergiste, et enchantée de vous recevoir! Vous voyez qu'elle s'en vantait d'avance!

M. DE BRIENNE, regardant sa fille.

N'es-tu pas bien fatiguée, ma fille?

IRÈNE.

Non, vraiment!

M. DE BRIENNE.

Venir de Versailles jusqu'ici, presque sans s'arrêter!

IRÈNE.

J'étais avec vous, mon père!

M. DE BRIENNE.

Tu as voulu, malgré moi, m'accompagner...

IRÈNE.

Pour vous voir plus longtemps et vous faire mes adieux!

M. DE BRIENNE.

Merci, merci, mon enfant! c'est ton retour qui m'inquiète.

IRÈNE.

Je reviendrai avec ma tante; aucun danger, et y en eût-il, il n'est pas permis d'avoir peur à la fille et à la sœur d'un marin!

M. DE BRIENNE.

Oui, mon fils va se battre pour l'indépendance de l'Amérique : moi, croiser dans la Méditerranée contre les Anglais; et pendant bien longtemps peut-être, te voilà sans protecteur!

IRÈNE.

Et moi donc!... me comptez-vous pour rien?

M. DE BRIENNE.

Non! mais avant de quitter Versailles et la cour, j'aurais aimé à te voir mariée. Notre jeune reine, Marie-Antoinette le désirait... tu ne l'as pas voulu!

IRÈNE.

Non, mon père!

M. DE BRIENNE.

Ainsi, de tous ces jeunes seigneurs qui t'entouraient, aucun n'a réussi à te plaire?

IRÈNE.

Aucun!

M. DE BRIENNE.

Et tu n'aimes personne?

IRÈNE.

Personne! que vous, mon père! vous êtes si bon! Par exemple, une chose qui me surprend, c'est que vous avez partout une réputation de sévérité effrayante! vos domestiques n'osent lever les yeux devant vous; et j'ai vu de braves soldats trembler en vous adressant la parole! cela ne m'a jamais produit cet effet-là... au contraire!... c'est moi qui vous gronde parfois... avec respect, s'entend!

M. DE BRIENNE.

C'est que toi... tu es ma fille!

IRÈNE.

Et puis ils disent aussi que vous êtes sombre, taciturne, ne parlant jamais! avec moi vous parlez... et de tout... comme en ce moment!

M. DE BRIENNE.

C'est que toi... tu es ma fille !

IRÈNE.

Ne vous étonnez donc pas si ce bonheur-là me suffit !

AIR : De votre bonté généreuse.

De notre jeune souveraine
Qu'une autre obtienne la faveur !
Qu'une autre, glorieuse et vaine,
Recherche un titre et de l'honneur.
Quant à moi, plus ambitieuse,
Plus exigeante dans mes goûts,
Je veux plus !... je veux être heureuse !...
Voilà pourquoi je reste auprès de vous ! (Bis.)

(Prenant les lettres que Térézine a placées sur la table.)

Tenez, mon père, voici vos lettres, lisez, que je ne vous gêne pas! celle-ci d'abord! ce doit être la plus importante... un grand cachet... et ces mots : *Conseil du Roi*.

M. DE BRIENNE, l'ouvrant.

Oui... tu as raison. Des ordres pour l'embarquement et le départ...

IRÈNE, vivement.

Prochain?...

M. DE BRIENNE, avec émotion.

Très-prochain! (Ouvrant vivement d'autres lettres.) Beaucoup d'autres instructions particulières, pour des personnes que tu ne connais pas!... Monsieur le vicomte Henri de Clermont.

IRÈNE.

Attendez donc !... je crois qu'il a été reçu chez vous, il y a un an... à Versailles !

M. DE BRIENNE.

C'est possible!... nous recevions tant de monde! (Souriant.) T'y intéresses-tu?

IRÈNE, froidement.

Moi!... du tout!

M. DE BRIENNE, lisant.

« Monsieur le vicomte Henri de Clermont, qui a donné,
« il y a un an, sa démission de capitaine de dragons, et qui
« depuis ce temps a voyagé en Italie, demande aujourd'hui
« à reprendre du service. Il doit être en ce moment à
« Hyères, ou à Toulon, pour raison de santé... » (A Irène, qui fait un geste.) Il était donc malade?

IRÈNE, froidement.

Il paraît!...

M. DE BRIENNE, continuant.

« Veuillez lui expliquer, avec les ménagements que l'on
« doit à sa famille, qui est puissante, que sa demande ne
« saurait être accueillie, à notre grand regret! Dites-lui (ce
« que nous ne voulons pas lui écrire) que c'est le roi lui-
« même qui s'y est opposé. Notre jeune souverain n'entend
« point raillerie sur le chapitre des mœurs, et la dernière
« aventure du vicomte a causé trop de scandale... » (S'interrompant.) L'aventure... je crois bien en effet qu'il y a eu quelque chose... te rappelles-tu?

IRÈNE.

Moi, mon père!... est-ce que cela me regarde? tout ce que je sais, c'est que vous ne l'avez plus reçu. Et vous avez bien fait. C'était d'un bon exemple.

M. DE BRIENNE.

Tu trouves?

IRÈNE.

Oui, mon père.

M. DE BRIENNE.

Tu sais donc alors ce que c'était?

IRÈNE.

Moi!... non; mais ma tante!...

M. DE BRIENNE.

Tu me parlais tout à l'heure de ma sévérité!... mais toi et ta tante vous êtes bien plus rigides encore que moi, vieux marin... (Voyant le geste d'Irène.) C'est bien!... je ne vous blâme pas! vous êtes comme le roi!

SCÈNE III.

Les mêmes; TÉRÉZINE, rentrant par la porte à gauche.

TÉRÉZINE.

Monsieur le vice-amiral est servi dans la salle du rez-de-chaussée.

M. DE BRIENNE, souriant.

La chambre d'honneur qui donne sur le jardin!

TÉRÉZINE.

Et du jardin... on peut remonter par la terrasse dans la chambre de ces dames, qui est juste au-dessus.

IRÈNE, à son père.

Ce sera commode! vous viendrez nous dire bonsoir!

M. DE BRIENNE, à demi-voix.

Mieux que cela!... vous faire mes adieux.

IRÈNE.

O ciel!

M. DE BRIENNE.

Sans l'avouer à ta tante, à qui je veux épargner ce moment-là... à cause de ses crises nerveuses! mais à toi, qui as de la force... je peux te dire : je pars cette nuit.

IRÈNE.

Vous, mon père!

M. DE BRIENNE.

J'en ai reçu l'ordre. Il faut que demain soir, nous soyons

en vue de Gênes! ainsi donc quand vous vous éveillerez... nous aurons mis à la voile! (A Irène qui porte sa main à ses yeux.) Allons, allons, ai-je eu tort de compter sur ta fermeté?

IRÈNE.

Non, mon père!

M. DE BRIENNE.

C'est à toi d'en donner à ma sœur, et d'être en mon absence, sa consolation et sa fille!... et si jamais tu cessais de mériter son affection ou la mienne... tout serait fini pour ton vieux père!...

IRÈNE.

Qu'osez-vous dire? est-ce que c'est possible?

M. DE BRIENNE.

Non! non! que veux-tu?

AIR du Fumiste.

Ma faiblesse est bien naturelle!
Quand il faut quitter son enfant,
Tout vous effraie, et c'est pour elle
Qu'on devient timide et tremblant!

IRÈNE.

Allons donc, quel enfantillage!
A mon tour je vais vous gronder!
Vous qui m'ordonniez le courage!

M. DE BRIENNE.

C'est moi... qui viens t'en demander!

Ensemble.

IRÈNE.

Sa faiblesse est bien naturelle! etc.

M. DE BRIENNE.

Ma faiblesse est bien naturelle! etc.

(M. de Brienne sort avec sa fille par la porte que Térézine vient de leur indiquer.)

SCÈNE IV.

TÉRÉZINE, puis, DE CLERMONT.

TÉRÉZINE, regardant sortir M. de Brienne et sa fille.

Un amiral! c'est un fier honneur pour la maison! Nos voisins de la *Croix-de-Malte* vont-ils enrager, eux qui ont fait tant de bruit le mois dernier pour un malheureux capitaine de frégate! (On entend le fouet d'un postillon.) Ah! encore du monde!...

DE CLERMONT, à la cantonade.

Dételle les chevaux!... je coucherai ici... je connais la maison.

(Il entre en scène, et un domestique qui entre après lui, pose sur la table à droite un nécessaire de voyage.)

TÉRÉZINE, à part.

Il paraît que c'est une pratique! Eh oui! ce jeune gentilhomme qui, l'autre année, allait en Italie par le chemin de la Corniche!... (Haut.) le vicomte de Clermont!

DE CLERMONT, riant.

Térézine!... la petite servante provençale qui, l'année dernière, a fait ma chambre.

TÉRÉZINE.

Oui, monsieur le vicomte.

DE CLERMONT.

Tu vois que j'ai de la mémoire! mais c'est que tu menaçais déjà d'être fort gentille. (S'approchant d'elle.) Et il me semble que, depuis, le danger n'a fait que s'accroître!

TÉRÉZINE, se reculant.

Oh! bien oui!... mais ce n'est plus ça! je ne suis plus la servante, je suis la maîtresse de l'auberge.

DE CLERMONT.

En vérité!

TÉRÉZINE.

M. Jacquemart m'a épousée !

DE CLERMONT.

Ce brave M. Jacquemart!... qu'est-ce que c'est que M. Jacquemart ?

TÉRÉZINE.

Un célèbre cuisinier de Marseille, qui a étudié à Paris, chez un fermier-général. Il est venu acheter, à Toulon, l'hôtel de la *Croix-d'Or* où j'étais déjà servante, et en me voyant !... pécaïre !...

DE CLERMONT.

Amour, tu perdis Troie !...

TÉRÉZINE.

Oui, monsieur !... et quoique je n'eusse rien...

DE CLERMONT.

M. Jacquemart a fait une très-bonne affaire.

AIR du vaudeville du *Premier prix*.

Cette mine gentille et vive
Doit l'enrichir !... car, grâce au ciel,
Pour t'admirer chacun arrive !
Et dans les comptes de l'hôtel
Le voyageur, s'il faut qu'il parte,
Ne peut plus rien vérifier :
Tes yeux lui font perdre la carte
Quand il s'agit de la payer !

TÉRÉZINE, faisant la révérence.

Vous êtes bien bon !

DE CLERMONT.

C'est égal ! tu méritais mieux que cela !

TÉRÉZINE, baissant les yeux.

Vous trouvez ?

DE CLERMONT.

Oui, je suis fâché pour toi, que tu aies épousé un cuisinier, quelque célèbre qu'il soit ! mais d'un autre côté j'en suis content.

TÉRÉZINE.

Et pourquoi ?

DE CLERMONT, froidement.

Parce que j'aurai un bon souper, j'en suis sûr !

TÉRÉZINE, étonnée.

Quoi, monsieur le vicomte !...

DE CLERMONT, entendant le fouet d'un postillon.

Tiens, voilà des voyageurs qui arrivent. Occupez-vous d'eux, madame Jacquemart...

TÉRÉZINE.

On a le temps ! votre chambre est là, monsieur le vicomte, au numéro 13. C'est votre ancienne !

DE CLERMONT.

C'est bien ! ne pensez pas à moi, je vous en prie !

SCÈNE V.

LES MÊMES ; ANNIBAL, LE CHEVALIER.

ANNIBAL, entrant par le fond.

La fille et les garçons ! en avant ! et qu'on se dépêche de nous servir.

DE CLERMONT, se retournant.

Le chevalier de Montaran avec qui j'ai été élevé ! le comte Annibal de Boutteville !

ANNIBAL et LE CHEVALIER, l'apercevant.

Henri de Clermont !

TÉRÉZINE, à part.

Ils se connaissent.

ANNIBAL.

Quel plaisir de se retrouver sous le beau ciel de la Provence, moi, votre guide, votre précepteur! (Montrant de Clermont.) car le vicomte est un de mes anciens élèves. Un élève qui m'a fait honneur dès les premiers pas!... le voilà lancé! quant au chevalier... c'est différent, c'est un nouveau.

LE CHEVALIER.

Oui... j'ai commencé!

DE CLERMONT.

Cadet de famille, je sais qu'on le destinait au couvent. Il avait même commencé ses études pour cela.

ANNIBAL.

Oui, mais il a eu des chances. La mort de son frère aîné lui permet de troquer le froc contre l'uniforme.

LE CHEVALIER.

Je veux être marin!

DE CLERMONT, souriant.

Et mauvais sujet.

ANNIBAL.

Pour le premier article, il vient s'adresser à l'amirauté de Toulon.

DE CLERMONT.

Et pour le second, au comte Annibal de Boutteville! il est en bonnes mains!

ANNIBAL.

Il pouvait plus mal tomber! Je l'ai rencontré à Marseille sur la Cannebière. Nous avons fait route ensemble, et depuis quinze lieues seulement que je m'occupe de son éducation...

LE CHEVALIER.

C'est étonnant ce que j'ai fait de chemin!

ANNIBAL.

Tout dépend des commencements et des premiers principes.

LE CHEVALIER.

Viennent après cela trois mois de campagne contre l'Angleterre...

ANNIBAL.

Et il sera complet.

DE CLERMONT.

Ah! çà, nous soupons ensemble?

ANNIBAL.

Tous les trois!... c'est cela! vivent le souper et l'amitié!

AIR de *Lantara.*

Pour ce soir oublions la guerre!
De l'Anglais et de ses desseins
Je me ris en vidant mon verre!
Et s'ils en voulaient à nos vins,
Le premier j'en viendrais aux mains.
Mais leur ambition profonde
Ne peut m'atteindre et je leur dis :
Fils d'Albion, vous n'en voulez qu'à l'onde!
Je n'en bois pas!... soyons amis!

TÉRÉZINE.

Quel souper veulent ces messieurs?

ANNIBAL, au chevalier.

Chevalier, vous êtes le plus jeune! cela rentre dans vos attributions. Commandez ce qu'il y a de mieux ; n'oubliez pas les mets du pays, l'aillolis et la bouille-à-baisse, chers aux Provençaux, et le vin de Champagne, cher à tous les Français ! Vous arrangerez cela avec madame...

DE CLERMONT.

Madame Jacquemart!

LE CHEVALIER, vivement.

Qui est fort gentille!...

ANNIBAL, riant.

Voyez-vous déjà mon élève!

LE CHEVALIER, troublé.

Je dis... qu'elle est fort gentille!

DE CLERMONT, riant.

Nous ne vous empêchons pas de le dire, chevalier, ni madame Jacquemart non plus, j'en suis sûr!

DE CLERMONT et ANNIBAL.

AIR : A quoi bon s'attrister sur les maux de la vie. (*Zanetta.*)

O rivages heureux! beau ciel de la Provence
Où l'on voit tout éclore... excepté la constance,
   De ton soleil on bénit l'influence
Et l'on sent redoubler, avec les feux du jour
      Ceux d'amour!

(Le chevalier et Térézine sortent par le corridor à gauche.)

SCÈNE VI.

ANNIBAL, DE CLERMONT.

ANNIBAL.

Y a-t-il longtemps que nous ne nous sommes vus!

DE CLERMONT.

Plus d'un an! Depuis mon voyage en Italie.

ANNIBAL.

J'allais t'y rejoindre! parce qu'Annibal et l'Italie cela va bien ensemble... cela me va!

DE CLERMONT, riant.

Surtout les délices de Capoue!

ANNIBAL.

Et puis autant ce pays-là qu'un autre. Car, en ce moment, je voyage par raison et par le conseil...

DE CLERMONT.

De tes médecins?

ANNIBAL.

Non! de mes créanciers.

DE CLERMONT.

C'est donc toujours de même ?...

ANNIBAL.

Du tout ; cela augmente ! Vois-tu, mon cher élève, vous autres jeunes gens de la fin de ce siècle, vous ne savez pas vivre ! vous mangez votre patrimoine... c'est bien !... je ne dis pas non ; mais une fortune particulière a toujours des bornes, le crédit public n'en a pas ! c'est le système de Law. C'est le mien, j'ai été élevé par mon oncle de Nocé, dans les souvenirs de la Régence !

DE CLERMONT.

Dont tu es la dernière expression !

ANNIBAL.

Ma jeunesse s'est écoulée sous les belles années du bon roi Louis XV, du sultan Louis XV. C'est sous son règne que j'ai mangé ma première fortune, celle de mon père ; et la seconde, celle de mon oncle !...

DE CLERMONT.

Quoi ! vraiment tu as tout mangé, tout ?

ANNIBAL.

Pour le moins ; et alors, car dans ces moments-là on est capable de tout, je me suis marié ! je me suis encanaillé ; moi, gentilhomme, j'ai épousé la fille d'un négociant, d'un juif, d'un lombard, d'un bourgeois enfin !... non pas qu'elle ne fût très-bien, tu le sais ! tu lui as fait la cour !...

DE CLERMONT.

Moi ! jamais !

ANNIBAL.

Tu es le seul de mes amis !

DE CLERMONT.

C'est l'époque de mes caravanes à Malte.

ANNIBAL.

C'est juste ! Et six mois après nous étions séparés... d'un commun accord, c'est la seule fois que nous nous soyons entendus : elle à Marseille !... moi à Versailles ! sans cela je te l'aurais présentée, une femme charmante !... quinze cent mille livres tournois de dot. Mais qu'on me parle encore d'époux bien assortis !... cette femme-là, pour mon malheur, avait tous mes goûts.

DE CLERMONT.

Vous deviez vous adorer !

ANNIBAL.

Nous ne pouvions pas vivre ensemble ; elle aimait comme moi, le jeu, le Champagne et la dépense ! quand je jetais cent louis par la fenêtre, elle en jetait deux cents ! sa fortune, je veux dire... mon bonheur ne pouvait durer !... c'est le seul chagrin que j'aie eu en ma vie.

DE CLERMONT.

Je te trouve en effet bien à plaindre.

ANNIBAL.

Aussi le ciel me devait quelque consolation !... (D'un air affligé.) depuis trois mois, je suis veuf.

DE CLERMONT, lui prenant la main.

Ah ! mon pauvre ami !... je te fais bien mon compliment !... et comment cela ?

ANNIBAL.

Je n'ai jamais su au juste comment cela était arrivé. Il paraît qu'elle avait les passions très-vives, et dans un moment d'exaltation elle s'est jetée à l'eau par amour, pas pour moi !... je n'ai pas, grâce au ciel, sa mort à me reprocher, et ce n'est pas là ce qui m'inquiète ; mais cet événement-là est arrivé dans des circonstances si pénibles !... elle venait de faire un héritage immense, colossal... un autre négociant, un autre lombard, un oncle à elle, lui laissait à la Louisiane une fortune incalculable... comme mes regrets. J'ai tout perdu avec ma femme... aussi je suis désolé, mes créanciers de même ! je vais être obligé, pour eux, de me remarier ; mais cette fois j'aime mieux attendre et faire un meilleur choix du côté du caractère... une femme rangée, économe... c'est ce qu'il me faut... Voilà, mon ami, ce qui m'est arrivé, depuis notre séparation... et toi, qu'as-tu fait?

DE CLERMONT.

Ce qu'on fait en Italie : admirer sur parole des fresques, des marbres, des toiles ! crier au chef-d'œuvre ! de peur de passer pour un ignorant ; et, fatigué d'enthousiasme, je me suis arrêté, au retour, un mois aux îles d'Hyères.

ANNIBAL.

Pour te reposer?

DE CLERMONT.

Ah! bien oui!...

ANNIBAL.

Tu as trouvé là le bon air, le calme...

DE CLERMONT.

Et une petite baronne!... la baronne de Saint-Savin... tu ne connais pas les passions de province?

ANNIBAL.

Cela dure peu!

DE CLERMONT.

Elles n'en finissent pas, vu la difficulté du recrutement. Et celle-ci, je ne sais comment m'y soustraire. Un premier amour!... amour terrible! soupçonneuse, défiante, jalouse comme une Napolitaine, voulant toujours se tuer et ne se tuant jamais ; en un mot les plaisirs les plus monotones... je ne te conseille pas de voyager de ce côté-là, tu t'y ennuierais!

ANNIBAL.

Si tu crois qu'on s'amuse à Versailles! et à Paris donc! je ne m'y reconnais plus et je me crois en pays étranger. Au lieu de s'occuper, comme de mon temps, d'Opéra et de petits soupers... on agite des questions de sciences, de politique et de réforme. Il y a un M. Turgot qui ne parle que d'économie... c'est à n'y pas tenir !... au lieu d'être heureux, ils se font savants; au lieu de rire, ils raisonnent, et les femmes mêmes, qui autrefois ne savaient pas l'orthographe, mais qui savaient aimer, c'était le bon temps! les femmes se mêlent de lire et de discuter! Te douterais-tu de ce qui maintenant fait tourner toutes les têtes? ce sont les Mémoires d'un nommé Caron de Beaumarchais et le fluide magnétique, le somnambulisme! que sais-je?

DE CLERMONT, vivement.

En vérité!

ANNIBAL.

C'est à dormir debout!... un étranger, un Allemand, le docteur Mesmer, reçoit à son hôtel, place Vendôme, les plus jolies femmes de la ville et de la cour. Il étend les mains et on bâille, il parle et on s'endort : c'est sa spécialité! Les mères y conduisent leurs filles, les maris leurs femmes, qui souvent même y vont toutes seules... et si je te racontais ce qui s'y passe...

DE CLERMONT.

Je le sais! avant mon départ pour l'Italie, je suis allé chez lui, comme tout le monde!

ANNIBAL.

Toi!

DE CLERMONT.

Bien plus! j'ai pris des leçons du docteur.

ANNIBAL.

Allons donc!

DE CLERMONT.

Qui, après tout... est un savant distingué.

ANNIBAL.

Est-ce que par hasard toi, militaire et officier de dragons, tu croirais à de pareilles absurdités?

DE CLERMONT.

Moque-toi de moi si tu veux... je ne suis pas le seul... et

M. de Puységur, M. d'Espremesnil, le jeune marquis de Lafayette...

ANNIBAL.

Comment, toi aussi, tu me soutiendras que l'on puisse prendre sur quelqu'un une influence telle, que de loin... par la force de sa volonté... on le fasse dormir tout éveillé, tantôt les yeux ouverts, tantôt les yeux fermés !

DE CLERMONT.

Pourquoi pas?

ANNIBAL.

Et qu'il soit forcé d'obéir! et qu'on le fasse parler, agir, voir dans l'avenir ou à travers les murailles...

DE CLERMONT.

Pourquoi pas?

ANNIBAL.

Et qu'au réveil il ne se souvienne de rien!... mais ça n'a pas le sens commun !

DE CLERMONT.

Je ne te dis pas non ! je suis de ton avis... mais je l'ai vu !

ANNIBAL.

Ah ! tu l'as vu ?

DE CLERMONT.

De mes propres yeux !

ANNIBAL.

Et comment expliques-tu cela ?

DE CLERMONT.

Cela ne me regarde pas!

ANNIBAL, avec impatience.

Il faut cependant raisonner et comprendre...

DE CLERMONT.

Parbleu! mon cher, si tu n'acceptes que ce que tu comprends, te voilà forcé de renoncer à tout ce qu'il y a de mieux et de plus beau dans ce monde!... Tu n'as jamais rien compris aux femmes, et cependant tu y crois?

ANNIBAL.

Pas toujours!

DE CLERMONT.

Enfin, elles existent, tu ne peux le nier!

ANNIBAL.

C'est vrai!... c'est un argument.

DE CLERMONT.

AIR : L'étude est inutile. (Cavatine de Jeannot et Colin.)

Moi, je crois aux mensonges
Qui comblent tous mes vœux;
Je crois à tous les songes
Qui me rendent heureux!
Enfin, et j'en fais gloire,
Je crois, quoique vaurien,
Je crois qu'il vaut mieux croire
Que de ne croire à rien!...
Ce système est le mien;
Mais à chacun le sien!

Oui, croire à l'impossible
A pour moi tant d'attraits
Que, chose inadmissible,
Si je me mariais...
J'aurais presque croyance
En ma chaste moitié!
Riez-en de pitié!...
Je crois à la constance...
Je crois à l'amitié...
(Lui tendant la main.)
Oui, même à l'amitié!

Car je crois aux mensonges, etc.

Et ce qui me fortifie encore plus dans mon opinion, c'est que cet empire magnétique, cette influence attractive dont

tu te moquais tout à l'heure, j'en ai fait l'épreuve par moi-
même !

ANNIBAL.

Ah bah ! voilà qui devient plus piquant !

DE CLERMONT.

Un jour, en sortant d'une des séances du docteur allemand, je me rendais à Trianon, où m'appelait un ordre de
la reine... Je me promenais en attendant audience, lorsque
j'entends dans un bosquet le léger froissement d'une robe ;
je m'approche avec précaution, j'entr'ouvre doucement le
feuillage, et j'aperçois une jeune fille qui venait de s'asseoir
sur un banc de verdure, un livre à la main.

ANNIBAL.

Jolie ?

DE CLERMONT.

Adorable ! et, ce qui était mieux encore, dans sa tournure, dans ses traits, dans son regard, tout ce qui consti-
tuait pour nous un sujet précieux, unique, adorable ; et,
l'imagination encore remplie du système du maître, je ne
pus résister à l'envie d'essayer ma nouvelle science magnétique ; et quelle fut ma surprise... je dirai mon effroi...

ANNIBAL.

Elle s'endormit ?

DE CLERMONT.

Oui, mon ami.

ANNIBAL.

L'effet du livre qu'elle lisait !

DE CLERMONT.

Non pas ! il était fermé... et depuis ce jour je ne pensais
plus...

ANNIBAL.

Qu au magnétisme !

DE CLERMONT.

Du tout... à ma belle inconnue! et juge de mon émotion en la retrouvant un soir au cercle de la reine!... elle tient à une des premières familles de la cour...

ANNIBAL, vivement.

Son nom?

DE CLERMONT.

Ah! je ne te le dirai pas!... pour mon honneur! car dussé-je m'exposer à toutes tes railleries... moi mauvais sujet... moi ton élève... j'étais devenu amoureux fou...

ANNIBAL.

T'oublier à ce point-là!

DE CLERMONT.

Que veux-tu? tout le monde a ses moments d'erreur et de faiblesse. Je m'étais fait présenter chez son père, et, pendant plus de trois mois, je n'ai pas perdu une occasion de la voir, de la suivre...

ANNIBAL.

Il me semble que c'était elle qui exerçait sur toi *le système* d'attraction!

DE CLERMONT.

Et ce qui est plus honteux, plus humiliant encore... mais je suis dans mon jour de franchise... c'est que mes hommages, mes assiduités n'obtinrent rien, que son indifférence; le dépit, la colère, le désespoir n'eurent pas plus de succès; elle ne daigna même pas s'apercevoir que j'étais furieux! et enfin... je ne sais pas si je dois te l'avouer...

ANNIBAL.

Allons... du courage!...

DE CLERMONT.

On me dit un jour que monsieur son père était sorti... le lendemain il était encore absent et le troisième jour même réponse... il était clair...

ANNIBAL.

Que l'on te congédiait !

DE CLERMONT, avec colère.

Que l'on me fermait la porte... à moi... un pareil affront ! c'était, il est vrai, le lendemain de notre duel... qui fit tant de bruit... tu sais... toi et moi... contre ces deux officiers étrangers pour cette cantatrice italienne.

ANNIBAL.

Qui nous trompait tous les quatre !

DE CLERMONT, souriant.

Oui... elle aimait les quatuors.

ANNIBAL.

Eh c'est pour cela, pour une querelle musicale, que l'on refusait de te recevoir !

DE CLERMONT.

Aussi, dans mon dépit, dans ma rage, j'étais capable de tout... pour obtenir un instant, un seul instant de cette fière beauté !

ANNIBAL.

Eh bien !... et le magnétisme et sa puissance !...

DE CLERMONT, vivement.

Ah ! si j'en avais trouvé l'occasion !...

AIR : L'amour qu'Edmond a su me taire.

Pour vaincre ce cœur inflexible,
En Mesmer et dans mon talent
J'avais espoir ; mais impossible
De la trouver seule un instant.
Elle avait pour garde fidèle
Un père, un frère, et, pour me faire fuir,
Une tante... un argus !...

ANNIBAL, gaiement.

C'est elle
Qu'il fallait d'abord endormir !
C'était la tante, eh ! oui, mon cher, c'est elle
Qu'il fallait d'abord endormir.

DE CLERMONT.

Que te dirais-je! découragé, désespéré, je donnai, dans mon dépit, ma démission de capitaine de dragons, je quitta Versailles et la France, et depuis un an, décidé à l'oublier, je subis un voyage d'agrément qui m'ennuie à périr, tout en faisant ce que je peux pour m'étourdir et me distraire!...

ANNIBAL.

Et quels sont tes projets, maintenant?

DE CLERMONT.

De reprendre du service. J'ai adressé une demande au ministre, et voyant que la réponse n'arrivait pas, je me rendais à Versailles pour hâter cette décision.

ANNIBAL, d'un air de doute.

Bien vrai?

DE CLERMONT.

Eh! bien non! (A demi-voix.) Mais pour tâcher de me rapprocher d'elle et de la revoir.

ANNIBAL.

Quoi! ta folie te tient toujours?

DE CLERMONT.

Tu l'as dit.

ANNIBAL.

C'est fini!... je vais te renier pour mon élève... tais-toi au moins devant ce jeune homme... car c'est lui!... non, c'est madame Jacquemart.

SCÈNE VII.

Les mêmes; TÉRÉZINE, sortant du corridor à gauche.

TÉRÉZINE, tenant un registre sous son bras.

Ces messieurs sont servis! Monsieur le chevalier les attend dans le petit salon! (Au comte Annibal.) Quant à la chambre, je vous ai donné la même à tous les deux.

18.

ANNIBAL.
Cela m'est égal. Je n'y tiens pas!
TÉRÉZINE.
Et un souper de prince!
ANNIBAL.
C'est différent! j'y tiens!
TÉRÉZINE, présentant le registre à Annibal.
Si ces messieurs voulaient bien écrire leur nom?
DE CLERMONT.
Volontiers... (A Annibal.) Attends-moi donc!...
ANNIBAL.
J'ai trop faim... écris pour moi!...

(Il sort à gauche.)
DE CLERMONT.
C'est juste!... ton nom... et le mien.
TÉRÉZINE, à Clermont pendant qu'il écrit à la table à droite.
Ah! le vôtre, c'est inutile! je le connais! Henri de Clermont, c'est un beau nom!
DE CLERMONT.
Eh mais! celui de Térézine était fort gentil et c'est vraiment dommage que tu l'aies quitté... je l'aimais mieux que celui de Jacquemart.
TÉRÉZINE, avec un soupir.
Ah! je le vois bien!
DE CLERMONT, regardant le registre.
O ciel!...

(On entend en dehors le fouet d'un postillon.)
TÉRÉZINE, avec impatience.
Encore du monde qui nous arrive! on ne peut pas s'occuper un instant des détails de la maison!... Pardonnez, monsieur le vicomte. (Criant au dehors.) On y va! on y va!

(Elle sort.)

DE CLERMONT.

Parmi les voyageurs qui viennent d'arriver, le vice-amiral comte de Brienne !... avec sa fille... et sa sœur la marquise de Villiers!... Irène ici!... et mes amis qui m'attendent!... n'importe!...

SCÈNE VIII.

DE CLERMONT, TÉRÉZINE, entrant d'un air effrayé.

TÉRÉZINE, à Clermont.

Monsieur le vicomte!... monsieur le vicomte!...

DE CLERMONT.

Qu'est-ce donc ?

TÉRÉZINE.

Une dame qui arrive...

DE CLERMONT.

Qu'est-ce que cela me fait!...

TÉRÉZINE.

Elle vous connaît; car en descendant de voiture, elle a aperçu la vôtre qui n'était pas encore remisée et regardant les armoiries, elle s'est écriée : « Le vicomte est ici ! c'est bien !... »

CLERMONT, à part.

Qui diable ça peut-il être ?

TÉRÉZINE.

Mais elle a dit : « C'est bien ! » avec un air... enfin ça m'a effrayée pour vous!

DE CLERMONT.

Elle est donc vieille ?

TÉRÉZINE, vivement.

Du tout! elle est jeune et jolie! c'est justement pour ça... (S'interrompant.) et le postillon que j'ai interrogé... parce qu'on sait tout par les postillons... il m'a dit qu'elle venait des îles d'Hyères.

DE CLERMONT, à part.

C'est la petite baronne!... la baronne de Saint-Savin! fuyons!...

SCÈNE IX.

Les mêmes; LA BARONNE.

TÉRÉZINE, qui, pendant ce temps, a remonté le théâtre, redescend d'un air effrayé.

La voilà, monsieur, la voilà!

LA BARONNE, entrant vivement par la porte du fond et apercevant Clermont.

Seul!... il est seul! (Apercevant Térézine.) Sortez! laissez-moi!

TÉRÉZINE.

Mais le repas que madame vient de commander...

LA BARONNE.

Vous m'avertirez dès qu'il sera prêt!

TÉRÉZINE.

Ce ne sera pas long! (A part.) Je vais hâter M. Jacquemart!

LA BARONNE, impérieusement.

Je vous ai dit de sortir.

TÉRÉZINE.

Oui, madame! (A part.) Est-elle pressée! (Bas au vicomte.) Monsieur, faut-il vous laisser?

DE CLERMONT.

Oui.

TÉRÉZINE, de même.

Il n'y a pas de danger?

DE CLERMONT.

Non !

TÉRÉZINE, à part.

C'est égal ! je n'aime pas cette femme-là !

(Elle sort par le fond.)

SCÈNE X.

LA BARONNE, DE CLERMONT.

DE CLERMONT, à part.

Comment me débarrasser d'elle sans éclat ? Irène qui est ici !... (Haut.) Comment, baronne, seule en voyage... à Toulon !... quelle heureuse rencontre ! (Clermont lui offre un siège.) Si vous voulez...

LA BARONNE.

C'est inutile !...

DE CLERMONT, à part.

Elle a un calme qui me fait frémir !

LA BARONNE, s'approchant de lui froidement.

Monsieur le vicomte, vous savez qui je suis ?

DE CLERMONT, s'inclinant.

Vous êtes charmante !

LA BARONNE.

Ne me répondez pas ! baronne de Saint-Savin, dernier rejeton d'une illustre maison, tenant à ce qu'il y a de mieux dans la Saintonge et le Poitou ; des malheurs de famille m'avaient obligée, moi orpheline, à me réfugier momentanément sur les frontières de l'Italie où je voulais vivre ignorée et solitaire, fuyant le monde, et surtout les hommes, vous le savez... (A Clermont, qui veut faire un geste.) Ne me répondez-pas ! si, malgré mes serments et presque ma volonté, j'ai consenti à recevoir vos visites et même vos hommages, c'est que j'ai pensé que le vicomte Henri de Clermont, un officier français, un gentilhomme, comprendrait tout le prix d'un pareil sacrifice... car c'était un premier sentiment. Monsieur, vous ne l'ignorez pas ! je vous l'ai dit. (Clermont fait un mouvement.) Ne me répondez pas ! je vous l'ai dit... comment avez-vous reconnu de pareils procédés ?... je vous le demande, monsieur, je vous le demande...

DE CLERMONT.

M'est-il permis de répondre ?

LA BARONNE.

Non, perfide !... Vous me deviez toutes vos pensées... toute votre confiance, et, sans m'en prévenir, vous quittez les îles d'Hyères et nos bosquets embaumés, vous venez vous établir mystérieusement dans cette auberge... dans quelle intention, par quel motif, dans quel espoir ? Parlerez-vous enfin, monsieur, parlerez-vous, abuserez-vous plus longtemps du courroux que je modère et de la patience qui m'échappe ?

DE CLERMONT, d'un ton solennel.

Madame la baronne... il n'y a pas d'amour sans confiance. Je vous ai juré...

LA BARONNE, avec colère.

Un amour éternel !

DE CLERMONT, tendrement.

Qui m'est facile... et il dure, vous le savez bien...

LA BARONNE, de même.

Depuis quinze jours !

DE CLERMONT, gaiement.

C'est déjà un à-compte sur l'éternité, un faible à-compte, j'en conviens, mais si vous voulez le prolonger... il faut...

LA BARONNE, se modérant.

Eh bien ! je vous écoute !

DE CLERMONT.

AIR : Vos maris en Palestine. (*Le comte Ory.*)

Il faut, dès que je l'atteste,

Croire tout aveuglément!
Et garder sur tout le reste
Le silence le plus grand!

LA BARONNE.

Moi me taire!

DE CLERMONT.

Eh! oui vraiment!

LA BARONNE.

Me taire!!... c'est impossible:
De moi ne l'espérez pas!
Un tel sacrifice, hélas!...

DE CLERMONT, galamment.

Pour moi seul sera pénible :
Je ne vous entendrai pas!

LA BARONNE, avec colère.

Si, monsieur... vous m'entendrez, et je veux savoir...

DE CLERMONT, à part.

Elle ne s'en ira pas! (Haut.) Eh bien! madame... des ordres secrets me rappellent à Versailles, et voulant nous épargner à tous deux la douleur d'une séparation...

LA BARONNE.

Une séparation...

DE CLERMONT.

Mon trouble vous dit assez ce qu'elle me coûte

LA BARONNE.

Moi!... moi! vous quitter... mais vous voulez donc que je meure?

DE CLERMONT, à part.

Nous y voilà!

LA BARONNE, suivant Clermont qui s'approche d'un meuble.

Eh bien! si ma mort seule peut vous prouver mes tourments et mon amour, donnez-moi donc quelque arme, quelque poignard...

DE CLERMONT, *ouvrant froidement le nécessaire de voyage qui est sur la table à droite.*

En voici un!... un poignard turc, que j'ai rapporté de mes voyages à Malte!

LA BARONNE, *le prenant et le regardant avec effroi.*

Un poignard turc!...

DE CLERMONT, *froidement.*

Désolé de n'avoir rien de mieux...

LA BARONNE.

Ah! çà, mais vous ne m'aimez donc plus du tout?

DE CLERMONT.

Et vous, baronne?

LA BARONNE, *jetant le poignard.*

Moi!... je vous déteste! et je veux à mon tour vous abandonner et vous trahir! (*Avec un soupir.*) du moins, si je le peux!

DE CLERMONT, *qui a ramassé et serré le poignard, froidement.*

Dans ce cas-là, baronne, vouloir c'est pouvoir, et je fais avec vous un pari...

LA BARONNE.

Lequel?

DE CLERMONT.

C'est qu'avant vingt-quatre heures vous m'aurez oublié.

LA BARONNE.

Perfide! vous mériteriez bien de gagner!

AIR : *Du partage de la richesse.* (*Fanchon la vielleuse.*)

En attendant, entre nous guerre ouverte,
Haine mortelle!... oui vous le méritez;
Et c'est de moi que viendra votre perte.
Adieu, monsieur!

DE CLERMONT, *avec joie.*

Quoi! vraiment vous partez?

LA BARONNE, *revenant.*

Non! non, je reste!

DE CLERMONT, souriant avec contrainte.

Ah! vous êtes charmante!

LA BARONNE, le regardant.

Car ma présence... oui... je crois l'éprouver,
Grâce au ciel, est pour vous trop gênante
Pour que je veuille encor vous en priver!

DE CLERMONT.

Vous vous trompez, baronne.

LA BARONNE.

Et ce n'est pas tout! moi aussi, monsieur, j'ai affaire à Versailles... des affaires de famille que je négligeais pour vous!... je ne vous quitterai pas! nous ferons route ensemble et la route est longue.

DE CLERMONT, avec colère.

Baronne!... (A part.) Et aucun moyen de m'en délivrer, personne ne viendra à mon aide. (Apercevant le chevalier qui entre.) Ah! le chevalier!

SCÈNE XI.

LE CHEVALIER, DE CLERMONT, LA BARONNE.

LE CHEVALIER, en pointe de gaieté et en fredonnant, sans voir la baronne et s'adressant à de Clermont.

Eh bien! mon cher, nous t'attendons toujours! Madame Jacquemart nous dit qu'une affaire imprévue et fâcheuse te retenait.

LA BARONNE, à part, d'un ton piqué.

Ah! fâcheuse!

LE CHEVALIER, s'adressant toujours à de Clermont.

J'ai laissé le comte qui en est à sa troisième de Champagne... sans qu'il y paraisse... (Riant.) tandis que moi, dès les premiers verres... C'est étonnant comme cela vous égaie et vous enhardit! (Il chante.) « Vivent les fillettes! » (Apercevant la baronne.) Ah! mon Dieu... une femme... une femme charmante!

DE CLERMONT, à voix basse.

N'est-ce pas?

LA BARONNE, à part.

Il est très-bien, ce petit jeune homme.

LE CHEVALIER, bas à de Clermont.

Tu la connais?

DE CLERMONT, de même.

Nullement! je viens d'apprendre par notre hôtesse que c'était madame la baronne de Saint-Savin.

LE CHEVALIER, avec respect.

Une baronne!

DE CLERMONT, à demi-voix.

Qui tient aux premières familles de la Saintonge et du Poitou! une jeune voyageuse fort intéressante... qui, seule et sans chevalier, brave les dangers d'une longue route.

LE CHEVALIER, de même.

En vérité!

(Nuit graduée à la rampe.)

DE CLERMONT, de même.

Une affaire importante, et pour laquelle elle a besoin de protecteurs, l'appelle à Versailles!

LE CHEVALIER, passant près de la baronne.

Si mes amis... si ma famille pouvaient être utiles à madame la baronne...

LA BARONNE, s'inclinant.

Vous êtes trop bon!

LE CHEVALIER, avec embarras.

Si moi-même... je pouvais ici en cette ville... (S'inclinant.) Le chevalier de Montaran, officier de marine... dès que j'en aurai le brevet!... d'ici là, je suis libre, parfaitement libre... et vous servir serait pour moi un honneur... dont je serais bien fier... un honneur .. que... que...

LA BARONNE, d'un air aimable.

Que je ne refuse pas, monsieur!...

LE CHEVALIER, à Clermont avec joie.

Elle ne refuse pas! (A voix basse.) Un mot encore, vicomte... parce que la délicatesse et le sentiment de mon infériorité me défendent d'aller sur les brisées de mes anciens, dis-moi si tu n'aimes pas déjà cette jolie voyageuse que tu viens d'apercevoir?

DE CLERMONT, de même.

Moi, du tout!

LE CHEVALIER, de même.

Bien vrai?

DE CLERMONT, de même.

Je te le jure... pourquoi cette demande?

LE CHEVALIER, de même.

C'est que du premier coup d'œil, je me suis senti entraîné et séduit... mais plutôt que de trahir un ami... je résisterais...

DE CLERMONT, de même.

Ne résiste pas! je t'en prie...

LE CHEVALIER, de même.

Je te dis cela, non pas que j'aie la moindre idée... ni surtout le moindre espoir... car je n'ai jamais été aimé de ma vie!

DE CLERMONT, riant.

Ce pauvre chevalier...

LE CHEVALIER, à voix basse.

Jamais! ce doit être si difficile de faire une passion!

DE CLERMONT, de même.

Du tout.

LE CHEVALIER, de même.

En vérité!

DE CLERMONT, de même.

Le difficile, vois-tu bien, c'est de s'en défaire!

LE CHEVALIER, de même.

Allons donc!

SCÈNE XII.

Les mêmes; TÉRÉZINE.

TÉRÉZINE, accourant.

Madame est servie! (A part apercevant le chevalier.) Ah!... ils sont trois!... cela vaut mieux! (A la baronne.) Je vous demande pardon de vous avoir fait attendre; M. Jacquemart, le cuisinier, n'en finissait pas!

LA BARONNE, sèchement.

C'est bien!

LE CHEVALIER, bas à Clermont, pendant que la baronne défait les épingles de son mantelet.

Puis-je la conduire jusqu'à la salle à manger? faut-il oser?

DE CLERMONT, de même.

Oui, sans doute!...

LE CHEVALIER, à la baronne.

Me permettez-vous, madame la baronne, de vous offrir la main?

DE CLERMONT, à part, voyant la baronne qui accepte, et montrant le chevalier.

A la bonne heure, au moins... voilà un ami!

LA BARONNE, à voix basse et passant près de lui.

Ne vous réjouissez pas! je reviendrai.

DE CLERMONT, à part.

C'est ce que nous verrons!

(Le chevalier sort par le fond avec la baronne.)

SCÈNE XIII.

DE CLERMONT, TÉRÉZINE.

DE CLERMONT, à part.

Maintenant et à tout prix, il faut parvenir jusqu'à Irène ! (Appelant.) Térézine !

TÉRÉZINE, accourant vivement.

Monseigneur !...

DE CLERMONT.

Où as-tu logé madame la baronne ?

TÉRÉZINE, vivement.

Pas de ce côté.

DE CLERMONT.

C'est bien.

TÉRÉZINE.

Dans l'autre bâtiment, et si maintenant monsieur le vicomte veut souper ?...

DE CLERMONT.

Merci !... je n'ai pas faim !

TÉRÉZINE.

Et votre autre ami qui vous attend toujours !

DE CLERMONT.

Il se passera de moi sans peine ! A table il oublie tout !

TÉRÉZINE.

C'est vrai ! René, notre premier garçon, m'a dit qu'il en était à sa cinquième de Champagne.

DE CLERMONT.

Tu vois bien !... Peut-être même a-t-il déjà regagné sa chambre.

TÉRÉZINE, montrant la porte à droite.

Si monsieur le vicomte en veut faire autant ? (Montrant le bougeoir qu'elle tient à la main.) Je vais l'éclairer.

DE CLERMONT.

Ce n'est pas la peine! je n'ai pas sommeil!

TÉRÉZINE.

C'est comme ces dames!... nous en avons ici beaucoup! Madame la marquise d'Effiat et ses trois filles, et la sœur et la fille d'un vice-amiral! car nous logeons ici le vice-amiral, rien que cela! M. de Brienne, qui doit, dit-on, appareiller cette nuit.

DE CLERMONT, vivement.

Cette nuit!... et tu dis que sa fille et sa sœur ne dorment pas... c'est tout naturel!...

TÉRÉZINE.

C'est-à-dire, sa sœur est déjà rentrée dans sa chambre depuis longtemps; mais la jeune fille, ainsi que madame d'Effiat et les autres demoiselles sont encore sur la terrasse.

DE CLERMONT, avec émotion.

Vraiment?

TÉRÉZINE.

Dame!... il fait si chaud sous ce beau ciel de Toulon, qu'il est agréable de respirer la fraîcheur de la nuit et la fraîcheur de la mer! sans compter qu'on aperçoit de loin les vaisseaux de l'escadre qui sont à l'ancre! (Se retournant et apercevant Clermont qui vient de monter l'escalier du fond.) Eh bien! où allez-vous donc?

DE CLERMONT, sur l'escalier.

Je vais voir les vaisseaux de l'escadre; à la clarté des étoiles, ce doit être un coup d'œil magnifique.

TÉRÉZINE, d'un air de regret.

Vous croyez!

DE CLERMONT, du haut de la galerie où il vient de monter, à Térézine qui est restée sur le devant du théâtre près de la table à droite.

Porte de la lumière dans ma chambre...

TÉRÉZINE.

Oui, monsieur.

DE CLERMONT.

Et va à tes affaires, ne t'occupe pas de moi !

TÉRÉZINE, sur le devant du théâtre.

Vous n'avez rien autre chose à me demander ?

DE CLERMONT, avec impatience.

Eh! non, te dis-je ! va-t'en ! Va-t'en !... (A part, s'approchant de l'extrémité de la galerie, et jetant un regard sur la terrasse qu'il est censé apercevoir.) Ces dames ont quitté la terrasse... une seule est restée... mais je ne vois que sa taille !... Assise sur un banc... rêveuse et les yeux fixés sur la pleine mer !... (Avec joie.) C'est Irène !! elle contemple le navire qui demain doit emporter son père... Pareille occasion ne se représentera jamais !... Mais... si en me voyant, elle s'éloigne ?... Allons... allons !...

(Il se précipite sur la terrasse à gauche et disparaît.)

TÉRÉZINE, pendant ce temps, a allumé deux bougies, elle en laisse une sur la table à droite, elle porte l'autre, ainsi que le nécessaire de voyage, dans la chambre n° 13, dont elle laisse la porte ouverte. Elle rentre un instant après, un peu avant que Clermont ait disparu.

Tout est prêt là-dedans, et quand il voudra !... Va-t'en, a-t-il dit, va-t'en ! Il a raison. (Tenant son bougeoir à la main, elle remonte le théâtre.) Allons !... (Avec un soupir.) allons retrouver M. Jacquemart !

(Elle sort par la porte du fond qu'elle referme.)

SCÈNE XIV.

IRÈNE, DE CLERMONT.

(Musique.)

DE CLERMONT, reparaissant au haut de la galerie à gauche et regardant du côté de la terrasse.

Elle vient !... elle vient !... elle obéit... elle suit la route que je lui ai tracée. (Le bras étendu vers la terrasse et marchant toujours à reculons, il disparaît un instant par la droite. Irène paraît en ce moment à gauche à l'extrémité de la galerie. Elle s'avance lentement, et pendant ce temps, Clermont, qui a redescendu l'escalier, se trouve au milieu du théâtre.) Sur cette terrasse, on pouvait nous entendre... sa tante pouvait s'éveiller... et il faut que je la voie, que je lui parle. (Irène qui avait disparu un instant pendant les phrases précédentes, descend en ce moment l'escalier.) Je n'y puis croire encore... c'est elle !... près de moi... au milieu de la nuit !... mais ici... dans cette salle, si quelqu'un de la maison allait nous surprendre !... (Montrant la porte à droite et traversant le théâtre.) Là... ce sera plus sûr ! (S'arrêtant.) Non... non... chez moi... je n'oserais pas. Qu'elle ne me devine pas ! Je le veux !... qu'elle ne reconnaisse pas celui qui la force d'obéir... (Il lui commande du doigt de se diriger vers le grand fauteuil qui est à gauche et de s'y asseoir. Irène obéit.) Ah ! qu'elle est belle ainsi et quel bonheur de la contempler !... mais le silence même qui nous environne m'effraie ! et pourtant je n'ose lui parler : il me semble qu'au son de ma voix, mon rêve va se dissiper et cette ombre s'évanouir ! (Après un instant de silence.) Irène !... (Elle tressaille.) Est-ce bien moi qui vous ai plongée dans le sommeil où vous êtes ? (Elle fait signe que oui.) Pourquoi ne parlez-vous pas ? Parlez ! je le veux. M'entendez-vous ?

IRÈNE.

Oui !

DE CLERMONT.

Qu'éprouvez-vous ?

IRÈNE.

Je souffre... ah !... je souffre !...

DE CLERMONT.

Et pourquoi ?

IRÈNE.

D'obéir malgré moi à une volonté qui a brisé la mienne.

DE CLERMONT.

Craignez-vous donc ici quelque danger ?

IRÈNE.

Non! Dieu me protége.

DE CLERMONT.

Pourquoi alors venez-vous de tressaillir?

IRÈNE.

J'ai honte!

DE CLERMONT.

De quoi?

IRÈNE.

D'être ici! de ne plus être près de ma tante!

DE CLERMONT.

Votre tante!... n'est-ce pas elle qui dirige toutes vos pensées, qui dicte vos décisions?

IRÈNE.

Non!

DE CLERMONT.

N'est-ce pas elle qui repousse tous les partis qui se présentent?

IRÈNE.

C'est moi!... moi seule!

DE CLERMONT.

Vous! et pour quel motif? répondez!

IRÈNE, comme forcée d'obéir.

Il y a dans le monde... quelqu'un...

DE CLERMONT.

Eh bien?...

IRÈNE, avec expression.

Que j'aime!

DE CLERMONT, à part avec un mouvement de dépit.

Dieu! et moi qui ne m'en doutais pas!... elle en aime un autre! une inclination!... une inclination contrariée... (Haut.) Il est donc jeune, aimable, brave?...

IRÈNE.

Oui.

DE CLERMONT.

D'une haute naissance?

IRÈNE.

Oui.

DE CLERMONT.

Ainsi donc il méritait votre amour?

IRÈNE.

Non!... il ne méritait que mon mépris... et cet amour dont je rougis... j'ai juré de le combattre, de l'oublier, dussé-je en mourir!

DE CLERMONT, avec émotion.

Quel est donc ce cavalier si redoutable, aimé et méprisé à la fois? (Voyant qu'elle garde le silence.) Quel est-il?

IRÈNE.

Je ne le dirai pas!... je ne le puis!...

DE CLERMONT.

Parlez!

IRÈNE.

Non... non... je vous en prie... je ne le veux pas. (De Clermont étend la main au-dessus de sa tête.) Vous me faites mal...

DE CLERMONT.

Son nom?... (Il étend toujours sa main, et Irène, haletante, oppressée, et comme vaincue par une force supérieure, laisse échapper ces mots :) Henri de Clermont.

DE CLERMONT, pousse un cri et s'éloigne d'Irène qui semble respirer et renaître.

Moi!... moi... est-il possible! grands dieux!... Ah! elle a raison, je ne la méritais pas! (Haut et se rapprochant d'elle.) Et vous l'avez banni de votre cœur comme de votre présence?... Répondez... vous ne désirez plus le voir?

IRÈNE.

Jamais! jamais! je ne le dois pas! (De Clermont étend la main sur elle.) Mais au prix de tout mon sang, je voudrais que ce fût possible... je voudrais pouvoir lui dire une fois... une seule fois tout ce que j'ai là dans mon cœur.

DE CLERMONT, à part.

Eh bien! donc... que cela soit! que je l'entende et que je meure après. (Il prend un fauteuil et s'asseoit près d'elle; à haute voix.) Irène... Irène, votre main dans la mienne! (Irène tressaille.) Vous que j'aime, ne me reconnaissez-vous pas?

IRÈNE.

Ah! c'est toi!... te voilà, Henri... qu'il y a longtemps que je ne t'ai vu! mais j'ai toujours pensé à toi... toujours!... moi, je t'aime tant, et cependant tu me fais tant de chagrin... ce jeu effréné... et tes duels, tes amours, je sais tout... Je n'ai pas l'air d'écouter, mais j'entends! j'ai l'air de rire... mais je souffre. Je sens là comme un fer aigu qui me perce le cœur, je suis malheureuse... je suis jalouse... mais cela ne m'empêche pas de t'aimer... au contraire, je le crois!

DE CLERMONT, à part.

Est-il possible!

IRÈNE.

Mon Dieu! mon Dieu! pourquoi me faire tant de peine? ces femmes que tu me préfères... elles ne sont pas si jeunes... si jolies que moi... cela me semble du moins... et elles ne t'aiment pas autant... ah! j'en suis bien sûre!...

DE CLERMONT, à part.

C'est vrai... c'est vrai... (Haut.) Mais n'est-il pas un moyen d'effacer mes torts, de mériter ton cœur et ta main? (Irène fait signe que oui.) Dis-le-moi donc... parle... je le veux!

IRÈNE, ayant l'air de lire dans l'avenir.

Attends... attends! ne sais-tu pas que de grands événements se préparent... que déjà, il y a une guerre... bien loin d'ici... en Amérique...

DE CLERMONT.

Eh bien... achève !

IRÈNE.

Eh bien !... mon frère vient de partir et tous nos jeunes gentilshommes s'embarquent... tous ceux qui ont du cœur. Tu en as, Henri, va avec eux.

DE CLERMONT.

J'irai...

IRÈNE.

Abandonne cette vie de désordre où tu ne trouverais que la honte. Il y a, là-bas, de l'honneur à acquérir !

DE CLERMONT.

Je partirai !

IRÈNE.

Et à ton retour, viens demander ma main à mon père. Je serai là, je t'aurai attendu. Je t'attendrai toujours ; vivant, je serai à toi, et mort, à personne !

DE CLERMONT.

Tu me le jures ?

IRÈNE.

Je n'en ai pas besoin, tu peux compter sur moi !

DE CLERMONT.

Un gage, au moins... un seul !

IRÈNE, souriant.

Un gage... dis-tu ? te rappelles-tu la dernière fois que tu m'as adressé la parole à Versailles... c'était pour m'offrir un bouquet !

DE CLERMONT.

Que vous avez repoussé avec dédain et jeté à terre.

IRÈNE.

Devant toi ! mais après ton départ, je l'ai ramassé. (Montrant son cœur.) Il est là... que de fois je l'ai couvert de mes larmes... (A demi-voix.) et de mes baisers. . tiens, le voilà !

ce sera ton talisman, à toi ; quand tu me le rapporteras, après la victoire, je te donnerai en échange, non pas mon cœur... il est à toi, mais moi, moi... le veux-tu?

DE CLERMONT.

Ah! jamais un tel langage ne s'était fait entendre à mon oreille, ni à mon cœur... Oui, ces fleurs, je te les rapporterai! oui, désormais fidèle aux lois de l'honneur... (Écoutant vers le fond du théâtre.) Quel bruit s'est fait entendre!... On marche de ce côté... l'entends-tu?

IRÈNE.

Oui! on vient... on se dirige là... vers cette chambre!

DE CLERMONT.

Eh! qui donc?

IRÈNE.

Une ennemie...

(La porte du fond s'ouvre.)

DE CLERMONT, regardant.

O ciel! la baronne!

(Il se place devant le grand fauteuil où est Irène, et cherche à la cacher.)

SCÈNE XV.

Les mêmes ; LA BARONNE.

DE CLERMONT.

Vous, baronne, que je croyais retirée dans votre appartement, venir à une pareille heure...

LA BARONNE, s'avançant vers lui.

Exprès pour vous apprendre que décidément je vous déteste!

DE CLERMONT, de même.

Ce n'était pas la peine!

LA BARONNE, avançant toujours.

Que je vous quitte, que je vous dis un éternel adieu!...

et avant que le jour ait paru, je serai loin de cette ville, car je pars à l'instant même, et vous laisse seul avec vos remords. (Venant de la porte du fond, elle s'est avancée jusqu'au milieu du théâtre ; en ce moment, elle aperçoit Irène qui est en face d'elle, et elle s'écrie gaiement :) Quand je dis seul, je me trompais...

DE CLERMONT.
Au nom du ciel, taisez-vous !

LA BARONNE, riant.
Voilà qui est admirable ! quand je croyais me venger, monsieur avait déjà pris sa revanche !

DE CLERMONT.
Baronne... je vous en prie...

LA BARONNE.
Revanche fort piquante ! car la petite n'est pas mal... une figure que je n'oublierai pas !... et elle dort... c'est sublime... le sommeil de l'innocence !

DE CLERMONT, avec colère.
Baronne !

LA BARONNE.
Chez un capitaine de dragons !

DE CLERMONT.
Baronne ! (Modérant sa colère.) Dans son intérêt... dans le vôtre... silence ! et partez à l'instant... à l'instant !

LA BARONNE, riant.
Et pourquoi, s'il vous plaît ?

(On entend vers la gauche les sonnettes de plusieurs voyageurs.)

DE CLERMONT, dans le plus grand trouble.
Parce qu'on s'éveille !... et pour vous-même, pour votre réputation... à laquelle vous tenez !

LA BARONNE.
Certainement !... et beaucoup !

DE CLERMONT.

Si l'on vous voyait... ainsi... de grand matin...

LA BARONNE.

Nous sommes deux !

DE CLERMONT.

N'importe !... il y a ici des amis à moi... des officiers qui ne respectent rien !

ANNIBAL, criant à gauche, en dehors.

Holà ! madame l'hôtesse.

DE CLERMONT.

Entre autres, le plus mauvais sujet du royaume : le comte Annibal de Boutteville !

LA BARONNE.

Le comte Annibal !

LE COMTE, en dehors.

Eh bien ! viendra-t-on ?

DE CLERMONT.

L'entendez-vous ?

LA BARONNE, riant.

Eh ! oui !... c'est bien sa voix !

DE CLERMONT, vivement.

Vous le connaissez ?

LA BARONNE, riant.

Oui vraiment !... comme tout le monde !

DE CLERMONT.

Raison de plus... et s'il vous voyait...

LA BARONNE, éteignant la bougie qui est sur la table.

Je l'en défie !...

(On entend sonner et appeler de plusieurs endroits différents.)

DE CLERMONT.

Mais il n'est pas seul ici... et tous les autres voyageurs...

LA BARONNE, riant.

C'est juste !... le tête-à-tête deviendrait trop nombreux !...

adieu !... adieu, vicomte ! (Elle s'arrête un instant près de la porte du fond et dit en déclamant.) J'ai voulu voir ! j'ai vu !

(Elle sort par la porte du fond et le théâtre reste dans l'obscurité.)

DE CLERMONT.

Irène !... Irène ! levez-vous... levez-vous et partons !... je le veux !... (Regardant les grandes croisées qui sont au fond de la galerie du premier étage.) J'aperçois à travers ces vitraux le jour qui commence à paraître. (Écoutant.) Dieu ! la voix de son père !... partez ! partez !... (Montrant Irène qui dort dans le fauteuil.) Et pour la ramener chez elle... près de sa tante... il n'y a pas de temps à perdre ! (S'approchant d'Irène.) Venez... venez...

(Il l'entraîne vers l'escalier à droite et commence à monter avec elle les premières marches.)

SCÈNE XVI.

ANNIBAL, et M. DE BRIENNE, sortent en ce moment du corridor de l'auberge à gauche, et TÉRÉZINE accourt du fond en rajustant sa toilette et comme quelqu'un qui vient de se lever. Tout le théâtre est encore dans l'obscurité ; mais aux fenêtres du premier étage, les premières lueurs du jour commencent peu à peu à paraître.

TÉRÉZINE, entrant en courant par la porte du fond.

On y va !... on y va !

ANNIBAL, entrant en causant avec M. de Brienne, par la porte à gauche.

Oui, monsieur le vice-amiral, Henri de Clermont est ici !

TÉRÉZINE, entrant.

C'est là sa chambre.

ANNIBAL, entrant dans la chambre.

Et si vous désirez lui parler...

M. DE BRIENNE.

Deux mots à lui dire de la part du ministre... et avant mon départ...

ANNIBAL, dans la chambre.

Eh bien ! personne ! il n'y est plus !

TÉRÉZINE, regardant vers l'escalier à droite.

Je crois bien ! le voilà qui monte l'escalier et reconduit chez elle une belle dame. (A part, redescendant la scène.) Encore une autre !... par exemple !...

M. DE BRIENNE, regardant, à part.

Ciel !... ma fille !... courons !...

ANNIBAL, sortant de la chambre.

Vous savez où il est ?... je vais avec vous...

M. DE BRIENNE.

Non, monsieur, non !... impossible !...

ANNIBAL, s'arrêtant.

C'est juste... car voici les officiers de votre vaisseau.

(Des officiers de marine et des matelots paraissent à la porte du fond.)

M. DE BRIENNE, à part.

Devant tout ce monde un éclat... un scandale !... et partir !... partir !

(Annibal est sur la première marche de l'escalier, M. de Brienne, chancelant, s'appuie sur le fauteuil à droite, Térézine tombe assise sur le fauteuil à gauche, pendant que de Clermont et Irène traversent la galerie du haut.)

ACTE DEUXIÈME

Un des appartements du ministère de la Marine, à Paris.

SCÈNE PREMIÈRE.

ANNIBAL, assis dans un fauteuil à gauche et rêvant, LE CHEVALIER, entrant par le fond.

LE CHEVALIER, se retournant vers le fond.
Comment? le ministre est absent!... c'est très-fâcheux!

ANNIBAL, levant la tête.
Hein? qui vient là?

LE CHEVALIER.
Moi qui ne connaissais que lui!... à qui m'adresser?

ANNIBAL.
Eh, parbleu!... à moi, chevalier!

LE CHEVALIER.
Le comte Annibal de Boutteville! au ministère de la marine et des colonies...

ANNIBAL.
Ah! te voilà comme tout le monde! personne ne veut croire à mon crédit, à commencer par moi qui suis tout étonné d'en avoir. A ton service, chevalier... tu voulais parler au ministre...

LE CHEVALIER.
On le dit absent?

ANNIBAL.
Un voyage sur les côtes pour visiter nos ports et nos arse-

naux. Depuis la guerre d'Amérique notre marine prend une extension immense !

LE CHEVALIER.

Et grâce au ciel les enseignes de vaisseau peuvent rapidement monter en grade !

ANNIBAL.

C'est là ce qui t'amène ?

LE CHEVALIER.

Cela... et autre chose...

ANNIBAL.

Quoi que ce soit je m'en charge ! le ministre est absent... mais le sous-secrétaire d'État, qui fait l'intérim, n'a rien à me refuser...

LE CHEVALIER.

En vérité !

ANNIBAL.

C'est mon futur beau-père !

LE CHEVALIER.

Toi, Annibal... tu te maries !

ANNIBAL.

Tu vas comme les autres pousser des cris de surprise et d'admiration... Eh bien ! oui, je me marie... ce n'est pas la première fois ; je suis fait au danger.

LE CHEVALIER.

Toi, Annibal !... comte de Boutteville !

ANNIBAL.

D'abord... je ne porte plus ce nom-là qui effrayait l'hymen et les beaux-pères... je l'avais rendu trop célèbre !... la mort de mon grand-oncle me laisse marquis de Montsorin... sans me laisser plus riche !

LE CHEVALIER.

Et comment cela, mon cher marquis ?

ANNIBAL.

Il n'a pu m'ôter le titre ; mais ses biens... il me connaissait, ce cher oncle. Il était sûr que je les mangerais, et alors...

LE CHEVALIER.

Il a commencé.

ANNIBAL.

Il a fini!... et à l'ouverture de sa succession... rien! absolument rien! on aurait dit que depuis six mois... j'avais hérité! Il n'y avait plus qu'un espoir, ce que vous autres, marins, vous appelez une ancre de salut... il fallait me marier, trouver quelque riche héritière... qui se contentât du titre de marquise de Monsorin, de l'héritage de mon oncle et de cinq cent mille livres... de dettes...

LE CHEVALIER.

Tu as trouvé ?

ANNIBAL.

Oui, mon ami... et sans me donner de peine !

LE CHEVALIER.

Une veuve de fermier-général ?

ANNIBAL.

Une fille de haute naissance !

LE CHEVALIER.

C'est qu'alors elle a trente ans ?

ANNIBAL.

Elle en a dix-huit !

LE CHEVALIER.

AIR du vaudeville de *Turenne*.

Alors, mon cher, elle est donc effroyable ?

ANNIBAL.

Elle est charmante, et de forme et d'esprit !

LE CHEVALIER.

Mais sa famille ?...

ANNIBAL.

Est puissante, honorable,
Fort bien en cour, et chacun lui prédit
Pour l'avenir encor plus de crédit.
Chez eux l'on voit les trésors de la banque
Et des vertus, des mœurs, de la raison...
Enfin tu vois que dans cette union
Je trouve tout ce qui me manque!

C'est admirable!

LE CHEVALIER.

Dis donc impossible! invraisemblable!

ANNIBAL.

C'est ce que je me répète! Il faut, d'honneur! qu'il y ait quelque chose, qu'on ne me dise pas... quelque malheur ou quelque inconvénient caché.

LE CHEVALIER.

J'en ai peur...

ANNIBAL.

Enfin, nous verrons bien : c'est le comte de Bassevelle qui a fait ce mariage, un de mes créanciers! ils assisteront tous à la bénédiction nuptiale... le coup d'œil sera superbe!

LE CHEVALIER.

Tu te maries à Versailles?

ANNIBAL.

Non, la chapelle était trop petite... ici, à Paris... ce matin, dans une heure; et hier, j'ai fait mes adieux à la vie de garçon par une orgie qui a duré toute la nuit. Je venais de rentrer au grand jour... en homme marié! Je ne me cache plus!

LE CHEVALIER.

C'est exemplaire! et le nom de ta fiancée?

ANNIBAL.

Mademoiselle de Brienne!...

LE CHEVALIER.

Dont le père commandait l'année dernière une escadre dans la Méditerranée.

ANNIBAL.

Et depuis quinze jours sous-secrétaire d'État au département de la marine. Voilà d'où vient mon pouvoir... et s'il peut te servir à toi... ou à nos amis... je viens d'écrire au vicomte de Clermont et de lui faire part de mon mariage, aux États-Unis.

LE CHEVALIER.

Il y est donc toujours?

ANNIBAL.

Depuis une année entière!

AIR du vaudeville de *la Famille de l'Apothicaire.*

Il se conduit en vrai soldat,
Et d'une façon héroïque
Il prend part à chaque combat!

LE CHEVALIER.
Au moins écrit-il d'Amérique?

ANNIBAL.
Eh oui!... j'ai reçu de sa main
Une lettre, que Dieu confonde!
De vertu, de morale!... enfin
Une lettre de l'autre monde;
La vertu!... la morale... enfin
Une lettre de l'autre monde!

C'est à ne pas le reconnaître. Il faut que le docteur Franklin et les quakers de la Pensylvanie en aient fait un philosophe et un sage!

LE CHEVALIER.

Eh! mais... avant son départ il avait déjà des aperçus pleins de profondeur. C'est lui, il y a un an, lorsque je commençais, c'est lui qui m'a dit le premier : « Le difficile n'est pas de faire une passion, mais de s'en défaire! »

ANNIBAL.

Sage maxime !

LE CHEVALIER.

Dont je n'ai que trop reconnu la vérité... c'est pour cela que je viens ce matin au ministère de la marine ! Une constance désespérante et obstinée à laquelle je ne sais comment me soustraire, une chaîne que je ne puis briser...

ANNIBAL.

Et tu viens t'adresser à l'autorité ?...

LE CHEVALIER.

Précisément !

ANNIBAL.

C'est original, et pour la rareté du fait, moi, marquis de Montsorin, je me charge de ta pétition... raconte-moi cela.

LE CHEVALIER.

L'année dernière, lorsque nous nous rencontrâmes à l'hôtel de la *Croix-d'Or*, à Toulon, j'aperçus le soir même une personne charmante, une baronne ! Je te le dis en secret, la baronne de Saint-Savin !

ANNIBAL.

Ah ! bah !...

LE CHEVALIER.

Comment, tu connais ?...

ANNIBAL.

J'en ai entendu parler au vicomte de Clermont, qui l'avait admirée comme toi !

LE CHEVALIER.

Imagine-toi qu'elle partait seule... sans cavalier ! et elle m'avait permis d'escorter sa voiture.

ANNIBAL.

En écuyer cavalcadour.

LE CHEVALIER.

Son dessein était de se rendre à Versailles pour une importante affaire... qui, bientôt, fut oubliée !... que te dirai-je ? une étincelle électrique, un coup de foudre...

ANNIBAL.

O sympathie !

LE CHEVALIER.

Oui, mon ami, une flamme réciproque et subite ! c'était une première passion, vrai, je te le jure !

ANNIBAL.

Je te crois !... il faut bien commencer...

LE CHEVALIER.

De son côté, à elle... c'était un premier sentiment.

ANNIBAL.

Tu en es sûr ?...

LE CHEVALIER.

On ne peut aimer ainsi qu'une seule fois !... elle ne me quittait pas d'une heure, d'un instant... c'était un dévouement adorable le premier trimestre... un peu monotone le second, fatigant le troisième, et insupportable le quatrième...

ANNIBAL.

C'est là que tu en es ?

LE CHEVALIER.

Oui, mon ami. Et voilà que je reçois l'autre semaine du ministre de la marine l'ordre de m'embarquer pour les États-Unis, sur *l'Inflexible*, frégate de soixante canons !

ANNIBAL.

C'est là ce qui te fâche ?

LE CHEVALIER.

Au contraire !... mais quand j'ai annoncé cette bonne nouvelle... les larmes aux yeux...

ANNIBAL.

Je devine ! le désespoir d'Ariane ou de Didon...

LE CHEVALIER.

Du tout. Elle s'est écriée le front rayonnant de joie : « Il y a un Dieu pour les amants!... et moi aussi j'ai, depuis un an, un voyage à faire en Amérique... je ne vous quitterai pas! j'ai des protections! j'obtiendrai du ministre mon passage sur un vaisseau de l'État, sur l'*Inflexible*. »

ANNIBAL.

En vérité!

LE CHEVALIER.

AIR : Je ne vous vois jamais rêveuse. (*Ma Tante Aurore.*)

Elle a déjà, mon cher, j'en tremble,
Audience pour ce matin;
Et s'il nous faut, trois mois ensemble,
Faire ainsi le même chemin,
Sur mer et dans un calme extrême,
Jouir d'un amour attiédi
Qui, comme l'Océan lui-même
Dure et s'étend à l'infini...
Tu comprends bien?...

ANNIBAL.

Oui, mon ami!

LE CHEVALIER.

C'est à périr!...

ANNIBAL.

De bonheur et d'ennui!

Ensemble.

LE CHEVALIER.

Voilà pourquoi
Je viens à toi!

ANNIBAL, lui tendant la main.

Tu viens à moi,
Compte sur moi:
Oui, compte sur moi! (*Bis.*)

Je ferai rejeter la demande de la baronne, je l'obtiendrai de mon beau-père et sans peine! il refuse toujours!

LE CHEVALIER.

En vérité!

ANNIBAL.

Avant qu'on ait ouvert la bouche... il vous répond : Non, non. Toujours non!

LE CHEVALIER.

A la bonne heure au moins! voilà du caractère!

ANNIBAL, montrant M. de Brienne qui s'avance en rêvant.

C'est lui! avec une foule de demandes... à refuser...

LE CHEVALIER.

Quel air taciturne et sévère!

ANNIBAL.

Il ressemble à ta frégate l'*Inflexible*, et sur son front assombri semble incrusté le signe négatif... dont je te parlais.

LE CHEVALIER.

Est-ce qu'il est toujours ainsi?

ANNIBAL.

Non, parbleu! il est aujourd'hui en gaieté, vu le mariage de sa fille... et tu arrives à merveille!

SCÈNE II.

Les mêmes; M. DE BRIENNE.

M. DE BRIENNE.

Ah! c'est vous, monsieur le marquis!

ANNIBAL.

Oui, monseigneur mon beau-père, et, en l'absence du ministre dont vous tenez le portefeuille, je viens vous demander une faveur...

M. DE BRIENNE, sévèrement.

Cela ne se peut pas!

ANNIBAL, bas au chevalier.

Quand je te le disais!

M. DE BRIENNE.

C'est précisément parce que vous allez être mon gendre que je ne puis vous accorder de faveur ou de passe-droit.

ANNIBAL.

Et si ce n'était pas pour moi?

M. DE BRIENNE.

C'est différent!

ANNIBAL, à part, en s'inclinant.

Trop aimable! (Haut.) Si c'était pour un ami, monsieur le chevalier de Montaran, enseigne de vaisseau...

M. DE BRIENNE.

Qui a reçu l'ordre de s'embarquer sur l'*Inflexible*...

LE CHEVALIER, s'avançant.

Oui, monseigneur!

M. DE BRIENNE.

Que me voulez-vous?...

LE CHEVALIER, passant près de M. de Brienne.

Vous demander, monseigneur, si une femme peut obtenir passage à bord?

M. DE BRIENNE.

Non!

ANNIBAL, bas au chevalier.

Tu vois bien!

LE CHEVALIER.

C'est que je craignais... non... je veux dire je croyais qu'il y avait eu parfois des exemples...

M. DE BRIENNE.

Très-rares, dans des circonstances graves et impérieuses!

LE CHEVALIER.

Ainsi, votre excellence n'accorderait point cette faveur, même si elle était sollicitée par une femme charmante?

M. DE BRIENNE.

Je crois, monsieur, vous avoir dit : non!

LE CHEVALIER.

J'ai parfaitement entendu, excellence! et c'est tout ce que je venais vous demander. (Bas, à Annibal.) Ah! çà, tu m'assures qu'il n'est pas homme à changer d'opinion?

ANNIBAL, de même.

Lui! jamais!...

LE CHEVALIER, de même, avec admiration.

Et il est ministre!

ANNIBAL, bas.

Par intérim seulement. (Haut.) Merci, beau-père, d'avoir bien voulu, à ma considération... je vais m'occuper de ma toilette...

M. DE BRIENNE.

Hier soir, monsieur le marquis, M. de Bassevelle a dû vous remettre de ma part un papier important.

ANNIBAL.

Hier? (Bas, au chevalier.) Ne disons pas au beau-père que je ne suis pas rentré de la nuit. (Haut.) Oui, excellence... oui... le papier important...

M. DE BRIENNE.

Vous l'avez lu?

ANNIBAL.

Très-attentivement.

M. DE BRIENNE.

Ainsi, vous acceptez les cent mille livres que j'ai ajoutées à la dot?

ANNIBAL.

Comment...

M. DE BRIENNE.

Vous acceptez?...

ANNIBAL.

Avec enthousiasme... mais...

M. DE BRIENNE.

C'est bien ! nous en parlerons plus tard.

ANNIBAL, bas, au chevalier.

Je te le disais... un ministre, un beau-père incompréhensible ! il accorde aujourd'hui tout ce qu'on ne lui demande pas !

LE CHEVALIER, de même.

C'est ce que je vois ; allons, je cours offrir mon bras à la petite baronne, et l'amène ici à son audience !

ANNIBAL.

AIR : De Paul de Kock. (*Le Caissier.*)

Oui, le moment est propice,
Va la chercher et reviens !
(Lui tendant la main.)
Mais, du reste, à ton service,
A toi... comme à tous les tiens !
A mes amis j'appartiens.
Mon crédit... je le propose !
Ne craignez pas d'en user,
Quand vous aurez quelque chose...
A vous faire refuser !

Ensemble.

ANNIBAL.

Oui, le moment est propice. etc.

LE CHEVALIER.

Oui, le moment est propice. etc.

(Le chevalier et Annibal sortent par la porte du fond.)

SCÈNE III.

M. DE BRIENNE, puis IRÈNE.

M. DE BRIENNE, se jetant dans un fauteuil, et à part.

Allons, et quoi qu'il m'en coûte, pourvu que l'honneur de ma famille soit intact, pourvu qu'un éternel silence ensevelisse à jamais... ce que je voudrais me cacher à moi-même... (Se retournant sans regarder.) Ah!... c'est vous, Irène?

IRÈNE, en toilette de mariée, s'adressant timidement à son père.

Oui, mon père... j'ai obéi à vos ordres. Je me suis parée de ces présents qui me venaient de vous! Ne laisserez-vous pas tomber un seul regard sur votre fille?

M. DE BRIENNE, se retournant et poussant un cri d'approbation.

Ah!... (A part, et se contenant.) Qu'elle est belle! et qui dirait, mon Dieu, à voir ce front si modeste et si pur... (A Irène qui vient de se jeter à ses genoux.) Que faites-vous?... que me voulez-vous?...

IRÈNE.

Si j'ai repoussé d'abord le mariage que vous et ma tante m'imposiez... que mon obéissance actuelle m'obtienne mon pardon! Votre bénédiction, mon père... (Voyant M. de Brienne qui garde le silence.) Me la refuserez-vous?

M. DE BRIENNE, avec émotion.

Non... non, je vous la donne! et si vous le pouvez, soyez heureuse!

IRÈNE.

Puis-je l'être, quand votre cœur est changé à ce point! un an loin de moi!... un an sans m'écrire!... Il y a un an cependant, quand je vous ai quitté, mon père... quand je vous ai embrassé pour la dernière fois... vous étiez pour moi bon et indulgent... vous m'aimiez...

M. DE BRIENNE.

Ah! c'est qu'alors vous étiez ma fille!

IRÈNE.

Ne le suis-je donc plus? votre colère, votre sévérité que l'on disait si terribles et que je n'avais jamais connues, devaient-elles éclater pour quelques instants de résistance, bien naturelle! J'ai pu me tromper... mais on m'avait assuré, et vous l'ignorez sans doute, que monsieur le comte Annibal avait beaucoup de dettes!

M. DE BRIENNE, froidement.

Je le sais!

IRÈNE.

Que sa société, ses liaisons, sa conduite étaient loin d'être irréprochables.

M. DE BRIENNE, de même.

Je le sais! je le sais!

IRÈNE.

Et vous lui livrez votre fille?

M. DE BRIENNE, avec une colère concentrée.

Parce qu'à tout autre, puisqu'il faut vous le déclarer, à tout autre qui me l'eût demandée, moi, gentilhomme, je n'aurais pas voulu la donner.

IRÈNE.

Qu'entends-je?

M. DE BRIENNE.

Et qu'avec celui-là même, je n'ai voulu manquer ni de loyauté, ni de franchise... Eh bien! oui... je lui ai écrit hier... je lui ai tout dit!

IRÈNE.

Eh! quoi donc?

M. DE BRIENNE.

Ce que j'ai appris à votre frère en lui ordonnant de nous venger et de punir...

IRÈNE.

O ciel! et que lui avez-vous donc appris?

M. DE BRIENNE.

Vous me le demandez! vous avez cette audace!... vous!

IRÈNE.

Vous me faites peur... mon père!

M. DE BRIENNE, cherchant à se modérer.

J'ai tort!... j'ai tort... j'avais juré de ne pas prononcer ce nom-là... mais puisque vous m'y forcez, faut-il donc vous rappeler M. Henri de Clermont !...

IRÈNE, à part.

O ciel!

M. DE BRIENNE.

Pourquoi avez-vous tressailli? (Lui prenant la main.) Pourquoi maintenant êtes-vous tremblante?

IRÈNE, se récriant.

Moi! mon père!

M. DE BRIENNE, lui faisant signe de se taire.

Parlons bas! (Avec une colère concentrée qui augmente toujours.) Ses folies, ses aventures scandaleuses, lorsqu'il en était question en votre présence, n'excitaient-elles pas votre mépris ?

IRÈNE, de même.

J'en conviens.

M. DE BRIENNE.

Eh bien! cette froideur, ce dédain, cette haine que vous affectiez, sont-ils les sentiments qui règnent dans votre cœur... répondez !

IRÈNE.

Mon père!

M. DE BRIENNE.

Ainsi donc, il n'a reçu de vous aucune préférence !...

IRÈNE.

Qui, moi ?...

M. DE BRIENNE.

Jamais il ne s'est trouvé... seul... avec vous ?...

IRÈNE.

Jamais !... quelle idée !...

M. DE BRIENNE.

Jurez-le donc !... jurez-le devant votre père !...

IRÈNE, levant la main.

Devant Dieu!...

M. DE BRIENNE, à part.

Ah! c'est trop fort... quand de mes propres yeux.. (Haut.) Quand moi-même...

IRÈNE.

Qu'avez-vous?...

M. DE BRIENNE.

Silence! silence! (A voix basse.) et remettez-vous, car on vient!

(Irène, pendant le commencement de la scène suivante, se retire vers la glace à gauche, et, pour cacher son trouble, a l'air de s'occuper à arranger sa toilette.)

SCÈNE IV.

IRÈNE, M. DE BRIENNE, LE CHEVALIER, LA BARONNE.

UN DOMESTIQUE, annonçant.

Madame la baronne de Saint-Savin!

M. DE BRIENNE, à part, avec humeur.

C'est juste... je lui ai accordé une audience!... en un pareil moment!

LE CHEVALIER, bas à la baronne.

Je vous répète qu'il est des plus mal disposés, et qu'il vous dira non!

LA BARONNE, de même.

Ce n'est pas possible! (Haut après une révérence faite à M. de Brienne.) L'on ose soutenir, monseigneur, que vous savez résister aux dames... moi je prétends que ce n'est pas vrai, et que vous me donnerez gain de cause, n'est-ce pas?

M. DE BRIENNE.

Non, madame.

LA BARONNE.

Certainement... parce qu'on vous a mal expliqué ce dont il s'agit... Voilà une frégate qui va appareiller pour l'Amérique... où justement j'ai à faire... je réclame le passage à bord.

M. DE BRIENNE.

Impossible. Les femmes n'y sont point admises.

LA BARONNE, souriant.

Et pourquoi, monseigneur ?

M. DE BRIENNE.

Parce que c'est un vaisseau de l'État.

LA BARONNE.

De l'État, raison de plus. Le grand roi disait : L'État, c'est moi... je dirai avec plus de vérité : L'État, c'est nous !... ce sont les femmes. Nous en faisons partie, au moins pour moitié... Vous ne pouvez le nier, tout ministre que vous êtes, et vous allez céder à la force de mon raisonnement.

M. DE BRIENNE.

Non, madame.

LA BARONNE.

Vous céderez... je le parie.

M. DE BRIENNE, avec impatience.

Non !

LA BARONNE, riant.

Non !

M. DE BRIENNE.

J'ai l'honneur de vous répéter : non, non, non !

LE CHEVALIER, à part.

A merveille ! (Bas à la baronne.) Eh bien ! vous qui ne vouliez pas me croire, qu'en dites-vous ?

LA BARONNE, de même.

Que c'est un brutal... et que nous verrons ! (Apercevant Irène qui en ce moment s'avance vers son père.) Ah ! mon Dieu !

LE CHEVALIER.

Qu'avez-vous?

LA BARONNE, regardant Irène avec attention, à part.

C'est bien elle... j'en suis sûre! (Haut.) Je suis sûre que mademoiselle va parler pour moi!

LE CHEVALIER.

Ciel!... vous la connaissez?

M. DE BRIENNE, avec dédain.

Ma fille!...

LA BARONNE, à M. de Brienne d'un air aimable.

Ah! c'est mademoiselle votre fille?... Si j'en crois cette couronne et ce bouquet... elle va se marier!

M. DE BRIENNE.

Oui, madame!

LA BARONNE.

Je lui en fais mon compliment et surtout à son mari; enchantée de revoir une si aimable personne!

IRÈNE.

Je ne croyais pas avoir eu l'honneur de rencontrer madame.

LA BARONNE.

Une seule fois... et il est tout simple que mademoiselle ne m'ait pas remarquée... mais moi, c'est différent! c'était, si je ne me trompe, il y a un an... à Toulon... dans une soirée...

(M. de Brienne commence à écouter avec inquiétude.)

IRÈNE, naïvement.

Une grande soirée?...

LA BARONNE.

Non, en petit comité. (A M. de Brienne.) Chez un ami dont le nom et la protection me seront peut-être de quelque utilité auprès de votre excellence, (A voix basse.) Henri de Clermont!

M. DE BRIENNE, à part.

O ciel !

LA BARONNE.

Et je me rappelle même des détails...

M. DE BRIENNE, à voix basse.

Silence... je vous en supplie.

LA BARONNE, riant.

A mon tour je pourrais dire : non ! car j'aime à parler... j'en ai tellement l'habitude, (A voix basse.) que je ne pourrai m'en empêcher, si je reste ici... en France.

M. DE BRIENNE, à demi-voix.

Madame... de grâce...

LA BARONNE, de même en riant.

Mais en Amérique... c'est différent !

M. DE BRIENNE, de même.

Que voulez-vous donc ?

LA BARONNE, à haute voix et d'un ton impérieux.

Partir !

M. DE BRIENNE.

J'y consens.

LA BARONNE.

Dans trois jours !

M. DE BRIENNE.

Demain, si vous voulez.

LA BARONNE.

Sur *l'Inflexible*.

M. DE BRIENNE.

C'est accordé.

LE CHEVALIER, à part, stupéfait.

Grand Dieu ! qu'ai-je entendu !

LA BARONNE, au chevalier.

Eh bien, monsieur, que vous disais-je ?

LE CHEVALIER, passant près de M. de Brienne.

Je tremblais que ce ne fût pas possible; monseigneur disait ce matin...

M. DE BRIENNE, avec embarras.

Que les exceptions étaient très-rares... très-difficiles...

LA BARONNE.

Mais pour des motifs graves... ou impérieux...

M. DE BRIENNE, d'un air galant.

Pour madame la baronne...

LA BARONNE.

On n'est pas plus aimable que monseigneur. Il ferait aimer le pouvoir... et me ferait presque regretter la France... (Mouvement d'effroi de M. de Brienne.) Rassurez-vous, il faut que je parte : une succession qui m'attend... et comme votre excellence pourrait peut-être d'ici à demain oublier ses bonnes intentions... elle en a tant!... je la prierai de vouloir bien me donner un mot pour le premier commis que cela regarde...

M. DE BRIENNE, qui a pris une plume.

Je vais écrire... vous allez lui remettre, et dès ce soir l'ordre sera expédié!...

LA BARONNE.

Je viendrai le chercher.

IRÈNE.

Le chercher... si madame la baronne voulait nous faire l'honneur de passer ici la soirée...

(La baronne fait la révérence en signe d'acceptation.)

M. DE BRIENNE, bas à sa fille avec colère.

Qu'avez-vous fait!... (Présentant le papier à la baronne.) Voici, madame...

LA BARONNE.

Je vous accablerais de mes remerciements, monseigneur.. (A demi-voix et avec intention.) si désormais, je n'étais muette! (Au chevalier.) Chevalier, chargez-vous de ce mot pour les bureaux... moi j'ai à peine le temps pour ma toilette de ce soir.

UN DOMESTIQUE.
La voiture de monsieur le comte.

M. DE BRIENNE.
On nous attend à l'église.

Ensemble.

AIR : Ave Maria (Mlle PUGET.)

M. DE BRIENNE.
Oui, voici l'instant,
On nous attend
A la chapelle.
L'heure nous appelle ;
Il faut partir
Et m'obéir.
Oui, dans la chapelle
L'heure nous appelle.
A mes lois fidèle,
Il faut partir
Et m'obéir.

LE CHEVALIER.
Oui, son ascendant
Est surprenant,
Faveur cruelle !
Comment avec elle,
Et sans mourir,
Comment partir ?
O faveur cruelle !
Contrainte nouvelle !
Comment avec elle,
Et sans mourir,
Comment partir !

IRÈNE.
Oui, voici l'instant,
On nous attend
A la chapelle.

Contrainte cruelle;
  Ah! c'est mourir
  Que d'obéir!
Oui, dans la chapelle
L'heure nous appelle,
Contrainte cruelle,
  Ah! c'est mourir
  Que d'obéir!

LA BARONNE.

A mon ascendant
  C'est vainement
  Qu'on est rebelle.
  O chance nouvelle!
  Ainsi partir!
  Ah! quel plaisir!
O faveur nouvelle!
L'amour nous appelle,
Et, couple fidèle,
  Ainsi partir,
  Ah! quel plaisir!

(M. de Brienne, Irène et la baronne sortent.)

SCÈNE V.

LE CHEVALIER, seul.

Voilà nos hommes à caractère!... ces hommes d'État si rigides, si fermes dans leur opinion... rien ne pourrait les faire changer... et au moindre vent, la girouette a tourné! Que lui a-t-elle dit... là... à voix basse? comment s'y est-elle prise? Je l'ignore! Mais elle a tout obtenu... elle part! et avec moi! un tête-à-tête de trois mois, une traversée infernale où je ne verrai que le ciel, la mer... et elle! toujours elle! Ah! si nous n'étions pas en guerre, et s'il n'y avait pas sur l'Océan quelque espoir de dangers... comme je donnerais ma démission!

SCÈNE VI.

LE CHEVALIER, DE CLERMONT, paraissant à la porte du fond.

LE CHEVALIER, poussant un cri de joie.

Qu'ai-je vu?... mon maître, mon ami!

DE CLERMONT, courant à lui.

Le chevalier!... (L'embrassant.) Ah! je te revois!

LE CHEVALIER.

D'où viens-tu donc?

DE CLERMONT.

Débarqué avant-hier au Havre!... arrivé ce matin à Paris!... et mon voyage n'a été qu'un enchantement continuel! C'est une belle chose que les forêts de l'Amérique et ses immenses prairies, et le Niagara, le Saint-Laurent! mais tout cela ne vaut pas la patrie... cela ne vaut pas la France! quel beau pays!... c'est ce que je me répète depuis hier... Tiens... tiens... je suis trop heureux! embrassons-nous encore!

LE CHEVALIER.

Quelles nouvelles de l'armée?

DE CLERMONT, gaiement.

C'est moi qu'on a chargé de les apporter au ministre de la marine et au roi.

LE CHEVALIER.

Est-il vrai que Washington et les milices de la Virginie étaient près de succomber?

DE CLERMONT, avec chaleur.

Oui, lorsque le comte de Rochambeau et ses six mille Français sont arrivés...

LE CHEVALIER

La guerre alors s'est ranimée?

DE CLERMONT, de même.

La guerre!... elle est finie!... l'armée de Cornwallis battue et cernée a été forcée de se rendre prisonnière.

LE CHEVALIER.

Et tu y étais?

DE CLERMONT, naïvement.

Je n'y ai pas nui!... du moins mon général a eu la bonté de me le dire... et de l'écrire au roi.

LE CHEVALIER.

Mais que de souffrances, de fatigues vous avez éprouvées!

DE CLERMONT.

C'est vrai! aussi jamais, je crois, je n'ai passé d'année plus animée, plus pleine, plus heureuse. Si tu savais, quand votre jeunesse s'est écoulée oisive et inoccupée... quel contentement de ne plus être sur la terre un fardeau inutile, de voir l'estime qui vous arrive; si tu savais combien les graves événements dont nous avons été témoins, ont mûri en peu de temps nos idées si futiles et si folles; le Nouveau-Monde se soulevant pour proclamer son indépendance, tout un peuple qui nous doit sa liberté, qui nous le dit, et qui jure, Dieu le veuille! de ne jamais l'oublier... chaque citoyen nous touchant dans la main et nous disant : Frères! ces magistrats qui venaient au-devant de nous, et ces femmes qui nous jetaient des fleurs... Ah! voilà ce qui fait regretter le passé! voilà ce qui fait dire : Que de jours de gloire j'ai perdus!

LE CHEVALIER, avec émotion.

Oui... oui... je comprends cela!

DE CLERMONT.

Tant mieux! car moi qui, jusqu'à présent, t'avais donné de si mauvais conseils...

LE CHEVALIER.

Le meilleur de tous, c'est ton exemple!

DE CLERMONT.

Du bonheur et voilà tout! Parti capitaine... j'ai un régiment; c'est moi qu'on a chargé de rapporter en France les drapeaux enlevés... y compris le mien!

LE CHEVALIER.

Ah! tu en as un!

DE CLERMONT.

Oui! je me suis élancé en prononçant son nom... je me suis écrié comme les preux nos ancêtres : Ah! si elle me voyait!... et elle m'a protégé, j'en suis sûr! tous tombés à mes côtés et moi, pas une balle, pas une blessure! c'est dommage! elle l'aurait vue, mais que veux-tu?... ce sera pour une autre fois!

LE CHEVALIER.

Ah! çà, mon ancien maître... vous êtes donc amoureux?

DE CLERMONT.

Parbleu! sans cela, est-ce que je serais parti?... il n'y avait que cela qui soutenait mes forces et mon courage, je voulais revenir... et revenir digne d'elle, je voulais avoir le droit de me présenter devant son père et de lui dire :

AIR du Pot de fleurs.

Pour expier une folle jeunesse,
Pour obtenir celle que j'adorais,
J'ai bravé dans ma noble ivresse
Et la mitraille et le feu des Anglais.
Si par le feu, surtout en France,
Tout est purifié, dit-on,
Coupable, j'ai droit au pardon,
Et vainqueur, à la récompense!
Je viens implorer mon pardon
Et réclamer ma récompense!

LE CHEVALIER.

Ah çà! c'est donc une gageure... une épidémie... tout le monde se marie!

DE CLERMONT, souriant.

Eh! qui donc encore?

LE CHEVALIER.

Le nouveau marquis de Montsorin, notre ami Annibal!

DE CLERMONT, riant.

Annibal lui-même!...

LE CHEVALIER.

Lui-même! en personne!

DE CLERMONT.

Bravo!... ses créanciers doivent le bénir!

LE CHEVALIER.

Aussi... ils y sont.

DE CLERMONT.

Où donc?

LE CHEVALIER.

A la bénédiction nuptiale qu'on lui donne en ce moment.

DE CLERMONT, riant.

Ah! je suis arrivé trop tard... j'aurais été son témoin!

LE CHEVALIER.

C'est ce qu'il disait ce matin... car il venait de t'écrire... de t'envoyer un billet de part en Amérique...

DE CLERMONT, gaiement.

Nous assisterons du moins au dîner et au bal... et nous embrasserons la mariée! l'as-tu vue?

LE CHEVALIER.

Ici! au moment où elle partait pour l'église.

DE CLERMONT.

Je ne te demande pas si elle est riche... cela va sans dire... c'était de rigueur, mais est-elle jolie?

LE CHEVALIER.

Charmante! et d'une illustre et ancienne famille... de la famille de Brienne.

DE CLERMONT.

Comment ?...

LE CHEVALIER.

Tiens, entends-tu ce bruit dans les cours de l'hôtel : ce sont toutes les voitures qui reviennent de l'église.

SCÈNE VII.

Les mêmes; IRÈNE, ANNIBAL, Invités.

LE CHŒUR.

AIR : O bell'alma inamorata. (*Lucia*.)

Ah ! quel beau jour vient de luire !
Que d'attraits faits pour séduire !
O tendre amour ! ton empire
Les a rangés sous ses lois !

DE CLERMONT, à gauche du théâtre regardant tous les conviés qui défilent successivement de la porte à droite.)

O frayeur ! crainte mortelle !
Non... non... ce n'est pas cela !

(Apercevant Annibal qui entre en ce moment en tenant Irène par la main, il pousse un cri.)

Ah !
C'est bien elle !
Ah !

(Il tombe dans le fauteuil qui est derrière lui.)

LE CHŒUR.

O tendre amour ! ton empire
Les a rangés sous ses lois !

ANNIBAL, qui s'est avancé au milieu du théâtre avec sa femme, regarde à gauche et aperçoit de Clermont. Il s'élance, et se jette dans ses bras pendant que le chœur continue.

Pour mon bonheur tout conspire !
Quoi ! c'est toi que je revois !...
Mon amitié te réclame,

Vois le choix que j'ai fait, tiens, le voilà !
(Le présentant à Irène qui se soutient à peine.)
Mon meilleur ami, madame!

IRÈNE.

Ah ! quel trouble je sens là !

DE CLERMONT, à part.

Ah !
C'est sa femme,
Ah !

LE CHŒUR.

Ah ! quel beau jour vient de luire !
Que d'attraits faits pour séduire !
O tendre amour ! ton empire
Les a rangés sous ses lois !

ANNIBAL, aux personnes de la noce qui se retirent par le fond.

Ma famille!... mes grands parents... pardon! je vous rejoins. (Revenant vers de Clermont.) Un ami vaut mieux qu'un parent... et quelle rencontre! le jour même de mon mariage... car c'est fini, nous sortons de l'autel, tu m'en vois encore tout attendri... et juste dans ce moment... mon ami... mon meilleur ami arrive d'Amérique pour me féliciter... m'admirer et s'étonner... (Au chevalier.) Car il est comme les autres, il n'en est pas encore revenu! cela produit cet effet-là sur tout le monde... (A Irène.) Oui, madame, c'est bien lui, monsieur le vicomte Henri de Clermont que vous ne connaissez peut-être pas, mais dont à coup sûr vous avez entendu parler.

DE CLERMONT, à part avec douleur, regardant Irène qui lui fait la révérence.

Pas le moindre trouble à mon aspect !

ANNIBAL.

Et tu arrives de l'armée?

LE CHEVALIER.

En héros! en vainqueur! Il a obtenu un régiment !...

21.

ANNIBAL.

C'est superbe! n'est-ce pas, mademoiselle... je veux dire... madame la marquise?

IRÈNE, froidement.

Oui, sans doute! les amis de monsieur le vicomte doivent être fiers de ses succès!

DE CLERMONT, s'inclinant.

Vous êtes bien bonne, madame! (Le chevalier qui a passé entre Annibal et Irène a l'air de leur raconter ce que dans la scène précédente, il a appris de Clermont, et celui-ci so dit à part en regardant Irène.) Quelle froideur! quelle indifférence!... et quand je me rappelle notre dernière entrevue... son amour... les aveux surpris à son sommeil... Ah! pour elle, ce n'était qu'un rêve! et moi!... moi!...

ANNIBAL, s'approchant de Clermont.

Eh bien! comment trouves-tu ma femme? tout le monde m'en fait compliment! Elle n'est pas mal, n'est-ce pas?

DE CLERMONT.

Oui, mon ami.

ANNIBAL.

Et puis cet air digne... cette sévérité... à laquelle je ne suis pas habitué... c'est piquant, c'est délicieux. Je n'ai pas encore eu de maîtresse plus adorable... aussi cela doit t'encourager à suivre mon exemple.

LE CHEVALIER.

Il y est tout disposé!

ANNIBAL.

En vérité!

LE CHEVALIER.

Il est amoureux! amoureux fou! et revient pour se marier.

DE CLERMONT.

Moi!

LE CHEVALIER.

Ah! tu me l'as avoué! (A Irène qui tressaille.) Oui, madame, tout est d'accord entre lui... la jeune personne et sa famille.

ANNIBAL, au chevalier.

Alors... chevalier... il n'y a plus que toi... fais comme nous... laisse-toi être heureux!

LE CHEVALIER, se frappant le front.

Ah!... tu viens de me réveiller! (A demi-voix.) La baronne qui m'a prié de passer pour elle dans les bureaux, j'y cours...

ANNIBAL.

Comment?

LE CHEVALIER.

Ton beau-père a dit : oui.

ANNIBAL.

Pas possible!... c'est la première fois!

LE CHEVALIER.

Je l'avais oublié!...

ANNIBAL.

Et moi aussi qui oublie tout... le bonheur m'étourdit. (Au chevalier.) Je m'en vais avec toi!...

IRÈNE, effrayée.

Et pourquoi donc, monsieur?

ANNIBAL.

Le comte de Bassevelle qui m'avait donné rendez-vous au sortir de l'église, pour affaire urgente, à ce qu'il dit... pardon, marquise. (Au chevalier.) Je descends avec toi...

DE CLERMONT.

Et moi je vous suis...

IRÈNE, à part.

Grâce au ciel!...

ANNIBAL.

Eh non!... reste... je te retrouverai ici, reste avec madame la marquise.

(Il sort avec le chevalier.)

DE CLERMONT, à part.

Seul !... seul avec elle !

SCÈNE VIII.

DE CLERMONT, IRÈNE.

(Ils restent quelques instants muets et immobiles, n'osant lever les yeux l'un sur l'autre ; Irène a rassemblé toutes ses forces pour vaincre son trouble ; elle s'asseoit sur un fauteuil à droite, cherche à prendre un air calme et même à sourire.)

IRÈNE, assise, et se tournant vers de Clermont.

C'est, dit-on, un bien beau pays que les États-Unis, monsieur le vicomte ?

DE CLERMONT.

Oui, madame.

IRÈNE.

Pour se soulever ainsi contre leur ancienne patrie, il fallait qu'ils fussent bien malheureux !

DE CLERMONT, avec distraction.

Bien malheureux... oh ! oui, madame... beaucoup !

IRÈNE.

Et vous avez vu Washington ?

DE CLERMONT, avec un peu d'impatience.

Souvent... tous les jours !

IRÈNE.

Un homme des anciens temps !... un Cincinnatus !... jusqu'ici, du moins !... Pensez-vous, monsieur, qu'il ne se démentira pas ?

DE CLERMONT, à part, avec douleur.

C'est elle qui me parle ainsi... ce calme d'esprit, cette indifférence...

IRÈNE.

Ne craignez-vous pas, vous qui l'avez vu de près, qu'il ne finisse, comme tant d'autres, par s'emparer du pouvoir suprême ?

DE CLERMONT, à part, avec colère.

Ah ! cette conversation m'est insupportable !... quand mon cœur bat ! quand ma tête est brûlante ! quand je n'ose lever les yeux vers elle ! (Haut, avec trouble.) Je ne sais... madame, ce que l'avenir prépare à nos nouveaux alliés... moi, soldat et de retour dans ma patrie... je ne pensais qu'au plaisir de revoir la France et mes amis... et je ne m'attendais pas...

IRÈNE.

A quoi donc, monsieur ?

DE CLERMONT.

A trouver le comte Annibal marié !

IRÈNE.

Eh ! mais, n'ai-je pas entendu dire tout-à-l'heure... que vous songiez à l'imiter ?

DE CLERMONT.

C'était depuis un an... mon désir et mon seul espoir... mais maintenant j'y ai renoncé... et pour toujours !

IRÈNE, vivement.

En vérité !... une pareille résolution...

DE CLERMONT.

Oui, madame, j'y suis décidé !

IRÈNE.

Et pourquoi donc ?

DE CLERMONT.

Si je vous le disais... vous ne voudriez peut-être pas y ajouter foi. Le récit vous en paraîtrait absurde, romanesque... une femme que j'aimais, et qui pourtant n'avait pour moi que des rigueurs...

IRÈNE.

Vous avez raison, monsieur le vicomte, c'est bien invraisemblable...

DE CLERMONT.

Et moi, pour me soustraire à un amour insensé dont je m'indignais... je me livrais à toutes les dissipations, à toutes les folies... je ne reculais devant aucun excès! enfin, pour me guérir... je courais à ma perte, lorsqu'un jour... un soir... je crus la voir en rêve... oui, madame, c'est un rêve qui m'a sauvé.

IRÈNE, avec émotion.

En vérité !

DE CLERMONT.

AIR : Celle que j'aime tant cesse d'être cruelle.

O suave merveille! ô délice suprême
Dont je m'enivre encor... oui, d'ici je la vois,
Assise à mes côtés et se penchant vers moi;
Sa bouche murmurait : Henri... Henri... je t'aime!

IRÈNE, qui a écouté avec la plus vive émotion, s'écrie sans y penser.

Ah! c'est bien singulier !

DE CLERMONT.

Pourquoi donc?...

IRÈNE, se remettant.

Vous avez raison... en rêve tout est possible.

DE CLERMONT.

Alors, j'entendis sa voix ranimer le courage et l'honneur près de s'éteindre... « Va combattre! s'écria-t-elle; reviens digne de moi, me demander à mon père. »

IRÈNE.

Elle a dit cela!

DE CLERMONT.

« Je t'attendrai, je te le promets! vivant, je serai à toi! et mort... à personne! »

IRÈNE.

Elle a dit cela !

DE CLERMONT.

Moi, je suis parti. Je me suis battu, j'ai risqué mes jours pour elle ! je reviens... je demande sa main... on me répond : Elle est mariée !

IRÈNE, poussant un cri.

Ah !...

DE CLERMONT.

Qu'avez-vous donc, madame ?...

IRÈNE.

Rien !... (A part.) Le même rêve... celui que j'ai fait tant de fois... c'est à confondre la raison... Sauvez-moi, mon Dieu, sauvez-moi !

DE CLERMONT.

Vous comprenez maintenant pourquoi j'ai renoncé à jamais au mariage et à tout autre amour ! je n'ai plus qu'un désir : c'est de fuir... c'est de m'éloigner d'elle ; car ce songe... cette illusion ne peuvent plus se réaliser... celle que j'ai perdue... c'est vous !

IRÈNE.

O ciel !

DE CLERMONT.

Celle que j'aimais... que j'aime, c'est vous !

IRÈNE.

Monsieur...

DE CLERMONT.

Mon rêve s'est évanoui... il ne me reste rien que mon désespoir et mon amour !

(Il tombe à ses pieds.)

IRÈNE.

Monsieur... que faites-vous ?... Je ne dois... ni ne veux vous entendre !

DE CLERMONT, en suppliant.

Irène!

IRÈNE.

Sortez! je vous hais... je vous déteste!

DE CLERMONT.

Ah!... je ne le vois que trop!

IRÈNE.

Et c'est la vérité! (Poussant un cri et restant immobile.) Ah!... mon père!...

SCÈNE IX.

Les mêmes ; M. DE BRIENNE, au fond du théâtre.

M. DE BRIENNE, apercevant Clermont aux pieds de sa fille.

Qu'ai-je vu? (S'adressant à Irène.) Au sortir de l'autel et le front ceint encore de la couronne nuptiale, vous osez...

DE CLERMONT.

Monsieur...

IRÈNE, avec indignation.

Mon père, vous calomniez votre fille.

M. DE BRIENNE, levant les mains vers le ciel.

Non... mais je la maud...

DE CLERMONT, s'élançant entre eux.

Arrêtez, monsieur, et ne maudissez que moi qui l'ai mérité. Un autre que vous s'était déjà chargé de votre vengeance et de mon châtiment. Votre fils...

M. DE BRIENNE.

Mon fils!...

DE CLERMONT.

Blessé dangereusement par lui dans un premier combat, il me fallut recommencer après ma guérison. Plus heureux cette fois, je fis sauter l'épée de mon adversaire, et, maître de sa vie, il me fut permis de lui demander pardon et de lui avouer... (A M. de Brienne.) ce que vous ignorez tous les deux! Dès ce moment votre fils était devenu non-seulement mon ami, mais un frère, et il vous avait écrit pour vous supplier de m'accorder la main de sa sœur!

M. DE BRIENNE.

Lui!...

DE CLERMONT.

Cette lettre... je vous l'apportais... trop tard, je le sais! (La lui présentant.) Lisez-la cependant... car elle vous apprendra tout ce qui s'est passé il y a un an... ma folie ou plutôt mon crime, et, en me condamnant à vos yeux, en m'ôtant peut-être tous les droits à votre pardon, elle justifiera du moins un ange, à qui j'avais enlevé l'estime et l'amour de son père!

M. DE BRIENNE, qui, pendant ces dernières phrases, a ouvert la lettre et l'a parcourue précipitamment.

Est-il possible! se jouer ainsi de son avenir... de sa réputation!... Ma fille!...

(Tombant à genoux devant elle.)

IRÈNE, se levant.

Monsieur... que faites-vous!

M. DE BRIENNE.

Mon devoir!... Tu disais vrai!... Moi, ton protecteur et ton père... je t'ai calomniée, et ma vie entière se passera à réparer ma faute...

IRÈNE.

C'est trop! c'est trop!

M. DE BRIENNE.

Et je t'ai vendue... sacrifiée... toi, mon trésor le plus cher!

IRÈNE.

Mais qu'est-ce que cela signifie?

M. DE BRIENNE, l'entraînant vers l'appartement à gauche.

Viens!... viens! tu sauras tout!

(A de Clermont qui fait un pas vers lui.)

AIR du vaudeville de *La Sœur de lait.*

Je ne peux pas dénoncer votre crime,
(Montrant sa fille.)
Ni vous flétrir, son honneur le défend.
Mais vous aurez, la prenant pour victime,
Causé ses maux, sa honte et son tourment ;
Vous aurez, vous, enfin, qui l'aimiez tant,
Aux bras d'un autre et pour toute sa vie,
Jeté vous-même et livré mon enfant !...
Adieu, monsieur, à défaut d'infamie,
Ce sera votre châtiment !
Éloignez-vous, qu'à défaut d'infamie
Notre malheur soit votre châtiment !

(M. de Brienne sort par la porte à gauche avec sa fille et M. de Clermont tombe dans un fauteuil.)

SCÈNE X.

DE CLERMONT, ANNIBAL, paraissant à la porte du fond.

ANNIBAL, aux domestiques qui l'entourent.

Partout des masses de lumières et des masses de fleurs, car le bal, le souper, tout roule sur moi!... tous les embarras de la noce!... (Aux domestiques.) L'orchestre... y a-t-on songé?... Non. Qu'on envoie! Courez vite et revenez m'avertir... (A de Clermont qui se dirige vers la porte.) Où vas-tu?

DE CLERMONT.

Je m'en vais... adieu !

ANNIBAL, le retenant.

Pas encore.

DE CLERMONT, se dirigeant vers la porte.

Si vraiment.

ANNIBAL.

Impossible! j'ai un service à te demander.

DE CLERMONT, restant.

Parle alors... parle vite!

ANNIBAL.

Ah! tu restes... je le savais bien!... et tu as raison! car tu vois, mon ami, le plus riche et le plus...

DE CLERMONT.

Heureux des hommes!...

ANNIBAL.

Au contraire! le plus contrarié...

DE CLERMONT.

Le jour de ton bonheur...

ANNIBAL.

C'est justement mon bonheur qui en est cause... et si on n'avait pas de la philosophie!... imagine-toi que le comte de Bassevelle, à qui je devais cent mille écus et qui craignait de ne jamais être payé... a mis à mon mariage une énergie... qui tenait du désespoir.

DE CLERMONT.

Ah! c'est lui qui t'a marié?

ANNIBAL.

Il a fait toutes les démarches... il a fait le contrat... il a fait même, je crois, la cour pour mon compte; mais il avait été chargé par mon beau-père d'une lettre qui l'a fait trembler pour mon union ou plutôt pour sa créance, et ce papier important qu'il devait me remettre avant le mariage... il ne me l'a donné qu'après... à l'instant même!

DE CLERMONT, vivement.

Eh bien?...

ANNIBAL.

Eh bien!... comme je te l'ai dit... on est philosophe ou on ne l'est pas, et le beau-père, dans sa franchise de gentilhomme, se croit obligé de m'avouer que sa fille en a déjà aimé un autre!

DE CLERMONT.

O ciel!

ANNIBAL.

Cela peut arriver à tout le monde! et lors de mon premier mariage... mais enfin c'était après, c'était dans l'ordre habituel, tandis qu'ici... tu me diras : ce n'est qu'une affaire de temps... Non! parce qu'il s'agit aujourd'hui d'une dot de cinq cent... qu'est-ce que je dis, de six cent mille livres... ce qui change bien la thèse.

AIR de *Préville et Taconnet*.

Sur ce point-là chacun a son système :
Ce que je fus, je peux bien l'être encor;
Mais un hasard, qui n'est rien en lui-même,
Devient honteux, s'il se paie à prix d'or !
A quel danger, Dieu d'Hymen, tu me livres!
Chacun va dire, en voyant ce lien,
Que c'est d'un juif et non pas d'un chrétien,
De recevoir, pour six cent mille livres,
Ce que, chez nous, tant d'autres ont pour rien!
Car je reçois, pour six cent mille livres,
Ce que chez nous tant d'autres ont pour rien!

DE CLERMONT.

Tu as raison.

ANNIBAL.

Et pour imposer silence aux indiscrets et aux sots... je voudrais d'abord...

DE CLERMONT.

Quoi donc ?...

ANNIBAL.

Connaître celui dont me parle le beau-père... ce monsieur... mon prédécesseur.

DE CLERMONT.

Pour quel motif?

ANNIBAL.

Pour le tuer!

DE CLERMONT.

Tu as raison!

ANNIBAL.

N'est-ce pas? c'est une bonne idée?

DE CLERMONT.

Que j'approuve!

ANNIBAL.

J'en étais sûr! c'est pour cela que je m'adresse à toi... à un ami... je ne peux pas, moi, mari... aller aux informtions et demander à tout le monde: Savez-vous qui?... ce serait trop original!

DE CLERMONT.

C'est juste!

ANNIBAL.

Sans compter qu'à moi... on ne me le dirait peut-être pas... mais à toi... c'est différent!

DE CLERMONT.

Tu as raison! je me charge de tout!

ANNIBAL, lui serrant la main.

Je te remercie!

DE CLERMONT.

Dès que tu le voudras, je te ferai rencontrer avec lui!

ANNIBAL.

Aujourd'hui!... dès ce soir!

DE CLERMONT.

J'allais te le proposer!

ANNIBAL.

A dix heures le combat... à onze heures la première contre-danse, et à minuit... je vais me coucher... voilà une soirée de noce bien employée! Mais il faut qu'ici, dans le bal, on ne se doute de rien. (Montrant la porte à droite.) De ce côté est le jardin de l'hôtel, il donne sur les Champs-Élysées, par une petite grille dont voici la clef.

DE CLERMONT.

C'est bien !

ANNIBAL.

C'est par-là que tu me l'amèneras.

DE CLERMONT.

C'est dit.

ANNIBAL.

Et comment feras-tu ?

DE CLERMONT.

Je le connais !

ANNIBAL.

En vérité !... voyez-vous comme ça se sait toujours Raison de plus pour presser cette rencontre.

AIR : Il n'est pas temps de nous quitter. (*Voltaire chez Ninon.*)

Ami, charge-toi de ce soin,
Et puisque tu sais mon injure,
C'est toi qui seras mon témoin.

DE CLERMONT.

Je serai là... je te le jure !

ANNIBAL.

J'espère en toi pour hâter ce moment :
De près il faut que je le tienne !

DE CLERMONT, lui tendant la main.

Touche donc là ! j'ai rempli mon serment,
Car sa main a pressé la tienne !
Oui, tu le connais maintenant :
Sa main vient de presser la tienne !

ANNIBAL, sans quitter sa main et le regardant en riant.

Ah bah ! c'est toi ! mon élève !

DE CLERMONT, froidement.

Moi-même !... cela t'étonne ?

moi !... mais je ne mourrai pas sans la revoir encore, sans lui adresser un dernier adieu, sans lui rendre ces fleurs qu'elle m'avait données et que je lui rapportais teintes de mon sang. Mais comment parvenir jusqu'à elle ? et surtout la trouver seule ? (Écoutant à gauche.) Je l'entends... ah ! son père est avec elle !... toujours son père qui ne la quitte pas !... N'importe... et fût-ce jusqu'à ce soir... j'attendrai là... dans ce cabinet... je n'en sortirai pas !...

(Il se jette dans l'appartement à droite.)

SCÈNE XII.

M. DE BRIENNE, IRÈNE, sortant de la porte à gauche, DE CLERMONT, caché à droite.

M. DE BRIENNE.

Oui, mon enfant, je vais tout décommander ! plus de bal, plus de fête. Quant à ton mari, rassure-toi, je lui laisserai ta dot... c'est tout ce qu'il demande, et il me laissera à moi mon trésor le plus précieux. Nous ne nous quitterons plus !... je t'emmène !

IRÈNE.

Oui... ne restons pas ici !

M. DE BRIENNE.

Je vais tout disposer pour notre départ... Allons... du courage !

IRÈNE, regardant la lettre qu'elle froisse dans sa main.

Ah ! c'est affreux ! c'est indigne !

M. DE BRIENNE.

Tu y penses encore !

IRÈNE.

Pour l'oublier, mon père !... Il ose parler de son amour !... après une telle conduite, après une telle audace ; mais celui qui n'a pas été arrêté par la crainte de m'outrager et de me compromettre ainsi... celui-là ne m'aimait pas, et n'est plus redoutable pour moi!... il a perdu tous ses droits... même à mon estime !

M. DE BRIENNE.

Ainsi donc M. de Clermont..

IRÈNE.

Tout est fini, mon père... je vous le jure ! bien plus... après ce que je sais... après ce que je viens de lire... je ne pourrais plus supporter sa présence, sans indignation... sans honte !... sa vue seule me ferait fuir épouvantée ! vous voyez bien qu'il faut nous éloigner... ce soir même, à l'instant ! je vous en supplie !...

M. DE BRIENNE.

Puis-je te rien refuser... moi si coupable envers toi !... Allons ! allons, calme-toi... ce ne sera pas long... dans quelques instants tout sera prêt, et je viendrai te prendre.. pour partir.

IRÈNE.

Oui, pour nous éloigner à jamais !

SCÈNE XIII.

IRÈNE, seule.

(Elle se laisse tomber dans un fauteuil à droite du théâtre et sans proférer une parole, se remet à lire encore à voix basse la lettre qu'elle tient toujours à la main.)

Comment !... il y a un an j'ai passé toute une nuit dans cet hôtel !... près de lui !... ah ! c'est à confondre !... mais il est donc vrai, puisque lui-même l'avoue, que son pouvoir sur moi est tel, qu'il peut, même de loin, me forcer à lui obéir... à céder à ses ordres... qu'il peut à son gré me priver de mes sens et de ma raison !... c'est effrayant ! je n'oserai plus me livrer au sommeil, et dès que je sentirai mes yeux s'appesantir... je craindrai toujours de tomber en sa puissance... (Musique.) O mon Dieu... mon Dieu!... qu'est-ce que je sens donc? (Commençant à sentir les premiers effets du magnétisme et cherchant à s'y soustraire.) Non... non... je ne le veux pas... je ne céderai pas... Mon père... mon père!... à moi!... (Luttant vainement.) Ah! ah!... ôtez-moi ce poids qui m'accable... qui m'oppresse... non... non... je lutte en vain... j'obéis!... me voilà, me voilà.

(Elle s'endort.)

SCÈNE XIV.

IRÈNE, endormie sur un fauteuil à droite. DE CLERMONT, sortant de l'appartement à droite.

DE CLERMONT, s'avançant vers elle.

Pardonnez-moi, mon Dieu!... et toi aussi, Irène, tu m'y as forcé!... ma présence, disais-tu, t'aurait fait fuir épouvantée!... et moi... je voulais te voir... avant de mourir! car cette fois mon arrêt est porté... et ce ne sera pas l'épée d'un rival... c'est ta haine... à toi... qui m'aura tué... (Irène tressaille.) M'as-tu donc entendu?... réponds?

IRÈNE.

Oui... oui.

DE CLERMONT.

Tant que j'avais espoir en ton amour... en ton estime... je pouvais supporter la vie... mais maintenant... et depuis que tu sais la vérité... tu me hais, tu me méprises...

AIR : Celle que j'aime tant cesse d'être cruelle.

Je n'en puis plus douter et pourtant, de toi-même,
Irène, j'ai voulu connaître mon arrêt!
Oui, pour qu'ici je meure avec moins de regret,
Dis-moi tout... je le veux!

IRÈNE.

Henri!... Henri... je t'aime!

DE CLERMONT, hors de lui et écoutant encore.

N'est-ce point une erreur?

IRÈNE.

Henri!... Henri... je t'aime!

DE CLERMONT.

Malgré mes torts... malgré l'aveu de mon crime!

IRÈNE.

Malgré moi-même!

DE CLERMONT.

Et tout à l'heure cependant... parle, réponds-moi, quand tu jurais de me fuir...

IRÈNE.

J'écoutais si tu ne venais pas!... si malgré ma défense... tu ne t'offrirais pas à mes yeux... Ah! je l'espérais!

DE CLERMONT, cherchant à calmer son émotion.

Et moi... avant de vous quitter... j'ai voulu vous remettre ce gage de votre amour... ces fleurs que vous m'aviez données... les reconnaissez-vous?...

IRÈNE.

Oui... teintes de ton sang... tu les portais... là... sur ton sein... quand l'épée de mon frère... Ah! je voudrais bien les garder...

DE CLERMONT.

Les garder!

IRÈNE.

Tais-toi... tais-toi... je ne le puis pas... je suis mariée... Ils m'ont mariée... (Regardant autour d'elle.) Et ces fleurs, il faut les quitter. (Elle les porte rapidement à son cœur et à ses lèvres, puis les donne à Clermont.) Tiens... je te les rends... cache-les bien... ainsi que mon secret!

DE CLERMONT, avec désespoir.

Ah! je n'y résisterai pas. (On entend sonner une horloge.) Dix heures!... Adieu! adieu!

IRÈNE.

Où vas-tu?

DE CLERMONT.

Te délivrer ou mourir!

IRÈNE.

Mourir!

DE CLERMONT.

Ne sais-tu pas, toi qui vois tout, que je dois attendre quelqu'un ce soir... dans le jardin?

IRÈNE, avec effroi.

N'y va pas, n'y va pas... car dans ce combat... tu serais tué!

DE CLERMONT.

Moi!... qu'importe, je ne puis manquer à ce rendez-vous!

IRÈNE.

Tu n'iras pas!... je ne le veux pas... je ne veux pas que tu meures!... reste! reste près de moi... je t'en supplie... attends encore... un jour... un seul jour, car je crois voir... il me semble là (Portant la main à son front.) Non. (La portant à son cœur.) Là,.. plutôt, que bientôt tu chériras la vie... que bientôt nous serons heureux!

DE CLERMONT.

Heureux... nous! c'est impossible!

IRÈNE, souriant avec impatience.

Eh! non... puisque je te le dis!

DE CLERMONT.

Et comment?

IRÈNE.

Je ne sais!... il y a devant mes yeux... comme des ténè-

22.

bres épaisses!... un nuage obscur... Attends... il commence à se dissiper... mais pas assez encore... pour que je puisse voir et lire distinctement... ah!... j'en ai bien envie pourtant...

DE CLERMONT, avec chaleur.

Essaie! essaie!

IRÈNE, ayant l'air de lire.

Je suis près de toi... dans notre hôtel... chez nous... tu me dis : Mon amie... ma femme!... oui, ma femme... c'est bien ce mot-là...

DE CLERMONT.

Ah! pour cela il faudrait un miracle!

IRÈNE, regardant toujours.

Non... non... le nuage s'éclaircit, ce que je ne distinguais pas d'abord... s'approche et m'apparaît... c'est une femme... je la vois très-bien... elle est jolie! elle est vive... et coquette.

DE CLERMONT, vivement.

Qui donc?

IRÈNE, d'un ton de reproche.

Ah! vous la connaissez très-bien, monsieur... (Le repoussant.) Laissez-moi... laissez-moi! (Se mettant à rire.) Ah!... ah! c'est singulier... c'est bizarre...

DE CLERMONT, la regardant avec surprise.

Le sourire sur ses lèvres! le sourire!... en un pareil moment!

IRÈNE, souriant.

Oui... oui. Je comprends bien!...

DE CLERMONT.

Quoi donc?...

IRÈNE.

Son mari avait déjà anéanti deux successions...

DE CLERMONT.

Achève!...

IRÈNE.

Alors, elle a voulu dissiper elle-même... et à elle toute seule... la troisième qui lui appartenait...

DE CLERMONT.

De qui parles-tu ? réponds?

IRÈNE, gaiement et à demi-voix.

Tais-toi!... tais-toi!... ses parents... et son mari... lui-même, croyent tous qu'elle est morte... et moi je la vois... tiens... tiens, ne la reconnais-tu pas.. en grande parure ? (Avec effroi.) Ah! mon Dieu!

DE CLERMONT.

Qu'as-tu donc ?

IRÈNE.

Elle est perdue si le comte Annibal l'aperçoit... et elle vient à ce bal... entends-tu? c'est dans la cour de l'hôtel que sa voiture est entrée... elle en descend... elle monte le grand escalier... la voilà... la voilà !

DE CLERMONT.

Mais qui donc?... grand Dieu!

SCÈNE XV.

IRÈNE, DE CLERMONT, au milieu du théâtre, LA BARONNE, et LE CHEVALIER, entrant par une porte à droite du salon, au moment où ANNIBAL entre par une porte à gauche, et M. DE BRIENNE, par le fond.

ANNIBAL, entrant vivement.

Une voiture!... encore des dames qui nous arrivent... ne vous dérangez pas, beau-père... c'est à moi de leur offrir la main... O ciel! qu'ai-je vu ?

LA BARONNE, poussant un cri.

Ah!

ANNIBAL.

Ma femme!

M. DE BRIENNE, DE CLERMONT, IRÈNE et LE CHEVALIER.

Sa femme!

ANNIBAL.

Ma première!

LA BARONNE.

Chevalier, soutenez-moi!

ANNIBAL, avec désespoir.

Et c'est toi, chevalier... qui me rends à mes premiers nœuds... toi, un ami!

LE CHEVALIER.

C'est elle qui partait pour l'Amérique... un immense héritage...

ANNIBAL.

Celui de son oncle!... (Prenant la baronne évanouie des bras du chevalier, et la soutenant dans les siens.) Nisida! chère Nisida! que tout soit oublié!

DE CLERMONT, qui pendant ce temps, tournant le dos aux spectateurs et debout devant le fauteuil d'Irène, est censé avoir rappelé celle-ci à elle-même.

Elle revient!

(De Clermont s'est éloigné de quelques pas d'Irène qui vient de s'éveiller. Irène porte la main à son front comme pour rappeler ses souvenirs; elle aperçoit son père, se lève, se jette avec crainte dans ses bras. M. de Brienne lui montre Clermont qui en ce moment, met un genou en terre. Irène jette un cri, regarde alternativement son amant et son père.)

IRÈNE.

Encore mon rêve!

DE CLERMONT, lui présentant le bouquet.

Non! la réalité.

IRÈNE.

Et ces fleurs ?...

M. DE BRIENNE.

Ton bouquet de noces !

(Irène prend le bouquet et le presse sur son cœur.)

TABLE

	Pages
La loi Salique	1
Geneviève ou la Jalousie paternelle	8
La Protégée sans le savoir	
Maitre Jean ou la Comédie a la Cour	
Irène ou le Magnétisme	

www.ingramcontent.com/pod-product-compliance
Lightning Source LLC
Chambersburg PA
CBHW050423170426
43201CB00008B/520